中宣部2022年主题出版重点出版物

"十四五"国家重点图书出版规划项目

纪录小康工程

全面建成小康社会

湖南全景录

HUNAN QUANJINGLU

本书编写组

湖南人民出版社·长沙

总　序

为民族复兴修史　为伟大时代立传

　　小康，是中华民族孜孜以求的梦想和夙愿。千百年来，中国人民一直对小康怀有割舍不断的情愫，祖祖辈辈为过上幸福美好生活劳苦奋斗。"民亦劳止，汔可小康""久困于穷，冀以小康""安得广厦千万间，大庇天下寒士俱欢颜"……都寄托着中国人民对小康社会的恒久期盼。然而，这些朴素而美好的愿望在历史上却从来没有变成现实。中国共产党自成立那天起，就把为中国人民谋幸福、为中华民族谋复兴作为初心使命，团结带领亿万中国人民拼搏奋斗，为过上幸福生活胼手胝足、砥砺前行。夺取新民主主义革命伟大胜利，完成社会主义革命和推进社会主义建设，进行改革开放和社会主义现代化建设，开创中国特色社会主义新时代，经过百年不懈奋斗，无数中国人摆脱贫困，过上衣食无忧的好日子。

　　特别是党的十八大以来，以习近平同志为核心的党中央统揽中华民族伟大复兴战略全局和世界百年未有之大变局，团结带领全党全国各族人民统筹推进"五位一体"总体布局、协调推进"四个全面"战略布局，万众一心战贫困、促改革、抗疫情、谋发展，党和国家事业取得历史性成就、发生历史性变革。在庆祝中国共产党成立100周年大会上，习近平总书记庄严宣告："经过全党全国各族人民持续奋斗，我们实现了第一个百年奋斗目标，在中华大地上全面建成了小康社会，历史性地解决了绝对贫困问题，正在意气风发向着全面建成社会主义现代化强国的第二个百年奋斗目标迈进。"

这是中华民族、中国人民、中国共产党的伟大光荣！这是百姓的福祉、国家的进步、民族的骄傲！

全面小康，让梦想的阳光照进现实、照亮生活。从推翻"三座大山"到"人民当家作主"，从"小康之家"到"小康社会"，从"总体小康"到"全面小康"，从"全面建设"到"全面建成"，中国人民牢牢把命运掌握在自己手上，人民群众的生活越来越红火。"人民对美好生活的向往，就是我们的奋斗目标。"在习近平总书记坚强领导、亲自指挥下，我国脱贫攻坚取得重大历史性成就，现行标准下9899万农村贫困人口全部脱贫，建成世界上规模最大的社会保障体系，居民人均预期寿命提高到78.2岁，人民精神文化生活极大丰富，生态环境得到明显改善，公平正义的阳光普照大地。今天的中国人民，生活殷实、安居乐业，获得感、幸福感、安全感显著增强，道路自信、理论自信、制度自信、文化自信更加坚定，对创造更加美好的生活充满信心。

全面小康，让社会主义中国焕发出蓬勃生机活力。经过长期努力特别是党的十八大以来伟大实践，我国经济实力、科技实力、国防实力、综合国力跃上新的大台阶，成为世界第二大经济体、第一大工业国、第一大货物贸易国、第一大外汇储备国，国内生产总值从 1952 年的 679 亿元跃升至 2021 年的 114 万亿元，人均国内生产总值从 1952 年的几十美元跃升至 2021 年的超过 1.2 万美元。把握新发展阶段、贯彻新发展理念、构建新发展格局、推动高质量发展，全面建设社会主义现代化国家，我们的物质基础、制度基础更加坚实、更加牢靠。全面建成小康社会的伟大成就充分说明，在中华大地上生气勃勃的创造性的社会主义实践造福了人民、改变了中国、影响了时代，世界范围内社会主义和资本主义两种社会制度的历史演进及其较量发生了有利于社会主义的重大转变，社会主义制度优势得到极大彰显，中国特色社会主义道路越走越宽广。

全面小康，让中华民族自信自强屹立于世界民族之林。中华民族有五千多年的文明历史，创造了灿烂的中华文明，为人类文明进步作出了卓越贡献。近代以来，中华民族遭受的苦难之重、付出的牺牲之大，世所罕见。中国共产党带领中国人民从沉沦中觉醒、从灾难中奋起，前赴后继、百折不挠，战胜各种艰难险阻，取得一个个伟大胜利，创造一个个发展奇迹，用鲜血和汗水书写了中华民族几千年历史上最恢宏的史诗。全面建成小康社会，见证了中华民族强大的创造力、坚韧力、爆发力，见证了中华民族自信自强、守正创新精神气质的锻造与激扬，实现中华民族伟大复兴有了更为主动的精神力量，进入不可逆转的历史进程。今天，我们比历史上任何时期都更接近、更有信心和能力实现中华民族伟大复兴的目标，中国人民的志气、骨气、底气极大增强，奋进新征程、建功新时代有着前所未有的历史主动精神、历史创造精神。

全面小康，在人类社会发展史上写就了不可磨灭的光辉篇章。中华民族素有和合共生、兼济天下的价值追求，中国共产党立志于为人类谋进步、为世界谋大同。中国的发展，使世界五分之一的人口整体摆脱贫困，提前十年实现联合国2030年可持续发展议程确定的目标，谱写了彪炳世界发展史的减贫奇迹，创造了中国式现代化道路与人类文明新形态。这份光荣的胜利，属于中国，也属于世界。事实雄辩地证明，人类通往美好生活的道路不止一条，各国实现现代化的道路不止一条。全面建成小康社会的中国，始终站在历史正确的一边，站在人类进步的一边，国际影响力、感召力、塑造力显著提升，负责任大国形象充分彰显，以更加开放包容的姿态拥抱世界，必将为推动构建人类命运共同体、弘扬全人类共同价值、建设更加美好的世界作出新的更大贡献。

回望全面建成小康社会的历史，伟大历程何其艰苦卓绝，伟大胜利何其光辉炳耀，伟大精神何其气壮山河！

这是中华民族发展史上矗立起的又一座历史丰碑、精神丰碑！这座丰碑，凝结着中国共产党人矢志不渝的坚持坚守、博大深沉的情怀胸襟，辉映着科学理论的思想穿透力、时代引领力、实践推动力，镌刻着中国人民的奋发奋斗、牺牲奉献，彰显着中国特色社会主义制度的强大生命力、显著优越性。

因为感动，所以纪录；因为壮丽，所以丰厚。恢宏的历史伟业，必将留下深沉的历史印记，竖起闪耀的历史地标。

中央宣传部牵头，中央有关部门和宣传文化单位，省、市、县各级宣传部门共同参与组织实施"纪录小康工程"，以为民族复兴修史、为伟大时代立传为宗旨，以"存史资政、教化育人"为目的，形成了数据库、大事记、系列丛书和主题纪录片4方面主要成果。目前已建成内容全面、分类有序的4级数据库，编纂完成各级各类全面小康、脱贫攻坚大事记，出版"纪录小康工程"丛书，摄制完成纪录片《纪录小康》。

"纪录小康工程"丛书包括中央系列和地方系列。中央系列分为"擘画领航""经天纬地""航海梯山""踔厉奋发""彪炳史册"5个主题，由中央有关部门精选内容组织编撰；地方系列分为"全景录""大事记""变迁志""奋斗者""影像记"5个板块，由各省（区、市）和新疆生产建设兵团结合各地实际情况推出主题图书。丛书忠实纪录习近平总书记的小康情怀、扶贫足迹，反映党中央关于全面建成小康社会重大决策、重大部署的历史过程，展现通过不懈奋斗取得全面建成小康社会伟大胜利的光辉历程，讲述在决战脱贫攻坚、决胜全面小康进程中涌现的先进个人、先进集体和典型事迹，揭示辉煌成就和历史巨变背后的制度优势和经验启示。这是对全面建成小康社会伟大成就的历史巡礼，是对中国共产党和中国人民奋斗精神的深情礼赞。

历史昭示未来，明天更加美好。全面建成小康社会，带给中国人民的是温暖、是力量、是坚定、是信心。让我们时时回望小康历程，深入学习贯彻习近平新时代中国特色社会主义思想，深刻理解中国共产党为什么能、马克思主义为什么行、中国特色社会主义为什么好，深刻把握"两个确立"的决定性意义，增强"四个意识"、坚定"四个自信"、做到"两个维护"，以坚如磐石的定力、敢打必胜的信念，集中精力办好自己的事情，向着实现第二个百年奋斗目标、创造中国人民更加幸福美好生活勇毅前行。

目　录

▌ **一、从"翻身解放"到"建设小康"** ……………………… 1

　（一）筚路蓝缕发愤图强 ……………………………… 1

　（二）艰辛探索曲折发展 ……………………………… 10

　（三）迈向建设小康之路 ……………………………… 19

▌ **二、从"建设小康"到"建成小康"** …………………… 34

　（一）吹响全面建成小康社会号角 …………………… 34

　（二）因地制宜推进全面建成小康社会 ……………… 37

　（三）以新发展理念引领小康社会建设 ……………… 42

　（四）"五个强省"绘就新湖南美好愿景 …………… 54

　（五）决胜全面建成小康社会开启新征程 …………… 59

▌ **三、从经济落后到全国十强** …………………………… 69

　（一）守好"三农"压舱石 …………………………… 69

　（二）工业万亿大跨越 ………………………………… 76

　（三）升级现代服务业 ………………………………… 81

　（四）锚定"三高"新坐标 …………………………… 85

（五）县域经济大发展 ………………………………… 94

（六）基础设施大提升 ………………………………… 97

四、从文化大省到建设文化强省 ……………………… 103

（一）唱响时代主旋律 ………………………………… 103

（二）丰富精神文化生活 ……………………………… 108

（三）提升社会文明程度 ……………………………… 112

（四）实施文化惠民工程 ……………………………… 115

（五）推进文化产业高质量发展 ……………………… 120

（六）打造"湘"字号文化品牌 ……………………… 122

五、从民生之忧到富足安康 …………………………… 124

（一）居民收入大幅提高 ……………………………… 124

（二）社会保障更加健全 ……………………………… 128

（三）就业形势持续向好 ……………………………… 135

（四）教育综合实力显著提升 ………………………… 139

（五）健康湖南建设稳步推进 ………………………… 143

（六）社会治理体系更加完善 ………………………… 151

六、从绿色大省到建设生态强省 ……………………… 155

（一）生态文明制度体系更加完善 …………………… 155

（二）蓝天碧水净土守护成效显著 …………………… 160

（三）新旧动能转换加速绿色转型 …………………… 171

（四）绿色低碳发展彰显湖南担当 …………………… 176

（五）节能环保理念融入千家万户 …………………… 181

七、脱贫攻坚的三湘壮歌 188

（一）十八洞村的华丽转身 189

（二）扛起首倡之地的政治责任 197

（三）攻克千年贫困的最后堡垒 205

（四）全面脱贫与乡村振兴的有效衔接 211

八、城乡区域多点支撑的发展新格局 221

（一）城乡差距不断缩小 221

（二）新型城镇化加快推进 232

（三）区域经济协调发展 239

（四）板块优势形成互补 247

九、湖湘儿女苦干实干谱写奋斗史诗 254

（一）"半条被子"映照湖南共产党人的人民情怀 254

（二）"大国小村"投射湖南人民的奋斗缩影 262

（三）"矮寨不矮"展现改革开放的湖南伟力 270

（四）"白衣执甲"诠释从容应对各种风险挑战的
湖南韧性 272

十、全面建成小康社会的湖南经验与启示 279

（一）始终确保以习近平同志为核心的党中央决策部署
落到实处 279

（二）始终把人民放在心中最高的位置 299

（三）始终传承红色基因弘扬优良传统 302

（四）始终牢记初心使命勇于自我革命 305

（五）始终用中华民族伟大复兴中国梦激励湖湘儿女

砥砺奋进 ·· 310

▍后　记 ·· 314

一、从"翻身解放"到"建设小康"

　　"民亦劳止，汔可小康。""小康"源出《诗经》，是中华民族特有的文化概念，是中华民族自古以来孜孜以求的理想社会状态。把为人民谋幸福、为中华民族谋复兴作为初心使命的中国共产党，团结带领人民夺取新民主主义革命胜利之后，进行社会主义革命，确立社会主义基本制度，全面推进社会主义建设，领导改革开放和社会主义现代化建设，实现了人民生活从贫穷落后、温饱不足到总体小康、奔向全面小康的历史跨越。与全国一样，在这一伟大历史进程中，湖南也发生了翻天覆地的历史巨变。

（一）筚路蓝缕发愤图强

　　为有牺牲多壮志，敢教日月换新天。新中国成立后，中共湖南省委带领全省人民，荡涤旧社会的污泥浊水，实现了由新民主主义向社会主义过渡的变革，奠定了社会主义经济制度。

　　土地改革运动。新中国成立前，湖南全省5100多万亩土地，有一半以上集中在只占农村总人口4%的地主手中，而占总人口

60%的中农和贫农，只有31%的土地，占总人口10%的雇农，几乎完全没有土地，生活饥寒交迫，贫困不堪，处于水深火热之中。

经过土改，湖南农村发生了翻天覆地的变化。全省共没收、征收土地2487万余亩，耕牛28万余头，农具209万余件，房屋451万间，粮食9.19亿多公斤。分得土改果实的农民约占农村人口的65%，全省约有1890万无地少地农民分得2610万亩土地和大批生产生活资料，翻身成为土地的主人。土改的完成标志着封建剥削土地所有制被彻底消灭，极大地激发了农民的生产积极性，全省粮食产量1952年比1950年增加38%。

剿除严重匪患。解放之初，湖南匪患严重，湘西匪患尤烈。湘、鄂、渝、黔、桂交界的湘西地区，武陵、雪峰两大山脉纵贯，

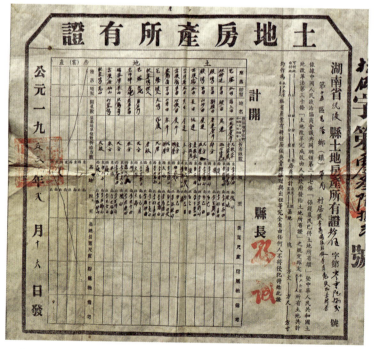

1953年2月，湖南省沅陵县土地改革后一位农民获得的"土地房产所有证"

峰峦起伏，沟壑纵横，溪河密布，洞穴幽深。自宋朝起，这里即是历朝统治薄弱区域，匪患不绝。新中国成立前夕，国民党反动派妄图利用湘鄂川黔边缘的地理条件，在湘西建立反共根据地。他们勾结地方股匪，组建了3个暂编军12个暂编师，还有"湘鄂川黔反共救国军"等成建制的10多股反动武装，总数达10万之众。

1949年8月湖南和平解放，长沙等城市回到了人民手中。但在湘西，广袤山区和许多县城依然被土匪占领，因此，剿除湘西匪患，让人民群众安居乐业成为当务之急。中共湖南省委决定由湖南军区及所辖10个军分区担负剿匪任务。同时，中央军委决定留第四十六、四十七军在湖南担负剿匪任务。全省建立湘南、湘西、湘东北3个剿匪指挥部，担负所辖区域剿匪任务。经过1949年初步进剿，1950年全面进剿、重点清剿、边缘地区会剿等大规模的军事进

湘西剿匪胜利功臣代表大会会场

剿，以及随后开展的肃清残余匪特的斗争，终于彻底消灭了全省境内的土匪武装，根除了湖南历史性的匪患。至1952年夏，一共消灭土匪20余万人，缴获各种枪支15万余支、炮400余门、弹药452万余发及其他大批军用物品。

禁毒禁娼禁赌，改良社会风俗。新中国成立后，中共湖南省委大力禁毒、禁娼、禁赌，以端正社会风气，实现社会革新和稳定。

按照政务院1950年2月颁发的《严禁鸦片烟毒的通令》的精神，省委做了认真研究和部署，在全省范围内发动轰轰烈烈的禁烟禁毒运动。运动分为两个阶段。第一阶段为1950年2月至1952年3月，各级党委和政府领导发动广大群众，形成强大禁烟禁毒力量，破案缴获烟土6980公斤，逮捕贩毒贩烟惯犯611人，禁烟禁毒工作取得初步成效。第二阶段为1952年4月至10月，省委、省政府根据中共中央《关于肃清毒品流行的指示》和政务院的统一部署，在全省城乡集中时间，集中人力，统一行动，严厉查禁烟毒。全省明确打击重点，教育改造1.5万余名一般烟毒犯，使他们获得新生，成为自食其力的劳动者。通过禁烟禁毒运动，使流传100多年的吸毒恶习在湖南全省肃清。

娼妓制度毒化社会风气。湖南省各级党委和政府把取缔妓院、打击鸨妈、拯救妓女、彻底铲除娼妓制度这一社会毒瘤，当作一项重要工作。1953年1月17日，长沙市发出人民政府令，宣布"为消灭旧社会遗留下来摧残妇女、流毒社会的娼妓制度，特决定即日封闭妓院"。妓院的取缔，妓女的解放，几千年来封建社会对妇女的黑暗奴役制度被打倒了，实现了具有历史意义的巨大社会变革。

在禁烟禁毒禁娼的同时，省委、省政府狠抓禁赌工作。1953年5月20日，省政府发出《关于严禁赌博和变相赌博的命令》，决定对一贯不务正业，妨碍人民生产、生活的赌棍、赌痞，除责令其向政府或当众悔过外，由各级人民政府严加管制，强迫劳动，不使为害；凡地主反革命分子以赌为名，进行反革命活动有确凿证据者，当依惩治反革命条例予以严惩，绝不宽恕；对于一般群众参加者，如屡教不改，则严厉批评警告，强制劳动。各级党委、政府通过农会、青年团、妇女会等群众组织，广泛深入宣传赌博的危害，使人人以劳动为荣，以游手好闲为耻，互相规劝、监督，形成反对赌博、勤劳生产的良好社会习气。

社会主义改造运动。到1952年底，我国国民经济恢复任务基本完成，党中央提出了过渡时期总路线，中共湖南省委结合省情开始有计划有步骤领导全省人民进行农业、手工业和资本主义工商业的社会主义改造。

对农业进行社会主义改造。中共湖南省委遵循自愿互利、典型示范和国家帮助的原则，采取三个互相衔接的步骤和形式，从组织带有社会主义萌芽性质的临时互助组和常年互助组，发展到以土地入股、统一经营为特点的半社会主义性质的初级农业生产合作社，再进一步建立土地和主要生产资料归集体所有的完全社会主义性质的高级农业生产合作社。到1956年秋，全省成立46335个高级农业合作社，入社农户780.87万户，占全省总农户的97.79%，基本上实现了农业合作化。湖南农业社会主义改造运动，把以生产资料私有制为基础的小农个体经济，改造成为社会主义集体经济，使全省3000万个体农民走上社会主义道路，是一场生产关系深刻的变革，奠定了湖南农业长期稳定发展的坚实基础。

对手工业进行社会主义改造。省委根据党的过渡时期总路线的要求，对手工业的改造贯彻自愿互利的原则，采取"积极领导、稳步前进"的方针，确立"从供销入手实行生产改造，由小到大，由低级到高级"的改造步骤，先在流通领域组织手工业供销小组或供销合作社，进而过渡到生产领域，组织手工业生产合作社。到1956年底，湖南城乡手工业合作社、组发展到6181个，成员24.16万人，个体手工业者仅剩下2.69万人，基本完成对手工业的社会主义改造。湖南手工业社会主义改造是成功的，手工业者组织起来后，在提高产品质量、增加生产、降低成本、提高技术、承接大批量生产任务方面显示了优越性。1957年，湖南手工业总产值达42451万元，比1952年增长40%，有力支援了工业和农业建设。

对资本主义工商业进行社会主义改造。湖南对私营工商业的初步改造是通过加工订货、统购包销、代购代销、经销、批购零销等低级国家资本主义方式，使私营工商业同国营经济联系日趋紧密。对私营工商业进行改造的高级形式，是由政府或国营企业以投资入股方式与私营企业在产权层面上进行结合，即公私合营。到1956年3月，湖南资本主义工商业社会主义改造基本完成。据统计，全省公私合营的工商业者共计54673人，定股资金2838万元。长沙内燃机总厂、长沙电机厂、建湘瓷厂、衡阳化工总厂、建湘柴油机厂等一批公私合营的企业，后来发展成为省内著名工业企业，为湖南经济建设作出了重要贡献。

社会主义三大改造的完成，标志着社会主义经济制度在湖南建立，为促进全省以社会主义工业化为主体的经济建设发展奠定了坚实的基础。

刊登在《新湖南报》上庆祝社会主义改造的伟大胜利的图片

完成"一五"计划。从1953年起，我国开始执行发展国民经济第一个五年计划，经过全省人民努力奋斗，到1957年，湖南第一个五年计划提前超额完成，国民经济和社会事业的发展取得前所未有的辉煌成就。

工业有了很大发展。按照1952年的不变价格计算，1957年全省工业总产值达到18.19亿元，比1952年增长了136.2%，比1949年增长了4.7倍，年均递增18.8%。5年内新增加发电机组容量4.81万千瓦，煤炭开采223.6万吨，炼铁7.24万吨，炼钢7100吨，生产磷肥1.38万吨、棉纺5.52万锭、棉织机1524台、机制糖2400吨、机制纸9100吨。

国内外的贸易有了较大发展。"一五"期间，在国内贸易方面，湖南省重点放在扩大和巩固国营商业的批发阵地上，改进批发业务，保证社会主义国营商业的领导作用和对市场的控制力。从省到县先后建立了工业品的二级采购站，在市、县相应设置了三级专业批发商店，这样，在全省形成一整套国营商业批发网络。到1957年底，全省国营商业拥有经营企业1743个，从业人员17.3万人。国营商业，加上集体商业，控制了全省市场。这有利于形成全省统一的市场，对于稳定物价，保证国家计划建设，满足人民群众生活的基本需要，发挥了十分重要的作用。"一五"期间，在国外贸易方面，针对以美国为首的资本主义国家的封锁，湖南省一方面利用香港、澳门发展进出口贸易；另一方面大力发展对苏联和其他社会主义国家的贸易。同时，还千方百计与印度、马来西亚、锡兰、印度尼西亚、缅甸、柬埔寨等东南亚国家发展贸易，并且也组织商品远销欧洲和非洲的一些国家。通过对外贸易，有力地支援了省内的经济建设。

文化教育卫生体育事业初步繁荣。在文化事业方面，从1952年起，湖南各市、县普遍建立群众文化馆（站），图书馆也不断增加。文艺工作者抢救了一批面临失传的剧目，特别是1953年湖南省花鼓剧团和湘剧团的成立，促进了湖南地方戏剧的繁荣，一批优秀传统剧目搬上了舞台。1953年湖南省文学艺术工作者联合会成立以后，促进了全省文学、戏剧、音乐、美术事业的发展，造就了一批专业队伍，增加了各类作品的数量，提高了作品的质量。

在教育事业方面，湖南省以普及小学教育为重点，促进整个教育事业的发展。到1957年底,全省小学发展到35873所,其中民办小学3313所,在校学生达到385万人,适龄儿童入学率达到70%。普通中学达到285所,在校学生达到23万人。根据国家统一部署,1953年初对高等院校进行调整,全省有高等院校5所,1957年在校学生达到13557人,5年内培养各类人才9193人。1952年,省委成立了扫盲工作委员会,1953年全省参加职工业余学校学习的达到40万人,参加冬学的农民达到150万人,参加农民夜校和速成识字班的逾61万人。

在卫生事业方面,全省开展了宣传卫生常识、预防细菌传播、讲究卫生、移风易俗为主要内容的爱国卫生运动,从而推动了除害灭病及防疫工作的开展。1957年,全省卫生机构达到8079个,其中医院有330家,床位1.62万张,卫生技术人员5.53万人。"一五"期间,全省卫生部门和广大医务工作者对各种传染病和地方病进行了调查研究和防治,控制了流行病和地方病。到1956年,天花被消灭,霍乱没有再发现,性病也基本绝迹。

在体育事业方面,1952年成立了湖南省体育运动委员会,组织全省人民开展体育运动,增强了人民群众的体质,1956年还组织了运动员队伍,开展竞技体育项目,参加国内一些体育比赛,提高了湖南省的竞技体育项目水平。

随着工业化、城市化的发展,全省职工人数由1952年的69.25万人增加到1957年的130多万人。1957年全民所有制企业工资总额达到4.71亿元,比1952年增长了两倍多;职工年平均工资由1952年的312元增加到1957年的505元。1957年全省农民人均纯收入比1952年增长10.56%。

第一个五年计划提前超额完成,使湖南省在工业化的道路上迈开了十分重要的步伐，为进行更大规模的经济建设奠定了坚实的物质技术基础。

（二）艰辛探索曲折发展

1956年对农业、手工业、资本主义工商业社会主义改造的完成，标志着社会主义制度在中国的确立，我国进入社会主义初级阶段。面对新形势新任务，中共湖南省委带领全省人民自力更生，艰苦奋斗，奋发图强，以极大的热情掀起了全面建设社会主义热潮，在曲折中探索社会主义建设道路，使国民经济和社会事业取得很大成就，为改革开放新时期，全面建设小康社会奠定了重要的物质基础和积累了宝贵的经验。

1957年底开始，全国掀起以兴修水利、养猪积肥和改良土壤为中心的农业生产高潮，拉开了"大跃进"的序幕。在"大跃进"迅猛发展的同时，农村掀起人民公社化运动高潮。"大跃进"和人民公社化运动反映了党努力把建设搞得更快一些，以争取更多的主动的迫切愿望。但是，由于党对大规模社会主义建设经验的不足，背离了党一向倡导的实事求是原则，凭主观愿望和意志办事，结果事与愿违。

随着时间推移，"大跃进"运动错误暴露了出来。挫折教训了人们，人们也从教训中清醒了过来。1961年1月，中共中央召开八届九中全会，决定对国民经济要"适当地缩小基本建设的规模，调整发展的速度"，"采取巩固、充实和提高的方针"。中共湖南省委坚决贯彻执行中共中央指示精神，从1961年至1965年，对全省的国民经济进行调整。湖南国民经济调整大致可以分为两个阶段。

1961—1962年是湖南省国民经济全面调整的阶段。湖南国民经济的调整工作首先是从农村开始的。根据中共中央《农村人民公社工作条例（草案）》（即"农业六十条"）精神，省委采取了一系列措施，调整农村的生产关系。

制定恢复农业生产的十大政策。针对当时农村严峻形势，省委制定出台《大办农业大办粮食十大政策》。十大政策的主要内容是：稳定现行公社体制至少七年不变；生产队是组织生产的基层单位，生产队的"三权"（因地种植权、制定技术措施权、安排各种农活权）、"四固定"（劳力、土地、耕牛、农具固定）、"三包一奖"（包产、包工、包成本、超产奖励）保证兑现；高度集中劳动力，加强农业第一线；实行粮食定产、定购、定销，奖励大队超产；坚持劳逸结合，实行劳动保护；坚持按劳分配，实行少扣多分，分配兑现；办好公共食堂，保护社员体质；在大集体前提下实行小自由；合理利用土地，多种高产多收；放手发动群众，整党整风整社。

调整人民公社体制，实行以生产队为基本核算单位。当时，全省绝大部分地区实行以生产大队为基本核算单位。这种体制带来了公社、大队对生产队管理太多、太死，经营管理制度不健全的问题。为此将人民公社的管理体制从以大队为基本核算单位改为以生产队为基本核算单位，以克服分配中存在的平均主义。1961年1月12日，省委发出了《关于改变我省农村人民公社基本核算单位规模问题的通知》，部署改变基本核算单位的工作。

解散公共食堂。从1958年到1960年，全省一共有43万多个农村公共食堂，占农村总人口的98%以上。1961年5月，中共中央工作会议制定了《农村人民公社工作条例（修正草案）》，要求取消公共食堂。省委在6月召开了三级干部会议贯彻落实，全省范围内的公共食堂陆续停办。公共食堂停办后，各地区按照政策普遍划给社员自留地、鼓励发展家庭副业，允许社员在房前屋后种树，开小量荒地。

纠正"一平二调"的错误，抓好经济退赔的工作。1961年1月24日，省委发出《关于切实做好当前农村整风整社运动中几项具体工作的通知》，要求"所有各级各部门的平调账，都必须认真清理，坚决退赔。对于那些有账不认、有物不赔、有钱不还的人和单位，各级党委应抓住典型，给予严肃处理"。2月7日，省委发出《关于处理一平二调若干问题的具体规定》，强调"所有的平调账，都必须认真清理，坚决退赔，谁平调的谁退赔"。《规定》还对处理土地、房屋、山林、劳动力、耕牛、农具、自留地等18个方面问题分别提出了相应的要求。

上述一系列政策的贯彻实施，使广大干部社员群众的积极性很快得到了发挥。1962年，全省农业生产开始回升。当年农业总产值比1961年增长19%。全省农业生产全面回升。

在重点对农业调整并很快见到效果的同时，省委着手调整工业内部的关系，主要采取了以下措施：

压缩基本建设投资。省委要求各地一切基建项目一律纳入国家计划，绝不允许搞计划外工程。压缩是按照"关、停、并、缩、退、保"的原则分别进行处理，并本着"少搞不搞新建、逐步做到填平补齐、成龙配套、分批建设、抓紧投产"的方针进行安排。

降低高指标。工业的调整主要是将高指标降下来，特别是缩短了重工业战线，力保必需的生产项目。1961年10月省委召开扩大会议决定，1961年全省钢产量由1960年的20.08万吨降为3.71万吨，生铁产量由1960年的78.98万吨降为13.7万吨，重工业产值由1960年的29.86亿元降为10.9亿元。在重工业内部，则是钢铁、机器制造等"长线"产品的比重下降，煤、木材、有色金属等"短线"产品的比重上升。

做到两个"力保"。一是降低重工业生产指标的同时，对人民群众生活所必需的手工业产品和日用品工业尽全力地"保"，力求大量供应市场满足人民群众日常需求。二是对支农工业也尽力地"保"，在地方机械工业保留的企业中，70%以上是直接为农业服务的。

精简职工，压缩城镇人口，减轻对农村的压力。为了加强对厂矿企业职工及城镇人口精简压缩工作的领导，省委专门成立精简领导小组。从1961年到1963年上半年，基本完成了精简职工和压缩城镇人口的任务，全省职工人数减少62万余人，城镇人口减少120万人，吃商品粮人口减少135万人。

经过1961年至1962年的调整，湖南全省经济形势逐步发生了变化。农业生产的回升，带动了工业、商业的发展。省委决定在前两年国民经济调整工作取得初步成效的基础上，1963—1965年继续对国民经济进行调整，在这三年里，侧重于对国民经济的充实和提高方面的工作。

在三年继续调整期间，省委对农业的充实和提高，主要采取了以下措施：

抓水利工程的整修和配套，以增加农田受益面积。三年继续调整期间，全省水利建设主要是对原来工程进行整修配套，构建灌溉网络。到1963年底，全省有效灌溉面积比1957年增加了14%。从1964年春开始，省委又决定建设旱涝保收、稳产高产农田，为此组织进行了以湖区电力排灌、山丘水库配套和采用水轮泵为中心的"三大战役"。为了搞好湖区电排建设，省委、省政府还专门成立了指挥所，1965年全省机灌面积由1957年的1.85万亩增加到406.7万亩，增加219倍。在山丘区，对9座大型水库、71座中型水库、6032座小型水库和200多万处塘坝进行了续建配套、整修加固，新建了双牌灌区、黄石灌区、青山垅灌区、大圳灌区等四个大型灌区和一大批中型骨干工程，新建水轮泵站6100多处，装机8944台。1965年全省旱涝保收农田面积达到1849万亩，比1957年的945万亩增加近1倍。

治山造田，改善农业生产条件。1963年至1965年，省委规划进行治土、治山，重点是改造低产田，植树造林，防风固沙，保持水土。到1965年，全省造林面积达到403万亩，治理水土流失面积近4000平方公里。

抓小农具、农业机械及动力的恢复和发展。1962年全省农村铁制农具缺30%，木制农具缺40%，竹制农具缺60%。经过三年努力，到1965年底，小农具基本配齐。农业机械总动力，1965年达到42.89万千瓦，比1957年增加16倍多。大中型拖拉机则由1957年的100台增加到1965年的1300台。农村小水电由1957年的31处增加到1965年的734处。农村用电，1957年基本上是空白，到1965年达到9100万千瓦时，机耕面积1965年达到72.19万亩，比1957年增加4倍多。

大力繁育推广良种。1964年4月，省委、省政府联合发出《关于种子工作指示》，强调选育和推广良种，逐步实现良种化、纯种化，要求五年内使粮食作物良种面积达到80%左右，棉花基本实现良种化，同时努力推广其他经济作物良种。同年5月，省委又发出通知，向各地推荐水稻、小麦、棉花、油菜等10类农作物的36个优良品种。繁育推广良种，重点是水稻。20世纪50年代以来，湖南已经普遍栽培双季稻，但是，使用的大多是高秆品种。由于高秆稻不耐肥、不抗风、产量低，科研部门从1960年便开始引进矮秆早稻良种"矮脚南特号"、矮秆中稻良种"珍珠矮"和"农垦58"。

在三年继续调整期间，省委对工业的充实与提高，主要做了以下几个方面的工作：

提高质量，增加品种，降低成本。这是三年继续调整时期全省工业工作的中心。经过综合治理，全省工业企业技术经济指标逐渐好转。1963年，全省90%以上的主要工业产品质量都比上一年提高。其中钢材、焦炭、水泥、过磷酸钙等10多种超过湖南历史上最好水平。

建立健全各项管理制度。1962年10月，省委发出指示，要求全省工业交通企业都应根据《国营工业企业工作条例（草案）》精神，全面进行生产、技术和财务管理整顿，尽快建立起正常的生产秩序和管理秩序。

广泛深入开展增产节约运动。省委强调要将革命的热情与科学的态度紧密地结合起来，在虚心学习别人先进经验的同时，认真总结自身的经验，搞好增产节约。

到1965年上半年，工业总产值平均每年增长18.5%。按1957年不变价格计算，1965年工业总产值比1957年增长1倍多。不但轻工业有了相应的发展，重工业也有了较大的增长。工业产品品种进一步增加，质量也有了提高。全省日用工业品的自给率，由1957年的

50%左右，提高到1965年的70%。

随着工农业生产形势的逐步好转，商业也得到了恢复和发展。1962年，全省凭票证供应的商品为140多种，至1964年，除了粮食、食油、棉布、针棉织品等少数商品外，都已经敞开供应。全省社会零售物价总水平比1962年下降了37.2%。此外，文化部门开展戏剧改革，组织剧团下乡巡回演出，为农民服务。医疗卫生部门把卫生工作的重点放到了农村去，仅1964年就先后组织两批医疗队7023人，下乡为农民群众防治疾病。

湖南国民经济调整工作卓有成效，具体表现在以下几个方面：

农、轻、重的比例趋于合理。"大跃进"致使工业急剧发展，农业迅速萎缩。同时，在工业内部，重工业在工业总产值中所占的比重由1957年的39.9%猛升到1960年的61.2%，导致了许多轻工业产品严重短缺。经过五年国民经济的调整，到1965年，全省农业的总产值由1960年的29.24亿元增加到32.51亿元，增长11%。粮食总产量由160亿斤上升到220亿斤。主要经济作物中，棉花、油料、烤烟产量超过了历史最高年产量。生猪年底出栏头数达到765万头。经过调整，整个工业的总体规模虽然小于1960年，但是其结构趋于合理，企业的整体素质得到提高。

积累与消费的比例趋于合理。经过五年的国民经济调整，到1965年，全省积累与消费的比例趋于合理。其中积累在国民收入中的比重由1960年的36.5%下降为21.2%，消费的比重则由64%增至78.8%。在积累中，生产性积累下降，非生产性积累增加，基本建设规模大为缩小。

人民群众生活明显改善。"大跃进"造成各种物资日益紧缺，农副产品和日用工业品供求矛盾非常尖锐，市场供应全面紧张。经过五年的国民经济调整，随着工农业生产的恢复和发展，到1965年，全省主要商品的库存量逐步增加，市场货源充足，物价大幅度下降。1965年全省居民平均消费水平比1961年提高26.4%，全省农民的人均口粮达到470斤，农民的生活得到明显的改善。

财政收入增加，支出的比例趋于合理。至1965年，全省财政收入达到10.05亿元，比1961年增长18.2%，财政支出7亿元，比1961年节支24%，并逐步调整了支出项目的比重，缩短了重工业投资和基本建设投资，增加了文化教育科学事业的支出。文化、科学、教育、卫生支出由1960年的10%上升到1965年的20.7%。

这一时期，湖南在工业建设、科学研究和国防尖端技术的发展以及农田水利建设等方面，按照党和国家战略要求进行了全面布局，弘扬了艰苦奋斗、奋发图强的创业精神。其中，雷锋精神便是这一时期创业精神的重要组成部分。

湖南望城籍人民解放军战士雷锋，在平凡的工作岗位上甘当螺丝钉，勇于奉献，乐于助人，表现出崇高的共产主义情操，成为那个年代最响亮的名字。1962年8月，他因公殉职时，年仅22岁。毛泽东题词："向雷锋同志学习"。雷锋精神，成了新中国社会风尚的一个标志。1963年2月7日，《人民日报》报道了雷锋的光辉事迹。3月5日，《人民日报》《解放军报》刊登了毛泽东"向雷锋同志学习"的题词。全国各机关、部队、学校、工厂、农村纷纷响应毛泽东的号召，迅速掀起了声势浩大的群众性学习雷锋的热潮。全省中、小学普遍开展了"和雷锋叔叔比童年""学雷锋，见行动，争当三好学生"等活动。工人、农民、机关干部，以雷锋为榜样，努力做好本职工作，在岗位上建功立业。人民解放军驻湘部队和民兵，广泛开展了"学习雷锋，做毛主席的好战士、好民兵"活动。各条战线涌现出了许许多多雷锋式的先进模范人物。

1965年7月，中共湖南省第二届代表大会第三次会议召开。会议认为，经过几年调整，湖南的国民经济重新出现了一派欣欣向荣、蒸蒸日上的喜人景象，摆在当前的任务是要充分利用大好形势，掀起社会主义建设的新高潮。

正当全省人民克服国民经济的严重困难，完成经济调整任务、开始执行发展国民经济第三个五年计划的时候，"文化大革命"发

欧阳海灌区胜利放水的情形

生了。这一时期，党、国家和各族人民遭到新中国成立以来时间最长、范围最广、损失最大的挫折，国民经济出现较大起伏，但在党和人民的共同努力下，各项工作在艰难中仍然取得了重要进展。湖南各级党委、政府顶着压力，抓工农业生产，抓基本建设，开展大规模"三线建设"和群众性工业学大庆、农业学大寨运动，并特别重视农田水利和研究推广良种，兴建了韶山灌区工程、欧阳海灌区工程和柘溪、黄材、官庄、王家厂、水府庙、黄石、酒埠江、双牌等大中型水库。尤其是杂交水稻研究取得突破性进展和大面积推广种植，为发展农业生产、保障粮食和其他农作物产量增产增收创造了重要条件。

"喜看稻菽千重浪，遍地英雄下夕烟。"在那激情燃烧、令人难忘的火红年代里，三湘儿女以逢山开路、遇水架桥的勇气和智慧，意气风发、斗志昂扬、开拓进取、砥砺前行，取得社会主义建设的巨大成就。

（三）迈向建设小康之路

1978年12月，党的十一届三中全会召开，开启了改革开放和社会主义现代化建设新时期。1979年12月，邓小平针对我国尚处于并将长期处于社会主义初级阶段的基本国情，创造性地用中华民族自古以来渴望追求的理想社会状态"小康社会"这一概念擘画中国经济社会发展蓝图，并提出"三步走"发展战略构想。中共湖南省委领导全省人民为实现小康社会的宏伟蓝图，解放思想，改革开放，锐意进取，开创了社会主义现代化建设和市场经济建设的新局面。

实行家庭联产承包责任制。湖南的改革首先是从农村开始的。1958年建立的人民公社体制,其"大、公、平、统"的弊病,使农民生产积极性受到压制,农村经济发展十分缓慢。到1978年,全省农民人均总收入仅有144.2元,社员分配收入人均只有81.2元,因此,改革农村经济体制成为发展农业生产力的迫切需要。

1979年,贯彻中共中央《关于加快农业发展若干问题的决定(草案)》和《农村人民公社工作条例(试行草案)》两个文件以后,安徽省等地农村出现农民自发形成包产到户的生产组织形式。在其影响下,湖南各地农村也自发突破旧体制,探索实行各种形式的联产承包责任制。1979年3月,湘乡县月山公社羚羊大队藁叶冲生产队队长带领农民,瞒着公社、大队,把全队分成4个组,实际上就是包产到户,超产全部归己。当年生产队粮食增产9241公斤,交清国家的征购粮任务3164公斤,农民手里还握有余粮6000公斤。此后,田土全部包产到户、旱土包到户、分出一部分口粮田到户等形式的联产承包责任制纷纷涌现。大包干形式最受农民欢迎,除去上交的,留足集体的,剩下都是自己的,既计算简便又责权利明确。

1980年9月,中共中央《关于进一步加强和完善农业生产责任制的几个问题》的通知下发后,全省各地的干部群众,从实际出发,大胆探索,创造了各种形式的生产责任制。1981年10月,省委在华容、沅江两县召开农村工作现场会。会议传达贯彻全国农村工作会议精神,号召全省推广华容、沅江两县实行的"统、专、包"和"几统一"下的包产到户的经验。会后,家庭联产承包责任制迅速推广。1982年1月1日中共中央批转《全国农村工作会议纪要》指出：中国农业必须坚持社会主义集体化的道路，土地等基本生产资料公有制是长期不变的，集体经济要建立生产责任制也是长期不变的。《纪要》的下发，使广大农民群众欢欣鼓舞，湖南也开始放手发展农业生产责任制。到1983年底，全省51.5万个生产队，实行包产到户的生产队已占总队数的99.8%。1983年到1984年，根据中央一号文件精神，全省完善了农、林、牧、副、渔业等多种经营方面的责任制。联产承包责任制的基本稳定，使得广大农民吃了定心丸，永兴县城郊乡合塘村农民满怀热情地在家门口贴上一副对联："英雄能大显身手；致富无后顾之忧。"横批是"安定人心"。

推进农业产业化。实行家庭联产承包责任制基本解决了农民的温饱问题。在此基础上，20世纪80年代中期，湖南进行农村第二步改革。其主要内容是大力调整农村产业结构，改革农产品购销体制，提高农产品商品率和农业产值，帮助农民生活富裕起来。

1985年1月1日，中共中央、国务院发出《关于进一步活跃农村经济的十项政策》。其主要内容为：改革农产品统购派购制度，以合同定购和市场收购取代统购派购；积极发展多种经营；开辟多种渠道集资建路，发展运输；对乡镇企业实行信贷、税收优惠，鼓励农民发展采矿和其他开发性事业；搞活农村金融政策，提高资金的融通效益；进一步扩大城乡经济交流；发展对外经济、技术交流；等等。根据文件精神，省委决定取消农副产品统购派购政策，实行合同定购制，调整农村产业结构。到1987年，全省农村社会总产值中，除了过去单一的粮食生产，工业、商业、运输、建筑、服务业等非农产品的产值达到154.35亿元，是1980年的5倍，非农产值在农村社会总产值中的比重由1980年的21.8%上升到37.9%。

随着农村产业结构不断调整，农业产业化开始初显雏形。益阳等地创造了闻名全国的"一村一品"经营模式，后又逐步扩大到"一乡一品"模式。1996年11月，省委、省政府发出《关于加快推进农业产业化的意见》，提出了推进农业产业化的工作重点、政策和措施，使湖南农业产业化经营得到较快发展。到2002年，优化农业区域布局成为发展的重点。湘北突出"湖"字特色，重点发展优质稻米、油菜、棉麻和水产养殖产业带；湘南利用"天然温室"优势，重点发展蔬菜、瓜果、油茶、烤烟等名特优农产品生产和加工；湘西突出"山"字特色，重点发展竹木、水果、茶叶、中药材等；湘东、湘中重点发展生猪产业带与花卉苗木等；大中城市郊区重点发展休闲农业。全省各地逐渐形成各具特色的主导产业。到2004年底，全省农业产业化程度达到26%。2007年全省规模以上农产品加工企业发展到2373家，其中国家级龙头企业35家，省级龙头企业185家，年产值过30亿元的企业2家，过10亿元的8家，过亿元的达228家。在龙头企业的带动下，各地创造出了"公司+基地+农户""公司+公司+农户""公司+协会+农户"以及"订单农户"等多种利益联结模式。到2007年，全省在最具优势的集中产地建设了100多个优质农产品基地和200多个重点生产基地，使优质大米、柑橘、优质绿茶、外销生猪、加工出口淡水产品等10个按区域化布局的优势农业产业带建设初见成效，全省主要农产品良种覆盖率超过95%。

国有企业改革。湖南国企改革从1979年开始起步以来，大致经历了承包经营责任制阶段和建立完善现代企业制度两个阶段。改革主要是围绕着政府与企业关系的调整展开，即政府对企业实行放权松绑，抓大放小，让企业逐步自主地走向市场。

推行承包经营责任制。在农村改革的影响推动下，1983年5

月，省政府要求全省学习农村改革的经验，打开城门，让"包字上街，包字进城，包字进厂，包字进店"，试行利改税，首先在固定资产原值在200万元以下，年利润在20万元以下的小型国营工业企业中，推行承包经营责任制，实行全民所有，集体经营，国家征税，自负盈亏，让企业独立经营，自谋发展。1985年1月，省政府决定在全省预算内国营工业企业中逐步推行承包经营责任制。1986年4月19日，在前两年试点的基础上，省政府作出《关于增强大中型国营工业企业活力若干问题的规定》，在大中型企业实行厂长（经理）负责制和任期目标管理，划小企业内部核算单位，实行分级分权管理。企业有权决定自己的技术发展方向，鼓励企业一业为主，多种经营。改进物资和产品销售，缩小指令计划，多渠道筹集资金。到1986年底，全省实行厂长（经理）负责制的全民工业企业达到2090个，占全民工业企业总数的64.7%。1987年5月13日，省委、省政府批转关于涟源钢铁厂、岳阳起重电磁铁厂等7个国营企业实行承包经营责任制的调查报告，指出，实行承包经营责任制是深化企业改革、调动企业和职工积极性、挖掘企业内部潜力、推动增产节约的有效办法，各地要认真总结经验，把在国营企业中实行多种形式的承包经营责任制积极地、有步骤地推向前进。这一年，全省国营企业实行多种形式的承包，小型企业全部实行承包或租赁。承包企业的经济效益普遍提高，全省预算内工业企业总产值、实现利润、上缴税收分别比上年上升14.9%、10.93%和7.07%。1988年3月，省政府召开深化企业改革工作会议，随后，发布了《关于全民所有制工业企业配套、完善、深化、发展承包经营责任制的若干规定》，重点是强化企业经营自主权，深化企业内部改革，进一步完善承包经营责任制，全面提高企业素质和经济效益。

涟源钢铁厂，小转炉混铁炉作业区

建立现代企业制度。1993年11月，党的十四届三中全会通过的《中共中央关于建立社会主义市场经济体制若干问题的决定》明确提出国有企业改革的方向是建立现代企业制度。1994年3月，省委发出的《贯彻〈中共中央关于建立社会主义市场经济体制若干问题的决定〉的实施意见》，从湖南实际出发提出国有企业改革要"抓两头，促中间"和"调高、调优、调大"、扶优扶强的发展思路，决定采取股份制改造、联合兼并、资产重组、产权整体转让等形式，进一步搞好搞活国有企业，妥善处理历史包袱，逐步向现代企业制度过渡。1995年3月，全省55家国有大中型企业开始试点。到2000年，全省增资减债工作取得显著成效，共转股90多亿元，破产项目106个，核销债务107.85亿元。2001年，组建和发展年产值过30亿元的大型企业集团成为发展重点。通过国有资产授权经营，公司制改造、兼并、联合参股等途径和方式，一批大公司和企业集团迅速成长壮大。到2002年，全省241户国有大中型骨干企业全部进行了公司制改革。

2005年国有企业改革全面启动，到2008年6月底，省属国企改革阶段性目标任务基本完成。定为转制搞活的144户企业，累计基本完成94户，占总数的65.28%。一批企业通过引进社会资本参与改制，盘活了存量，转换了机制，重新焕发生机。通过深化改革，推动了资源配置进一步优化，企业国有产权实现了有序流转，企业产权关系和职工劳动关系得到理顺。通过改制，整合、聚集效应进一步显现，优势企业竞争力进一步提升。

改革宏观管理体制。在工业企业改革拉开城市经济体制改革大幕的同时，湖南开始就计划、投资、财税、金融、物价等方面的宏观管理体制进行改革。计划体制改革逐步实现从指令性计划向以市场配置资源为主的方向转变，到1998年，凡是可以由市场调节的资源，基本进入了市场。到2002年底，全省基本形成了投资主体多元化、筹资渠道多极化的投资体制。财税管理体制改革先后采取了分税制财政体制改革、所得税收入分享、部门预算等多项重大措施，经试点后，2002年在全省全面推广。金融体制改革主要是改革金融组织体系和运行机制，到2008年全省基本形成人民银行长沙中心支行为央行分支机构，银监局、证监局、保监局为金融监管部门，政策性银行、商业银行、外资银行、合作金融机构、证券机构、信托机构、企业集团财务机构、保险机构等分工协作、门类齐全的金融体系。物价改革构建了政府调控市场价格的基本框架，发挥了价格杠杆的调节作用，促进了经济结构的调整和优化。此外，湖南在流通、外贸、社会保障、住房制度等方面也都进行了改革，使之成为建立社会主义市场经济体制的重要组成部分。

发展非公有制经济。湖南非公有制经济的发展，经历了从个体经济的异军突起，到民营经济占湖南经济总量一半的过程。

扶持私营经济。1979年个体经济重新萌芽，当年全省实际从事个体经营的个体工商户有七八千人，登记个体工商户1315人。1981年，全省登记发照的个体工商户发展到6.3万多人，比上一年增长1.55倍。1982年又比1981年增加3.3万人，增长52%。1983年1月，中共中央发出《当前农村经济政策的若干问题》，为大力发展农村个体工商业提供了政策依据。3月，中共中央、国务院又颁发了《关于发展城乡零售商业、服务业的指示》，提出在国营商业起主导作用的前提下，多种商业经济形式合理配置和协调发展，才能更好地繁荣城乡经济，满足人民需要。1984年，中共中央《关于经济体制改革的决定》强调，个体经济应该大力发展。此后，湖南个体工商户进入了大发展时期，经营领域逐步拓宽。到1988年，全省个体工商户发展到80.4万户，从业人员达118万人。私营企业也开始出现，1988年私营企业登记户数为178户，从业人员5600人。1989年私营企业出现超常规发展，达到3396户，从业人员57462人，注册资金31985万元，产值50076万元，销售额达27954万元。1992年在邓小平南方谈话强劲东风的推动下，湖南个体私营经济步入快速发展阶段。1996年底，全省个体户达到173.33万户，从业人员385.93万人，总产值180.28亿元；私营企业2.38万户，从业人员41.38万人，总产值157.72亿元；注册资金500万元以上的企业148家。1996年，在所有的私营企业中，独资企业9498户，合伙企业7809户，有限责任公司6462户。

　　民营经济快速发展。1998年10月，根据党的十五大精神，中共湖南省委明确提出要大力扶持民营经济发展。全省民营经济的发展由此步入了壮大发展期。一大批在国内外具有较大知名度和影响力的企业和品牌涌现。始创于1989年的三一集团，打造了业内知名的"三一"品牌。2007年，三一集团实现销售收入135亿元，海外销售收入突破2亿美元，成为新中国成立以来湖南省首家销售过百亿元的民营企业。1988年创建的远大集团是全球规模最大、技术水平最高的吸收式空调制造企业，产品销往30个国家，在美、德、西、法等国市场占有率为同行业之首。创立于1992年的大汉控股集团是省民营企业前3强，并跻身全国民营企业500强。1999年创办的隆平高科，迅速成为世界排名第一的杂交水稻种子公司，年销售总额近20亿元。到2006年底，湖南民营经济实现增加值4070.88亿元，占全省GDP的比重达53.8％；实际完成投资额1785.66亿元，占全省投资总额的58.8％；二、三产业民营经济从业人员1718.06万人，占全省二、三产业全部从业人员的83.7％；实缴税金298.21亿元，占全省税收收入总额的42.1％。2009年底，全省非公有制经济增加值达7099亿元，占生产总值的比重为54.9％。

　　改革外贸体制，扩大对外开放。中共湖南省委在对内深化改革的同时，积极进行外经贸体制改革，扩大对外开放。1990年10月，中国共产党湖南省第六次代表大会正式提出了湖南省对外开放的第一个总方针，即"以引进促改造、以外经促外贸、以开放促开发"的"三促"方针。这"三促"方针就是通过扩大对外开放，大力引进国外资金，先进的设备、技术和管理经验，对湖南丰富的资源进行深度、系列开发；对全省传统工业、农业进行高起点的技术改造，促进结构的优化和产品的升级换代；并通过招商引资，大力发展外向型经济，以外经的大突破促进外贸的大发展。这一指导方针的提出，对全省广大干部群众增强开放意识，促进外经外贸跃上新台阶有着极大的意义。

　　1984年10月13日至31日，湖南首次对外经济技术合作洽谈会在长沙举办，签订各类合同196项，成交额突破1.6亿美元，其中直接利用外资6854万美元，占总成交额的43%以上，初步打开对外开放的格局。1991年6月13日至18日，中国湖南汨罗江国际龙舟节在岳阳举行，同时举办屈原国际学术研讨会和商品交易会，龙舟赛上境内外27支队伍竞争角逐，交易会上来自10多个国家和地区以及国内的5000多名客商汇集洽谈，成交额8.28亿元。9月8日至14日，中国湖南国际烟花节和湖南省第三届对外贸易洽谈会同时在长沙举行，浏阳、醴陵出产的烟花在长沙夜空争奇斗艳，来自56个国家

中国湖南省对外经济技术合作洽谈会开幕式

和地区1700多名海外客商和湖南签订2.08亿美元的进出口合同，还签订利用外资合同金额1.4亿美元。11月4日至11日，中国湖南国际森林保护节在张家界举行，来自16个国家和地区800多名外宾参加。这是一次集旅游、科技、经贸、文化、环保于一体的盛会。节前还进行了经贸洽谈，总成交额3.6亿元。同年，在深圳举办的湖南省100家大中型企业利用外资洽谈会和在荷兰阿姆斯特丹举行的湖南出口商品展销会都办得成功，分别签订利用外资合同金额8500万美元和成交出口商品金额2834万美元。湖南积极在国内外举办各种综合性大型出口商品展销会、交易会，使外贸工作不断取得新成绩。

1997年5月31日，湖南第一个对外开放港口——城陵矶口岸正式对外国籍船舶开放。2009年12月，城陵矶新港区成立，形成"一区一港四口岸"的格局，是中部地区唯一拥有6个国家级开放平台的开发区，成为湖南开放崛起"桥头堡"、创新引领"最前沿"、长江经济带建设主阵地。

省委坚持把对外开放作为促进全省经济上新台阶的一项战略措施，提出并实施"呼应两东、开放带动、科教先导、兴工强农"的开放带动战略，使全省逐步形成全方位、多层次、宽领域的对外开放格局。

实施"一化三基"发展战略。2006年11月8日，中国共产党湖南省第九次代表大会召开。会议确立了"一化三基"富民强省的发展战略，即加快推进新型工业化，以新型工业化带动新型城市化和农业产业化；加强基础产业、基础设施和基础工作。

为了贯彻落实"一化三基"富民强省发展战略，中共湖南省委成立加速推进新型工业化领导小组，制定了《关于加快推进新型工业化进程的若干意见》和《新型工业化考核奖励办法》两个文件。全省上下深入贯彻科学发展观，把新型工业化作为富民强省的第一推动力，聚精会神谋工业，全力以赴抓工业，推动经济加速、提质、转型、增效，有力地推动湖南由农业大省向经济强省转变。2006年以来，全省经济建设成绩斐然。一批交通、电力、能源、水利、城建、环保、科技、文化等建设项目加速推进。钢铁、食品加工、有色金属、石化、文化、轻工、旅游等行业势头强劲，迅速发展成为千亿元产业集群。工程机械、电工电器、汽车、轨道交通四大优势产业在全国同行业的地位稳步上升，举足轻重。

建设两型社会试验区。中共湖南省委认为，新型工业化之新，表现为产业集群与城市集群的群起群飞，这就意味着资源节约型、环境友好型两型社会的同步构建，要在保护生态环境中推进新型工业化建设。

2007年12月，国务院正式批准长株潭城市群为国家资源节约型、环境友好型两型社会建设综合配套改革试验区。2008年5月21日，省委召开常委扩大会议，明确提出长株潭两型社会试验区改革建设的指导思想、目标定位、建设时段、基本原则等；决定以改革创新精神，遵循"省统筹、市为主、市场化"的工作原则，成立长株潭两型社会试验区改革建设领导协调委员会，统筹谋划试验区改革建设。长株潭两型社会试验区坚持走出了一条有别于传统模式的新型工业化、城市化发展的新路，圆满完成了试验区的目标任务。

加速推动产业结构的优化升级。长株潭两型社会试验区建设围绕发展两型产业，突出抓产业准入退出提升机制建设，让产业结构变"轻"、发展模式变"绿"、经济质量变"优"。采取严格产业准入门槛、淘汰落后产能、关停退出重化工企业、倒逼企业加强技术改造和自主创新等措施，加快传统产业转型升级。在全国首创政府两型采购。发展了先进装备制造、节能环保、文化创意等七大战略性新兴产业。

建设具有国际品质的现代化生态型城市群。长株潭两型社会试验区建设摒弃"摊大饼"式的城市群发展路径，积极探索生态型、集约式、现代化城市群发展的模式。长沙率先探索绿色发展新模式，获得"全球绿色城市"等多项绿色荣誉。株洲突出转型升级发展，实现由"全国十大空气污染城市"到"全国文明城市"的蝶变。湘潭大力推进节能减排，荣获"全国污染减排与协同效应示范城市"等称号。主动对接国家战略，长株潭自主创新示范区、湘江

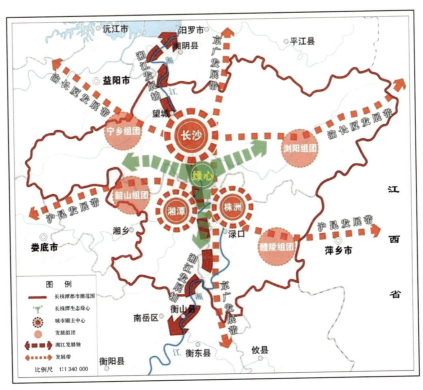

长株潭都市圈空间格局示意图

新区、"宽带中国"长株潭示范城市群等成功获批。

随着长株潭两型社会试验区建设的向前推进，长株潭经济总量不断壮大，引领和带动全省快速发展，居民收入以及医疗、教育、卫生、文化等公共服务水平大幅提升，群众共享发展成果，幸福指数明显提升。

推进文化、教育和社会保障制度改革。中共湖南省第九次代表大会以来，省委在深化文化体制改革，贯彻落实教育优先发展战略，加强社会保障制度建设等方面取得明显进步。

2007年8月20日，省委、省政府发出《关于深化文化体制改革、加快文化事业和文化产业发展的若干意见》，对深化湖南省的文化体制改革、加快文化事业和文化产业发展进行全面规划和部署。全省上下认真贯彻省委、省政府的决策部署，文化体制改革不断取得新进展，公共文化服务体系得到完善，文化产业发展势头强劲，文化综合实力明显增强。经过多年的探索和实践，一些文化门类和品牌享誉全国，创造了全国瞩目的"湖南文化现象"。"广电湘军""出版湘军""报业湘军""动漫湘军"全国闻名。

2007年8月24日，省委、省政府发布《关于建设教育强省的决定》。这是省委、省政府为实施科教兴湘战略、落实教育优先发展战略，实现人口大省向人力资源强省转变的重大举措。《决定》要求坚定不移地推行教育优先发展战略，以素质教育为主题，以改革创新为动力，巩固提高九年义务教育，加快发展职业教育，全面提升高等教育质量，有效服务经济社会发展，形成体系完善、基础厚实、特色鲜明、社会满意的教育发展局面，建设人力资源强省，为推进湖南新型工业化、推动创新型湖南建设、加快富民强省提供更加有力的人才支持和智力支撑，为国家培养和输送高素质人才。

《决定》还就如何建设教育强省进行了全面规划和具体部署。

2009年11月20日，湖南省新型农村社会养老保险试点工作会议召开，提出到2020年实现覆盖城乡居民的社会保障体系基本建立，人人享有基本生活保障的目标。

"洞庭波涌连天雪，长岛人歌动地诗。"在改革开放和社会主义现代化建设新时期，三湘大地焕发出前所未有的蓬勃生机。在湖南省委、省政府的领导下，湖南人民沿着中国特色社会主义大道阔步前进，生活状况明显改善，实现了从摆脱贫困到总体小康、奔向全面建设小康社会的历史性跨越，为全面建成小康社会，实现中华民族伟大复兴中国梦，提供了充满新的活力的体制保证和快速发展的物质条件。

二、从"建设小康"到"建成小康"

党的十八大以来，以习近平同志为核心的党中央以强烈的责任担当，提出一系列新理念新思想新战略，推动党和国家事业发生历史性变革、取得历史性成就，标志着中国特色社会主义进入新时代。中共湖南省委坚持以人民为中心，团结带领全省人民，在习近平新时代中国特色社会主义思想指引下，认真贯彻落实党的十八大、十九大决策部署，统筹推进"五位一体"总体布局、协调推进"四个全面"战略布局，坚定不移地深化改革推进开放，持之以恒改善民生，为实现全面建成小康社会宏伟目标而奋斗。

（一）吹响全面建成小康社会号角

党的十八大，吹响了全面建成小康社会的号角，明确到2020年实现全面建成小康社会宏伟目标，中国特色社会主义进入新时代。全面建成小康社会是全党的奋斗目标，也是湖南人民的殷切期盼。

按照国家统计局监测全面小康6大类23项指标测算，2012年湖南全面小康实现程度虽然达到了85.9%，但发展很不平衡。一方面，全面小康内部各大指标实现程度不平衡，社会和谐、民主法治等指标实现程度较高，分别达到96.7%、96.6%，经济发展指标实现程度只有71.3%，发展不充分、不全面、不持续的问题突出，与全国差距较大。全省GDP、固定资产投资、社会消费品零售总额、财政收入的人均水平，分别只相当于全国的87.1%、81.5%、76.2%和47.3%；城镇化率比全国低5.9个百分点；城乡居民收入分别比全国低3264元、477元；财政收入占GDP比重、税收占财政收入比重偏低，都排中部倒数第2位；万元GDP能耗高于全国平均水平。另一方面，省内区域实现程度不平衡，长株潭地区达到了93.3%，大湘西地区只有74.1%，还有近40个贫困县不到70%，全省最低的新化县只有61.3%；城乡居民收入相差2.9倍，人均GDP最高的长沙市是最低的邵阳市的6.2倍。虽然总体实现程度较高，但质量和水平并不高。

2013年1月26日，湖南省十二届人大一次会议在长沙召开。会议认真分析了湖南省面临的国内外形势，认为当前发展机遇和挑战前所未有，必须清醒认识亟待解决的困难和问题。一是亟待提高发展质量和效益。经济发展方式比较粗放，资源环境约束趋紧。二是亟待解决发展不充分、不全面、不持续的问题。城乡、区域、行业之间的差距较大，不平衡、不协调的问题比较突出；城乡居民收入仍然低于全国平均水平，持续保障和改善民生的任务较重。三是亟待推动企业转型升级。受市场疲软、产能过剩、结构调整滞后等因素影响，企业成本上升、吸纳就业能力降低。四是亟待优化发展环境。解决政府一些部门和少数干部服务意识不强、服务能力不足、工作作风不实，门难进、脸难看、事难办的问题。

　　会议提出了未来湖南省的任务是：要努力克服全球经济持续低迷、各种保护主义抬头、外部需求受到抑制等不利影响，紧紧抓住全球新一轮产业和技术革命的重大机遇，加速发展具有比较优势的产业和技术，抢占科技和产业发展制高点，拓展更广、更大的发展空间；要在我国深化改革开放、加快转变经济发展方式的攻坚时期，紧紧抓住国家支持中西部地区发展等重大机遇，加快经济建设、政治建设、文化建设、社会建设、生态文明建设，开创更好、更快的发展局面；要顺应全省人民对美好生活的向往，焕发饱满斗志，以更大勇气、更大责任，谱写更新、更美的发展篇章。

　　会议明确了湖南省经济社会发展的要求是：高举中国特色社会主义伟大旗帜，以邓小平理论、"三个代表"重要思想、科学发展观为指导，紧紧围绕主题主线，以提高经济增长质量和效益为中心，深入实施"四化两型"战略，稳中求进，开拓创新，深化改革开放，强化创新驱动，增强经济发展的内生活力和动力，努力实现"两个加快、两个率先"。到2017年，全省地区生产总值比2010年翻一番，人均生产总值达到全国平均水平；新型工业化、农业现代化、新型城镇化和信息化协同推进，两型社会建设取得重大进展；城乡居民人均收入增速快于全国，社会大局保持和谐稳定。实现上述目标，必须坚持转型发展、创新发展、统筹发展、可持续发展、和谐安全发展，努力促进经济总量、人均均量和运行质量同步提升。

　　会议强调，党的十八大吹响了全面建成小康社会的号角，开启了乘风破浪的伟大航程。让我们紧密团结在以习近平同志为核心的党中央周围，在中共湖南省委的坚强领导下，全面贯彻落实党的十八大精神，勇于担当重任，不负人民重托，解放思想，与时俱进，求真务实，为湖南的美好明天而努力奋斗。

（二）因地制宜推进全面建成小康社会

中共湖南省委认为，全面建成小康社会必须以习近平总书记系列重要讲话精神为指导，一切从湖南省的实际出发，实事求是，因地制宜，分类指导，精准扶贫，才能顺利实现全面建成小康社会的宏伟目标。

"精准扶贫"首次在十八洞村提出。2013年11月3日，习近平总书记来到湘西州花垣县十八洞村考察调研。十八洞村是武陵山区腹地一个苗族聚居村，处于集中连片特困地区，群众生活长期徘徊在贫困线以下。2013年，全村225户939人，人均可支配收入只有1668元，贫困发生率高达57%。习近平总书记与村民促膝交谈，同大家一起商量脱贫致富奔小康之策。在这里，他首次提出"精准扶贫"重要理念，并指出："我们在抓扶贫的时候，切忌喊大口号，也不要定那些好高骛远的目标。把工作要做细，实事求是、因地制宜、分类指导、精准扶贫。"

分类指导全面建成小康社会。2013年7月15日至18日，省委十届七次全体（扩大）会议在长沙举行。会议审议通过《关于分类指导加快推进全面建成小康社会的意见》。《意见》指出必须从湖南实际出发，从三个方面进行指导，全面建成小康社会。

进行区域分类。针对湖南省区域经济发展、区域功能定位和区域全面小康进程等实际，将全省全面小康建设划分为长株潭地区、洞庭湖地区、湘南地区、大湘西地区四大区域板块。据初步测算，四大区域板块2012年全面小康实现程度分别为：长株潭地区93.3％，包括长沙市、株洲市、湘潭市；洞庭湖地区83.1％，包括岳阳市、常德市、益阳市；湘南地区78.9％，包括衡阳市、郴州市、永州市；大湘西地区74.1％，包括邵阳市、娄底市、怀化市、张家界市、湘西自治州。

确定区域发展目标和重点。坚持把推进全面建成小康社会与实施区域发展战略、促进经济社会持续健康较快发展结合起来，进一步明确四大区域板块发展目标和战略重点。长株潭地区，重点以两型社会试验区建设为引领，构建现代产业体系，推进城市群建设，提高城市化和城乡一体化水平，到2017年率先实现全面小康，到2020年率先向基本现代化迈进，率先建成全国两型社会建设示范区。洞庭湖地区，紧扣洞庭湖生态经济区规划，大力推进现代农业建设和湖区生态建设，培育壮大特色优势产业，提高工业化和城镇化水平，加快融入长江经济走廊，到2017年全面建成小康社会，到2020年建成全国农业现代化和生态文明建设示范区。湘南地区，以国家级承接产业转移示范区为平台，大力促进开放开发，积极承接产业转移，推动经济转型发展，加快建成连接粤港澳和东盟的新的经济增长极，到2017年全面小康实现程度达到90％以上，到2020年确保实现全面小康。大湘西地区，以武陵山片区区域发展与扶贫攻坚试点为契机，全面落实国家扶贫开发战略和政策措施，加大集中连片扶贫攻坚力度，促进贫困地区经济社会加快发展，到2017年全面小康实现程度达到85％以上，到2020年基本消除绝对贫困现象，基本实现全面小康目标。

分区域指导工作。根据四大区域板块全面小康建设进程和各自发展特点，加强对区域的分类指导，把推动区域经济社会协调发展与全面小康建设统一起来，把实施国家战略与各区域全面小康建设统一起来，把对区域和市州的指导与市州对县市区的管理统一起来，使推进全面建成小康社会的各项政策措施和责任更好地对接区域板块、对接各市州，更好地调动市州的积极性，更好地发挥市州对县市区的行政领导、组织指导作用。要把组织领导与具体指导结合起来，省里分四大区域板块成立四个指导小组，分块指导各责任区的全面小康建设。

《意见》还明确了湖南全面建成小康社会的基本原则，提出了强化分类指导加快推进全面建成小康社会的保障措施以及要求建立完善以县市区为主体的分类考评指标体系等。

推进精细化扶贫。"小康不小康，关键看老乡。"湖南全面建成小康社会的难点在贫困地区。湖南推进精细化扶贫，做到一家一户一本台账、一个脱贫计划、一套帮扶措施，推动水、电、路、气、房和环境整治"六到户"取得成效，2012年全省贫困人口比2010年减少了230多万。但全省仍然还有767万贫困人口，占全国扶贫对象的7.7%。此时，实现全面建成小康社会的奋斗目标，依然是困难重重，任重道远。

2014年10月17日是我国实行的首个"扶贫日"。这一天，习近平总书记作出重要批示："各级党委、政府和领导干部对贫困地区和贫困群众要格外关注、格外关爱，履行领导职责，创新思路方法，加大扶持力度，善于因地制宜，注重精准发力，充分发挥贫困地区广大干部群众能动作用，扎扎实实做好新形势下扶贫开发工作，推动贫困地区和贫困群众加快脱贫致富奔小康的步伐。"2015年6月18日，习近平总书记在贵州召开部分省区市党委主要负责同志座谈会，强调确保贫困人口到2020年如期脱贫。19日，省委召开常委会议，研究部署贯彻落实意见。7月20日，省委十届十三次全体（扩大）会议审议通过《中共湖南省委关于实施精准扶贫加快推进扶贫开发工作的决议》，全面部署和推动扶贫开发工作。

2017年3月31日，《湖南省"十三五"脱贫攻坚规划》出台。《规划》明确提出：力争到2019年、确保2020年底前，40个国家扶贫开发工作重点县（片区县）和11个省扶贫开发工作重点（比照）县全部摘帽，全省6924个贫困村分批全部退出；同期稳定实现贫困人口"两不愁三保障"，即不愁吃、不愁穿，义务教育、基本医疗和住房安全得到保障。

决战脱贫攻坚。湖南深学笃用习近平总书记关于扶贫工作的重要论述和视察湖南时的重要指示精神，把脱贫攻坚作为头等大事和第一民生，狠抓责任落实、政策落实、工作落实。

抓重点地区。省委、省政府确定深度贫困地区以武陵山片区为主体区域，突出湘西土家族苗族自治州这个主战场，综合考虑贫困发生率、自然条件和经济发展水平等因素，确定保靖、泸溪、古丈、花垣、永顺、凤凰、龙山、桑植、麻阳、通道、城步等11个深度贫困县。同时，省委、省政府根据贫困发生率在20%以上并综合考虑经济发展水平、基础设施、公共服务能力以及村级集体经济发展水平等因素，确定深度贫困村，在全面排查和整改扶贫领域存在的突出问题的基础上，精确动态调整贫困人口、农村低保对象和兜底保障对象，全面实施脱贫攻坚"七大行动"——发展特色产业增收脱贫、引导劳务输出脱贫、实施易地搬迁脱贫、结合生态保护脱贫、着力加强教育脱贫、开展医疗保险和救助脱贫、实行保障兜底脱贫，集中力量推动深度贫困地区脱贫。

抓重大举措。深度贫困地区之所以脱贫难，在于当地自然条件恶劣、产业发展落后、人口素质偏低、基础设施薄弱。为此，省委、省政府从十个方面加大对深度贫困地区的支持力度，打出一系列脱贫帮扶"组合拳"：加大财政支持力度，2013年至2017年，省财政每年新增一定投入，用于深度贫困地区脱贫攻坚；加大金融支持力度，针对深度贫困地区制定差异化信贷支持政策；加大项目布局倾斜力度，公益性基础设施、社会事业领域重大工程建设项目以及能源、交通等重大投资项目优先安排深度贫困地区；加大土地政策支持力度，新增建设用地指标优先保障深度贫困县发展用地需要；加大易地扶贫搬迁实施力度，重点考虑深度贫困地区的易地扶贫搬迁工作；加大扶贫产业培育力度，坚持"四跟四走"产业扶贫路子；加大生态扶贫支持力度，每年新增生态护林员指标的1/3安排到深度贫困县；加大干部人才支持力度，鼓励和引导各方面人才向深度贫困县基层一线流动；加大驻村帮扶和结对帮扶力度，新一轮省市驻村帮扶工作队的安排要向深度贫困村倾斜；加大省内经济发达7个市对口帮扶自治州7个县的力度，新增长沙市雨花区、芙蓉区、天心区、开福区分别与桑植、麻阳、通道、城步开展携手奔小康行动，组织安排经济实力好、带动能力强的企业对口帮扶深度贫困村，实行全覆盖。

抓重点项目。基础设施薄弱制约深度贫困地区发展，也增加了脱贫难度，为了推动深度贫困地区切实脱贫，省委、省政府着重抓好落实一批相关的工业交通、农田水利的重点项目建设，推动贫困地区持续不断地脱贫致富。

激发脱贫攻坚内生动力。扶贫先扶志，为了激发湖南省贫困地区脱贫的内生动力，省委、省政府一方面加强贫困地区干部队伍建设，突出贫困村"两委"班子建设，组织开展"头雁培训计划"，集中排查整顿软弱涣散村级党组织，关心关爱脱贫攻坚一线干部；另一方面加强政策引导和教育引导，总结推广自主脱贫典型，推动移风易俗，发挥村规民约作用，加快补齐贫困群众"精神短板"，加大贫困村创业致富带头人培育工作力度，强化能人带动；加大贫困家庭劳动力技能培训、实用技术和转移就业服务力度，提高贫困群众自我发展能力。

做好脱贫攻坚帮扶拉力。帮助贫困地区和贫困人口脱贫，是社会各界义不容辞的责任。为了形成脱贫攻坚的合力，省委、省政府做好三种"帮扶"：一是做好对口帮扶；二是做好驻村帮扶；三是做好社会帮扶。

用好脱贫攻坚外在推力。对此，省委、省政府采取以下措施：一是用好考核指挥棒。在做好督查工作的基础上，完善脱贫攻坚考核实施细则，整合部门考核，优化第三方评估，充分发挥考核"指挥棒"作用。二是把资金用在刀刃上。加强涉农资金整合，加强项目论证和储备，防止资金闲置和损失浪费，全面落实扶贫资金项目公告公示制度，加快扶贫资金拨付、使用，深入开展扶贫专项审计和政策跟踪审计，最大限度发挥扶贫资金的作用。三是打好舆论战。加大脱贫攻坚政策和成效宣传的力度，总结推广精准扶贫、精准脱贫先进经验。

（三）以新发展理念引领小康社会建设

党的十八大以来，习近平总书记从坚持和发展中国特色社会主义全局出发，提出"四个全面"战略布局和"五位一体"总体布局。党的十八届五中全会进一步提出引领发展的创新、协调、绿色、开放、共享"五大发展"理念，指明了我国的发展思路、发展方向、发展着力点。"五大发展"理念，集中反映了党对经济社会发展规律认识的深化，极大丰富了马克思主义发展观，为党带领全国人民夺取全面建成小康社会的伟大胜利，提供了强大思想武器。中共湖南省委贯彻全会精神，以"五大发展"理念引领全面建成小康社会。

创新发展。发展才是硬道理。改革推动创新是引领经济社会发展的不竭动力。党的十八大以来，省委通过改革推动创新，引领湖南经济社会发展取得巨大成就。

2014年1月28日，中共湖南省第十届委员会第九次全体会议在长沙举行。全会审议并原则通过《中共湖南省委贯彻落实〈中共中央关于全面深化改革若干重大问题的决定〉的实施意见》。会议要求以党的十八届三中全会《决定》精神为总揽，坚持社会主义市场经济改革方向，以促进社会公平正义、增进人民福祉为出发点和落脚点，紧紧围绕"四化两型"总战略和"三量齐升"总要求，全面深化经济、政治、文化、社会、生态文明和党的建设各领域改革，进一步解放思想、解放和发展社会生产力、解放和增强社会活力，确保各项改革举措符合中央精神、符合湖南实际、符合群众意愿，为湖南加快全面建成小康社会提供强大动力和制度保障。

国有企业改革是深化经济体制改革的一项重要内容。2014年3月1日，省委、省政府《关于进一步深化国有企业改革的意见》出台，提出湖南进一步深化国企改革的路线图、任务书、时间表。这是湖南深化国企改革的纲领性文件，标志着湖南新一轮国企改革的帷幕正式拉开。随后出台了36个配套政策文件，形成湖南省国企改革的"1+N"政策体系。国企改革重大举措相继落地，在推进国有资本布局结构调整与企业重组整合、加快供给侧结构性改革、完善现代企业制度、推动"三供一业"分离移交、完成政企分开政资分开、深化国资监管体制改革等方面取得新突破、新进展。

湖南省属企业在深化改革中交上了一份亮丽的"成绩单"。一批符合现代企业制度要求、竞争力强的国营企业脱颖而出。截至2016年底，省属监管企业资产总额达到5802.89亿元，较2011年底增长了82.35%；省属监管企业累计实现营业收入11018.67亿元，与2011年底相比增长了32.23%；累计上缴税收528.83亿元，与2011年底相比增长了5.74%。

为了加大农业改革创新的力度，加快农业现代化建设的步伐，省委、省政府采取了一系列的措施。

调整优化农业结构。坚持把稳定发展粮食生产、保障农产品有效供给放在突出位置，稳步提高粮食等大宗农产品产能。抓好重点县市区新增粮食产能建设，稳定粮食播种面积。深入推进粮食高产创建、绿色增产模式攻关和湘米产业工程，加大超级杂交稻推广力度，努力提高单产，力争全省粮食年产稳定在600亿斤左右，确保粮食安全。推动种植结构由粮食、经济作物二元结构向粮食、饲草料、经济作物三元结构转变。重点扶持油料、旱杂粮、柑橘、茶叶等特色经济作物。

积极实施农业产业化经营。推进农业区域化布局、标准化生产，实行种养加、农工商、科工贸一体化经营；重点打造粮食、畜禽水产、果蔬、林产、茶叶等千亿产业，积极发展油茶、南竹、生物制药等特色产业；深入推进特色县域经济农产品加工重点县，支持县域特色产业集群发展；培育一批规模大、带动能力强、支撑作用明显的龙头企业。加速实施区域品牌战略，支持龙头企业打造高知名度商标和国家地理标志产品，引导龙头企业建立标准化生产基地。

增强科技创新驱动。农业方面，构建高产、优质、高效、生态、安全的农业科学技术体系，加大超级稻、优质稻、生猪、蔬菜、油菜、油茶、茶叶、南竹等品种选育和优良品种推广，加快国家级水稻分子育种平台、南繁基地和南方粮油作物协同创新中心建设，加强农业技术配套组装和农产品精深加工、农业机械装备、生态环境保护、耕地污染治理、资源高效利用等关键科学技术研发。党的十八大以来，湖南农业粮食连年丰收，农民持续增收，农业现代化水平大幅提高，农村新产业新业态蓬勃发展，广袤田野迸发出前所未有的活力。

工业方面，2014年12月11日，国务院批复同意支持长沙、株洲、湘潭3个国家高新技术产业开发区建设国家自主创新示范区，努力打造成为创新驱动发展引领区、科技体制改革先行区、军民融合创新示范区、中西部地区发展新的增长极。2015年5月24日，中部地区首个国家级新区——湖南湘江新区授牌，标志着新区建设正式启动。国家发改委印发的《湖南湘江新区总体方案》要求以中央对新区所做的战略定位为根本遵循，以新的视野、思路和举措推进新区建设发展，着力打造区域发展新增长极、转型发展新引擎、内陆开放新高地、创新创业新平台、宜居宜业新家园。

2016年3月8日，习近平总书记参加十二届全国人大四次会议湖南代表团审议，要求湖南"创造性开展工作，着力推进供给侧结构性改革，着力加强保障和改善民生工作，着力推进农业现代化，让广大人民群众有更多获得感"。在习近平总书记"三个着力"指示精神指引下，湖南加快了全面建成小康社会步伐。

协调发展。从古代中国的传统智慧，到当代中国发展的全新

湖南湘江新区的中心城区梅溪湖

理念，"协调"一词，因十八届五中全会而被赋予新的时代内涵。湖南将其融会贯通，使其成为发展的方法论。

2013年12月16日，省委召开会议传达学习中央经济工作会议和中央城镇化工作会议精神。会议要求认真抓好中央两个会议精神的贯彻落实，着力促进城乡区域协调发展，加快同步建设全面小康；要积极稳妥推进新型城镇化，坚持以人为核心，着力提高城镇化质量，用改革创新的办法破解城乡之间和城市内部二元结构等难题；要找准着力点，切实保障和改善民生。

为了加速推进新型城镇化、城乡一体化，省委、省政府采取了一系列的措施。

建立健全覆盖城乡的规划建设管理体制机制。协调理顺省、市州、县市区、乡镇四级在城乡规划建设管理上的职责和分工。建立规划建设部门牵头，相关部门相互衔接和协调配合的规划管理体制，形成政府组织、专家领衔、部门合作、公众参与、科学决策、依法办事的规划编制工作体系。将城镇新区、开发区、各类园区的开发建设，纳入城镇总体规划统一管理，农村住房和基础设施建设纳入城乡一体化规划建设管理。

发挥区域中心城市的协调带动作用。按照全省区域发展的总体布局，充分发挥长株潭城市群核心增长极的引擎作用，进一步强化其他11个市州政府所在地城市的区域中心地位，不断扩大城市规模，完善城市功能，突出城市特色，提升城市品位，增强区域中心城市在经济、金融、信息、商贸、科教和文化等方面的辐射、协调和带动作用，使之成为带动区域城乡一体化发展的重要平台和要素集聚中心。

做大做强县城和中心镇。坚持把县城和中心镇作为统筹协调城乡发展、推进城乡一体化的关键节点和重要纽带，建设成为生产要素集聚和承载农村人口转移的重要区域。要求具有一定发展基础和条件的县、市城区，根据区位条件、资源状况、发展基础和环境容量，以增加就业、住房和公共服务为着力点，加快产业转型升级，加强城镇改造和建设，提升人口集聚能力；做大做强特色支柱产业，扩大城市规模，增加住房和公共产品供给，加快中心城镇的建设发展。

构建城乡一体的新型基础设施体系。协调统筹城乡基础设施布局，突出公交优先原则，按照县域城乡一体化要求，大力推动公共交通、电力、供水、通信等基础设施向农村延伸，形成城乡基础设施一体化。加快推进城乡路网建设，所有具备条件的行政村通水泥路或沥青路。着重发展城乡公共交通，支持发展农村客运服务，扩大农村客运覆盖范围。加强城乡供水资源统一管理，统筹城乡水

吉首市矮寨镇幸福村，大型机械在进行路面施工

源地、供水、排水、污水处理。加快城乡电网建设，在完善城市电网体系的基础上，实现城乡各类用电同网同价。加快城乡信息基础设施建设，加快推进电信网、广播电视网、互联网"三网融合"，扩大"数字城市"建设范围，实施好农村上网工程，全面提高城乡信息化水平。

引导非农产业向县城和中心镇集中。强化县城和中心镇的产业支撑，科学规划县域产业布局，因地制宜推动人口向城镇集中、产业向园区集中、土地向规模经营集中。城乡统筹的电力、交通、通信、环保、给排水等基础设施建设应主要与县城和中心镇衔接，医疗、文化、体育、养老等公共服务设施要重点向县城和中心镇集中，商贸、流通、金融等社会化服务设施应重点向县城和中心镇布局，以增强对企业和农民的吸引力。

这些措施确保了湖南新型城镇体系基本形成，全省城镇化率不断提高；城乡基础设施统筹布局，城镇综合承载能力和新农村建设水平全面提升，农村道路、供水、供电、供气、通信、环境卫生等得到明显改善；城乡劳动就业、教育文化、医疗卫生、住房保障、社会保障等一体化取得突破性进展，逐步实现了城乡基本公共服务均等化。

绿色发展。党的十八大以来，湖南深入贯彻"绿水青山就是金山银山"的理念，采取有力措施推动生态文明建设。

2014年2月22日，省政府印发《〈湖南省湘江保护条例〉实施方案》，标志着省政府"一号重点工程"正式确定了"路线图"。根据《实施方案》，湖南省按照"保护优先、统筹规划、综合治理、合理利用"的原则，分近期和远期实施湘江保护与治理。通过10年左右的努力，打造湘江流域"山青、岸绿、河畅、水净"的优美环境。2016年8月24日，省政府召开湘江保护和治理委员会全体会议，全面研究部署湘江保护与治理"一号重点工程"。会议要求以湘江保护和治理为突破口，带动"一湖四水"和山水林田湖生命共同体的保护与治理，努力建设青山永驻、绿水长流的生态环境和富饶美丽幸福新湖南。

2015年上半年，省委、省政府出台《湖南省环境保护工作责任规定（试行）》和《湖南省重大环境问题（事件）责任追究办法（试行）》。2015年4月，省委、省政府率先在全国出台《湖南省生态文明体制改革实施方案（2014—2020年）》，标志着湖南省生态文明体制改革顶层设计基本完成。2016年3月以后，又陆续出台了《湖南省环境保护督察方案（试行）》《湖南省党政领导干部生态环境损害责任追究办法实施细则（试行）》《湖南省开展领导干部自然资源资产离任审计试点实施方案》等文件。同时，加快推进《湖南省大气污染防治条例》《湖南省实施〈中华人民共和国固体废物污染环境防治法〉办法》修订等环境立法，建立完善生态红线、生态补偿、生态损害赔偿、排污权有偿使用和交易等系列环境保护管理制度。

为了确保湖南省全面完成"十二五"节能减排降碳目标，加快生态文明建设，省委、省政府采取了一系列的措施：加快发展低能耗低排放产业、调整优化能源消费结构、推进实施节能减排重点工程、加强工业节能降碳、强化交通运输节能降碳、推动商业领域节能降碳。

湖南坚持生态优先、绿色发展，全省生态环境质量实现了历史性改善，呈现出天更蓝、水更清、地更绿的美丽新景象。

开放发展。党的十八大以来，随着省委创新引领开放崛起战略深入实施，湖南省开放型经济进入一个全新发展阶段。

2013年4月3日，湖南全省扩大开放暨优化开放型经济发展环境电视电话会议召开。会议指出，要一以贯之地扩大开放，毅然决然地推动开放发展，全面提高开放型经济竞争力，以硬措施优化发展环境。要坚持稳定出口与扩大进口、利用外资与对外投资、对内开放与对外开放、扩大总量与提高质量相结合。会议强调，要在五个方面下功夫：一要在提升招商引资质量效益上下功夫；二要在加快转变外贸发展方式上下功夫；三要在拓展开放合作空间上下功夫；四要在建好用活开放平台上下功夫；五要在培育做强开放主体上下功夫。

2014年11月12日，省政府出台《湖南省深化开放型经济体制改革实施方案》。《方案》要求，到2020年有效解决长期制约湖南省开放型经济发展的体制机制问题、结构问题和环境问题，基本形成全方位、宽领域、多层次、高水平的开放型经济格局。全省开放型经济规模与质量大幅提升，主要指标进入中西部先进行列，其增速高于全国平均水平，各类开放平台和载体建设进入全国先进行列。开放型经济对扩大投资、拉动消费、促进就业、改善民生、带动经济增长的贡献度显著增强，实现湖南省经济发展由国内投资消费拉动为主向国际、国内市场同步拉动转变。《方案》提出必须做好七个方面的工作：一是改革境内外投资管理体制；二是创新区域经济开放合作模式；三是创新外贸发展机制；四是深入推进招商引资机制改革创新；五是完善"走出去"促进服务机制；六是提升各类开放型平台的承载功能；七是加快对内开放步伐。

2015年5月25日，湖南省发展开放型经济领导小组工作会议召开。会议认真学习习近平总书记关于开放型经济发展的重要讲话和党中央、国务院《关于构建开放型经济新体制的若干意见》精神。会议要求充分认识经济新常态对开放型经济发展提出的新要求，扎实做好招商引资、顶层设计等各项工作，以大开放带动大转变、大提升、大发展。会议强调要结合"十三五"规划编制，做好今后一个时期开放型经济发展的顶层设计，坚持以规划引导思路转变、统揽项目建设、整合要素资源，合理设定开放型经济发展的目标和指标体系，突出优势引领，立足现有承载能力和产业基础，提前谋划好"十三五"相关项目，支持各地园区特别是特色园区和核心企业加快发展，有的放矢地开展招商引资。

2015年11月24日至25日，中共湖南省委十届十五次全体（扩大）会议在长沙召开。会议强调，要全面对接和融入国家区域发展战略，深入推进双向开放，努力将湖南打造成为名副其实的内陆开放新高地；要通过促进开放型经济发展，高水平引进来，大规模走出去，提升湖南省外贸依存度，培育新的经济增长点，增强出口对经济增长的贡献率。

共享发展。发展为了人民、发展依靠人民、发展成果由人民共享，使全体人民在共建共享发展中有更多获得感，既解释了发展的动力，也解释了发展的目的。湖南努力提升人民群众物质文化生活水平，在教育、医疗、社会保障等方面取得明显进步，人民群众的获得感、幸福感、安全感不断提升。

2014年9月5日，省委全面深化改革领导小组文化体制改革专项小组第二次会议在长沙召开，会议主要学习贯彻中央全面深化改革领导小组第四次会议精神，贯彻落实《湖南省深化文化体制改革实施方案》，部署全省文化体制改革工作。会后，湖南省文化体制改革加速推进，文化设施不断改善、文化产业不断壮大、文化改革不断深化。

省委、省政府在城乡社会保障体系建设方面做了大量工作，成效明显。

改革就业体制，健全经济发展与扩大就业的联动机制。党的十八大以来，为了保持就业形势稳定，省委、省政府实施就业优先战略，健全经济发展与扩大就业的联动机制，制定促进创新创业带动就业的实施意见，形成"1+3+X"就业创业政策体系，扎实做好大学毕业生、失业人员等重点群体就业再就业工作，大力推进大众创业、万众创新。

推进社会保障制度建设。2014年2月，湖南省政府公布《湖南省实施〈工伤保险条例〉办法》，完善社会保险政策，社会保险覆盖面持续扩大，待遇水平大幅度提高，社保卡持卡人数超过3000万。贯彻"提低、扩中、调高、治欠"原则，深入推进企业工资收入分配改革。完善工资支付保障制度。全省城镇在岗职工年平均工资从2010年的30483元提高到2017年的53000元。

改革财政支出比例，重点用于民生领域。教育方面，完善教育经费保障机制，统筹提高了各个教育阶段的经费拨款水平；农村基层教育人才津贴政策和农村义务教育学生营养改善计划实现贫困县全覆盖。社保方面，持续提高企业退休人员养老金；医疗卫生方面，大幅提升城乡居民基本医保政府补助标准、基本公共卫生服务财政补助标准。

完善残疾人福利制度。党的十八大以来，湖南建立残疾人"两项补贴"制度，每人每月发放补贴最低50元。2016年，省政府出台《关于加强困境儿童保障工作的实施意见》，明确将困境儿童按照孤儿、低保、特困人员、残疾等分类，以保障其基本生活。在全国率先开展儿童福利机构转型发展，为孤残儿童提供良好的成长环境、科学系统的医疗康复和特殊教育等服务，儿童福利机构实现养育、治疗、康复及教育多功能型转变。

建立养老服务体系。党的十八大以来，湖南民政部门积极开展应对人口老龄化行动，完善顶层设计，加强养老服务体系建设，加快医养结合发展。2014年7月29日，《湖南省人民政府关于建立统一的城乡居民基本养老保险制度的实施意见》发布实施。湖南省新型农村社会养老保险和城市居民社会养老保险正式"并轨"，不论城乡，居民养老保险缴费档次、财政补助标准和养老金待遇水平全部统一。增加全省养老机构床位、建设城市社区养老服务中心（站）、与医疗机构开展多种合作等，使更多老人享受到养老及医疗服务的便利。

（四）"五个强省"绘就新湖南美好愿景

2016年11月15日至19日，中共湖南省第十一次代表大会在长沙召开。会议贯彻落实习近平总书记2013年11月到湖南考察时明确湖南位于"一带一部"——东部沿海地区和中西部地区过渡带、长江开放经济带和沿海开放经济带接合部——发展定位的重要指示，提出"五个强省"的目标，即：推动综合实力显著增强，实现从经济大省向经济强省转变；推动创新能力显著提升，实现从人才大省向科教强省转变；推动文化发展显著进步，实现从文化大省向文化强省转变；推动生态环境显著改善，实现从绿色大省向生态强省转变；推动开放程度显著提高，实现从内陆大省向开放强省转变。会后，中共湖南省委、省政府围绕"五个强省"的具体要求，努力建设富饶美丽幸福的新湖南。

建设经济强省。"从经济大省向经济强省转变"是"五个强省"中的核心和关键。湖南突出"稳中求进"这个总基调，一方面，借产业梯度转移、空间梯度开发、开放梯度推进和国家实施"三大战略"等重大机遇的"东风"，推动经济总量上台阶上水平；另一方面，保持战略定力，克服困难，深入推进供给侧结构性改革，加快构建以现代农业为基础、战略性新兴产业为先导、先进制造业为主导、现代服务业为支撑的产业新格局。同时，贯彻落实"一核三极四带多点"区域发展战略——"一核"：加快推进长株潭一体化，打造长江中游城市群核心引领区；"三极"：打造岳阳、郴州、怀化三个新增长极；"四带"：打造京广高铁经济带、沪昆高铁经济带、环洞庭湖经济带和张吉怀精品生态文化旅游经济带;"多点":依托国家级新区、国家级经济技术开发区、高新技术开发区和一些特色园区,形成多个基础扎实、实力雄厚、特色明显、产城融合的新增长点——为全面推进城镇化、打造全域旅游、促进省内区域经济发展夯实基础。

建设经济强省各项举措落地,使湖南经济结构不断优化,农业农村现代化加快推进,乡村振兴战略全面实施,工业主导地位更加突出,服务业总量规模、质量效益快速提升,成为拉动经济增长的重要引擎。具有核心竞争力的科技创新高地建设全面铺开;区域发展协调性增强;现代化基础设施"五张网"不断完善提升;政府债务、金融、安全生产、自然灾害等领域风险有力有效防范化解,守住了不发生区域性系统性风险的底线。

建设科教强省。2016年12月2日,省委发出《印发〈关于深化人才发展体制机制改革的实施意见〉的通知》。《通知》强调人才是经济社会发展的第一资源。为充分发挥人才在协调推进"四个全面"战略布局、建设富饶美丽幸福新湖南中的支撑引领作用,要结合湖南实际,深化人才发展体制机制改革。《通知》还提出深化人才发展体制机制改革重点任务:一是完善人才管理制度,二是加强急需紧缺人才开发,三是提升人才服务水平。

同日,省政府印发《湖南省"十三五"科技创新规划》。湖南省首次将"科技规划"升级为"科技创新规划",更加突出科技与经济、科技与创新的结合。《规划》提出了"十三五"科技创新发展的指导思想、基本原则、发展目标,明确要求到2020年,全省科技创新综合实力进入全国前10位,科技进步贡献率达到60%,全面建成创新型湖南。《规划》围绕充分释放人才活力、培育科技创新战略力量、构筑开放合作创新的格局,提出健全科技创新治理机制、深化产学研协同创新、促进科技成果转移转化、推进科技金融紧密结合、强化军民深度融合等5个方面的改革重点。《规划》还立足省情实际，提出了"湖南特色"的"1105"科技创新任务。一是围绕打造长株潭自主创新核心增长极，推进建成具有全球影响力的创新创业之都。二是围绕高端装备、新材料等十大优势领域，实施产业技术创新链计划，支撑和引领具有竞争力的创新型经济发展。三是推进五大科技创新专项行动。实施前沿科技引领行动，打造科技创新先发优势；实施科技重大工程与专项推进行动，抢占产业技术新高点；实施人才培育与平台建设行动，实现科技创新推进全面创新；实施创新创业促进行动，激活双创发展新动力；实施区域创新协同行动，推进全方位科技创新开放与合作。

建设文化强省。2016年11月1日，《湖南省"十三五"时期文化改革发展规划纲要》发布。《纲要》提出要着力打造湖南文化发展升级版，持续推进文化强省建设，到2020年，确保社会主义核心价值观深入人心，文化体制改革各项重点任务全面完成，文化事业进一步繁荣，现代公共文化服务体系和现代文化市场体系基本建立，人民群众基本文化权益得到保障，文化对经济社会发展的牵引力、带动力、辐射力持续增强，"湘字号"文化品牌的影响力不断扩大，主要文化指标在全国领先，文化综合实力位居全国前列。《纲要》要求按照产业集聚、功能分区、错位协同、均衡发展的布局原则，突出龙头带动、加快圈层辐射、强化极核支撑，构建全省文化产业发展"一核两圈三板块"的总体空间布局，形成"一核集聚引领，两圈协同联动，三板块多点支撑"的产业发展整体格局。"一核"，即长株潭文化产业核心区。"两圈"，即协同圈和联动圈。指以省会长沙为中心，从空间区位和高铁、高速公路交通联系

第十届中国（深圳）国际文化产业博览交易会，"创意湖南，文化湘军"宣传海报在深圳会展中心格外醒目

上划分的两大文化产业集聚发展圈域。按照产业集聚特征和经济辐射半径，分为内环协同圈和外环联动圈。"三板块"，即大湘西板块、大湘南板块和环洞庭湖板块。到2020年，全省力争实现文化和创意产业总产值7500亿元左右，增加值突破3000亿元，年均增速12%左右，占GDP比重达到7%。综合实力和主要指标名列全国前茅。

建设生态强省。2016年12月13日，省委、省政府印发《关于深化长株潭两型社会试验区改革加快推进生态文明建设的实施意见》。《实施意见》涵盖长株潭两型社会试验区资源节约、生态环境保护、产业结构优化升级、城市群协同发展等多个方面，要求在全面完成试验区改革规定动作的同时，继续领跑全省生态文明建设，更好地服务绿色发展和供给侧结构性改革。《实施意见》提出，实施产业负面清单制度，建立健全节能环保产业发展的激励引导机制，引导绿色投资、绿色生产、绿色消费，大力实施长株潭城市群金融改革发展专项，推进高水平对外开放。《实施意见》还配套制定了《行动计划》，对42项重点改革任务逐一明确了责任单位、目标任务和完成时限，确保试验区各项改革建设有力有序推进。

为加强河湖管理保护，筑牢"一湖三山四水"生态屏障，推进生态文明，建设美丽湖南，2017年2月17日，省政府发布《关于全面推行河长制的实施意见》，全面推行河长制，将流域与行政区域相结合，全面建立省、市、县、乡四级河长体系；强化河湖管理保护责任，创新河湖管理保护机制；实施山水林田湖系统治理，四水协同、江湖联动、有效修复和恢复河湖生态功能；按照"水系完整、水量保障、水质良好、河流畅通、生物多样、岸线优美"的目标，落实河湖管理保护，兑现建设"生态强省"让人们拥有幸福生活的承诺。

建设开放强省。2016年12月8日，省政府召开全省市州长工作调度视频会。会议强调要认真落实习近平总书记对湖南提出的"三个着力"要求，以省第十一次党代会精神为引领，大力实施创新引领开放崛起战略。

2017年2月，湖南省政府出台了"湘品出境""万商入湘""湘企出海""拓口兴岸"和"园区开放崛起"五个专项行动方案。"湘品出境"方案要求，把对外贸易作为推动全省开放型经济追赶式跨越发展的突破口，着力做大总量、优化结构、培育新兴业态。"万商入湘"方案要求，紧紧围绕供给侧结构性改革，高效推进新时期的招商引资和承接产业转移工作，进一步扩大引资规模、优化引资结构，全面提升招商引资质量和水平。"湘企出海"

方案要求，依托优势产业、龙头企业、重点园区和项目，积极参与"一带一路"建设和国际产能合作，加快推进我省企业走出去。"拓口兴岸"方案要求，按照"内强平台、外畅通道、优化通关、繁荣口岸"的思路，完善口岸功能，振兴口岸经济，提升口岸支撑能力。"园区开放崛起"方案要求，坚持创新驱动、开放主导、三外联动、集群发展、绿色发展的基本原则，全面提升全省开发园区开放发展水平。五个行动方案明确了开放崛起的工作目标、重大任务、重大项目、重要举措，是开放崛起的任务书、时间表、施工图。

2017年7月17日至18日，中共湖南省第十一届委员会第三次全体会议在长沙召开，部署推进创新引领开放崛起战略。全会审议通过了《中共湖南省委关于大力实施创新引领开放崛起战略的若干意见》。全会指出，各地各部门要立足自身优势特色，主动融入、对接对标，找准实施创新引领开放崛起战略的有效抓手，扎实做好经济工作，加快推进项目建设，注重加大产业投资，深入推进供给侧结构性改革，抓好农业灾后恢复生产和农业供给侧结构性改革。

（五）决胜全面建成小康社会开启新征程

2017年10月18日至24日，中国共产党第十九次全国代表大会在北京召开。10月27日，中共湖南省委召开会议传达学习党的十九大精神。会议强调，党的十九大吹响了决胜全面建成小康社会，夺取新时代中国特色社会主义伟大胜利的伟大号角。全省要把思想和行动统一到党的十九大精神上来，结合湖南省的实际情况，推动各项工作任务高质量发展。

大力实施创新引领开放崛起战略。党的十九大报告指出，创新是引领发展的第一动力，是建设现代化经济体系的战略支撑。党的十九大之后，湖南持续推进省第十一次党代会确定的创新引领开放崛起战略，加大创新引领开放崛起力度，持续增强高质量发展动能，加快建设创新型省份。打造了以长株潭国家自创区为核心的科技创新基地，支持国家创新型城市试点、国家可持续发展议程创新示范区创建，加快科技创新型县（市）建设。积极创建国家生物种业技术创新中心，加快建设先进轨道交通装备制造业创新中心、岳麓山国家大学科技城等一批创新引领开放崛起战略重大平台，使其成为湖南自主创新策源地、科技成果转化地、高端人才集聚地。

湖南着力加强关键领域核心技术攻关。与国家自然科学基金委员会合作，进行生态农业、现代种业、新材料、自主可控信息技术等领域基础研究，承担国家重大项目和重点研发计划；突破智能制造、生物医药、应急装备等产业领域及环境治理、食品药品安全等重大民生领域的关键技术瓶颈。实施加大全社会研发经费投入三年行动计划，鼓励支持企业参与国家重大科技专项、组建研发平台和机构、组织高校和科研院所开展协同创新。

湖南还积极创建长株潭国家军民融合创新示范区，建设军民科技协同创新平台，推动国防科技成果在湘转化。完善科技金融、产业联盟等公共服务，加快建设"双创"示范基地、科技企业孵化器。深化湘港科技合作，大力推进湘南湘西承接产业转移示范区建设等。

全省上下大力营造抓项目兴产业、发展实体经济、加快转型升级的浓厚氛围，把创新引领开放崛起战略落实到一个个具体项目上。随着2018年湖南"产业项目建设年"活动的推进，全省在重点产业建设项目、重大科技创新项目、重大产品创新项目、重点引进500强企业、重点引进科技创新人才等方面筛选出的"五个一百"重大产业项目逐一落地。一批技术先进、特色突出、国际竞争力较强的现代化产业项目、基地、优势产业链和产业集群，一批拥有核心技术、产业带动力强、综合实力雄厚的现代化领军企业，一批高素质、高技能、复合型的现代化人才队伍，为湖南创新引领开放崛起注入强大动力。

创新开放催生了湖南发展新动力。"十三五"时期，湖南创造了"自主创新长株潭现象"，获国家科技一等奖10项，"三超""三深"科技成果世界领先，高新技术企业净增6804家、达8621家。中国（湖南）自由贸易试验区获批，中非经贸博览会落户湖南，海关机构实现市州全覆盖，进出口年均增幅全国第一，实际使用外资826亿美元，实际到位内资3.1万亿元。创新开放为三湘大地注入了无限生机与活力，壮实了产业骨架，加快了高质量发展步伐。

深入实施长江经济带发展战略。2018年4月25日，习近平总书记深入岳阳市君山华龙码头、东洞庭湖国家级自然保护区巡护监测站、城陵矶水文站等地视察。他听取了湖南省关于洞庭湖生态治理、湘江保护和治理、洞庭湖蓄洪区建设、脱贫攻坚等情况汇报，就推动高质量发展提出希望和要求。他强调要"继续做好长江保护和修复工作，守护好一江碧水"。26日，习近平总书记在武汉主持召开深入推动长江经济带发展座谈会并发表重要讲话。他指出，我国经济已由高速增长阶段转向高质量发展阶段。新形势下要坚持新发展理念，加强改革创新、战略统筹、规划引导，使长江经济带成为引领我国经济高质量发展的生力军。

4月27日，省委常委会召开扩大会议，传达习近平总书记在深入推动长江经济带发展座谈会上的重要讲话精神。5月2日，湖南省委召开长江岸线整治专题会议。会议再次强调要认真学习领会、坚决贯彻落实习近平总书记在深入推动长江经济带发展座谈会和岳阳视察时的重要讲话精神，始终坚持问题导向，以壮士断腕的决心和超常规的举措，推进长江岸线湖南段专项整治，坚定不移走生态优先、绿色发展之路。

5月11日，中共湖南省第十一届委员会第五次全体会议召开，会议贯彻落实习近平总书记在深入推动长江经济带发展座谈会上的重要讲话精神，审议通过《中共湖南省委关于坚持生态优先绿色发展，深入实施长江经济带发展战略，大力推动湖南高质量发展的决议》。会议指出，湖南是长江经济带的重要省份，全省96%的区域都在长江经济带范围内。抓好长江经济带发展，就是推动高质量发展。全省各级各部门要坚持问题导向，以"一湖四水"系统联治为重点全面推进生态优先、绿色发展，切实以环境治理留住绿水青山，用绿色发展赢得金山银山；要突出保护和治理"一湖四水"这个重点，继续实施湘江保护和治理"一号重点工程"，扎实推进洞庭湖水环境综合整治，全面推进四水流域水污染治理、水生态修复、水资源保护、水安全保障，同时统筹好山水林田湖草等生态要素，大气、水、土壤等污染防治，水、路、港、岸、产、城等各方面发展，形成治理的联动效应和强大合力；要全面推行河长制、湖长制，逐河逐湖明确问题、目标、任务、责任"四个清单"，严格产业项目建设准入管理，做到一切经济活动都以不破坏生态环境为前提，坚持把生态文明理念融入城镇化发展和乡村振兴的全过程。

夺取疫情防控阻击战胜利。2020年1月，一场突如其来的新冠肺炎疫情来势凶猛，席卷神州大地。面对这一新中国成立以来我国遭遇的传播速度最快、感染范围最广、防控难度最大的重大突发公共卫生事件，党中央果断处理、沉着应对，习近平总书记亲自指挥、亲自部署，坚持把人民生命安全和身体健康放在第一位，提出"坚定信心、同舟共济、科学防治、精准施策"的总要求，带领全党全军全国各族人民迅速打响疫情防控的人民战争、总体战、阻击战。在党中央坚强领导下，湖南与全国人民风雨同舟、众志成城，发扬一方有难、八方支援精神，构筑起疫情防控的坚固防线。

与时间赛跑、跟病毒较量。湖南省市县乡村各级、各条战线、各个单位全面动员、紧急行动，迅速把各项防控措施落实到每一个网格、每一个家庭。以最快速度控制疫情，以最专业的力量救治患者。采取"集中患者、集中专家、集中资源、集中救治"，中西结合、医防结合、精准救治，筑起一道生命救护坚实屏障。

同江同湖，同袍同泽。在湖北抗疫形势最严峻的关头，湖南响应党中央号召，派出1502名精兵强将，带上最强装备，举全省之力驰援黄冈、武汉。在黄冈市大别山区域医疗中心、武汉协和西院、同济医院中法新城院区、武汉金银潭医院、武昌方舱医院……来自湖湘的白衣战士一次次与死神赛跑，累计收治（管理）确诊患者2235例，治愈出院1783例。

中共湖南省委坚决贯彻落实习近平总书记系列重要讲话和指示批示精神，做到因势而谋，以变应变。2020年2月初，湖南在全国率先打响了复工复产"保卫战"，一手抓疫情防控，一手抓改革发展、脱贫攻坚，逐步恢复正常生产生活秩序。省委、省政府先后制定出台100条扶企稳企政策，从税费优惠、融资贷款、就业用工、财政奖补等领域为企业开工复工提供强有力的政策支持。至3月底，3841个省市重点项目全部满岗复工，投资增速位居全国前列，湖南稳住了经济发展的基本面，稳定了社会人心安宁。

经过全省上下一心、艰苦卓绝的努力，湖南终于取得了抗击新冠肺炎疫情斗争重大战略成果。2020年9月8日，全国抗击新冠肺炎疫情表彰大会在北京人民大会堂举行，以国家之名表彰为抗击新冠肺炎疫情作出突出贡献的集体和个人。湖南有45人获"全国抗击新冠肺炎疫情先进个人"称号，5个集体获"全国抗击新冠肺炎疫情先进集体"称号，6人被授予"全国优秀共产党员"称号，4个基层党组织被授予"全国先进基层党组织"称号。11月30日，湖南省抗击新冠肺炎疫情表彰大会在长沙举行。950人被授予"湖南省抗击新冠肺炎疫情先进个人"称号，300个集体被授予"湖南省抗击新冠肺炎疫情先进集体"称号，119名共产党员被授予"湖南省优秀共产党员"称号，朱建勋被追授"湖南省优秀共产党员"称号，90个基层党组织被授予"湖南省先进基层党组织"称号。

落实"三高四新"战略定位和使命任务。2020年9月16日至18日，习近平总书记来湖南考察。他深入农村、企业、产业园、学校等，就统筹推进常态化疫情防控和经济社会发展工作、谋划"十四五"时期经济社会发展进行调研。考察期间，习近平总书记主持召开基层代表座谈会并发表重要讲话，听取了省委、省政府工作汇报，对湖南各项工作取得的成绩给予肯定，他指出，当前和今后一个时期，我国发展仍然处于重要战略机遇期，但机遇和挑战都有新的发展变化。要准确识变、科学应变、主动求变，更加重视激活高质量发展的动力活力，更加重视催生高质量发展的新动能新优势。他还勉励湖南着力打造国家重要先进制造业、具有核心竞争力的科技创新、内陆地区改革开放的高地，在推动高质量发展上闯出新路子，在构建新发展格局中展现新作为，在推动中部地区崛起和长江经济带发展中彰显新担当。

9月19日，省委常委会召开扩大会议，传达学习习近平总书记在湖南考察调研时的重要讲话精神。9月20日，省委召开全省领导干部会议，进一步传达学习习近平总书记在湖南考察调研时的系列重要讲话指示精神，全面部署贯彻落实工作。会议指出，习近平总书记在考察期间作出的一系列重要讲话和指示，肯定了党的十九大以来湖南各项工作取得的成绩，为湖南发展明确了新定位新目标，对做好下一步工作提出了明确要求，立意高远、内涵丰富，总揽全局、引领航向，与党的十八大以来总书记对湖南提出的"精准扶贫""一带一部""三个着力""守护好一江碧水"等重要指示一脉相承、相互贯通，共同构成了指引湖南事业发展的行动纲领和根本遵循。

全省各级各部门认真领会习近平总书记赋予湖南的新定位新目标的深刻内涵和实践要求，用"三高四新"引领推动湖南各方面工作朝着更高目标全面提升，奋力谱写新时代坚持和发展中国特色社会主义的湖南新篇章。

9月21日，国务院新闻办公室举行新闻发布会，发布北京、湖南、安徽3省市自由贸易试验区总体方案及浙江自由贸易试验区扩展区域方案。湖南自贸试验区正式扬帆起航，成为中国改革开放的"新地标"和"试验田"。24日，中国（湖南）自由贸易试验区揭牌仪式暨建设动员大会在长沙举行。

12月1日至2日，中共湖南省委十一届十二次全会在长沙举行。全会强调，要深入落实习近平总书记对湖南工作系列重要讲话

中国（湖南）自由贸易试验区拱门式标识性建筑（效果图）

指示精神，统筹推进经济建设、政治建设、文化建设、社会建设、生态文明建设的总体布局，协调推进全面建设社会主义现代化国家、全面深化改革、全面依法治国、全面从严治党的战略布局，坚定不移贯彻新发展理念，坚持稳中求进工作总基调，以推动高质量发展为主题，以深化供给侧结构性改革为主线，以改革创新为根本动力，以满足人民日益增长的美好生活需要为根本目的，统筹发展和安全，推进治理体系和治理能力现代化，实施"三高四新"战略定位和使命任务，坚持创新引领开放崛起。

实现全面建成小康社会目标，开启新征程。2020年是湖南全面建成小康社会决胜之年。省委、省政府坚持一张好的蓝图干到底，大力推动城乡安全饮水、基层公共服务、社会保障、农村危房改造、通村通组道路、义务教育"六个全覆盖"，把存在的短板补齐。在决胜之年，突如其来的新冠肺炎疫情，成了一道加试题。省委、省政府迎难而上，在抓好疫情防控的同时，出台一系列措施支持疫情防控和企业复工复产，全面建成小康社会蹄疾步稳顺利实现。

2021年7月1日，庆祝中国共产党成立100周年大会在北京天安门广场隆重举行，习近平总书记庄严宣告，经过全党全国各族人民持续奋斗，我们实现了第一个百年奋斗目标，在中华大地上全面建成了小康社会，历史性地解决了绝对贫困问题，正在意气风发向着全面建成社会主义现代化强国的第二个百年奋斗目标迈进。

2021年11月25日至28日，中国共产党湖南省第十二次代表大会在长沙召开。大会报告指出，面对错综复杂的外部环境、艰巨繁重的改革发展稳定任务，尤其是新冠肺炎疫情严重冲击，在以习近平同志为核心的党中央的坚强领导下，湖南坚持以习近平新时代中国特色社会主义思想为指导，深入学习贯彻党的十九大和十九届二中、三中、四中、五中、六中全会精神，全面贯彻落实习近平总书记对湖南重要讲话重要指示批示精神，求真务实、真抓实干，坚持创新引领开放崛起，大力实施"三高四新"战略，加快建设富饶美丽幸福新湖南，全省各项事业取得了新成就，实现了第一个百年奋斗目标，在三湘大地上全面建成了小康社会。大会高举旗帜、放眼全局、科学务实、催人奋进，发出了干在实处、走在前列的号召，吹响了奋进新征程、谱写新篇章的号角。

"装点此关山，今朝更好看。"对小康社会的美好憧憬，是三湘儿女千百年来的朴素梦想。在20世纪80年代初，湖南省不少贫困地区的农民吃不饱肚子。1984年，中共湖南省委对湘西进行为期20天的调查。调查报告显示，有六分之一的农村群众没有解决温饱问题，处于贫困生活之中。这一年，全省完成工农业总产值仅426.32亿元。36年弹指一挥间，旧貌换新颜，处处莺歌燕舞，芙蓉国里尽朝晖。到2020年，全省51个贫困县、6920个贫困村全部脱贫摘帽，682万农村建档立卡贫困人口全部脱贫。三湘儿女谱写了摆脱贫困、逐梦小康的恢宏壮丽的诗篇。

"雄关漫道真如铁，而今迈步从头越。"展望新的征程，辽阔而壮丽。沿着习近平总书记指引的方向，在中共湖南省委的坚强领导下，三湘儿女必将铸就新的历史伟业，创造新的历史辉煌！

三、从经济落后到全国十强

全面小康，经济发展是基础。在党中央、国务院的坚强领导下，湖南省委、省政府扭住经济建设这个中心，领导人民埋头苦干，交出了经济快速发展的优异答卷。经济总量从1952年的34.27亿元跃升到2021年的4.6万亿元，人均地区生产总值从1952年的86元增加到2021年的69440元，成功迈进"人均GDP超1万美元"俱乐部。在小康建设道路上，湖南经济总量排名从1978年全国第十一位，到2008年首次跻身全国十强，再到2015年上升至全国第九位、2018年晋级全国第八位……实现从落后到十强的连续"升级跳"。

（一）守好"三农"压舱石

务农重本，国之大纲。湖南是农业大省，农耕文化源远流长，农业生产条件得天独厚，物种资源丰富多样，素有"九州粮仓""湖广熟天下足"等美誉。新中国成立后，湖南始终坚持按照党中央"三农"工作决策部署，积极调整农业发展战略布局，大力推进农业产业结构调整，不断深化农业经营体制改革，切实提高农业现代化水平，农业生产形势发生了翻天覆地的变化。特别是党的十八大以来，湖南农业积极突破传统束缚，大力推进供给侧结构性改革，加快面向农业现代化战略转型，农业农村经济取得了飞速发展。湖南农业产业结构更趋合理，综合生产能力稳步提升，发展基础不断巩固，新型生产经营体系日趋完善。2020年，湖南实现农林牧渔业总产值7512亿元，是1949年的474倍。2021年，全省农林牧渔业增加值同比增长9.2%，两年平均增长6.5%。

农产品从短缺不足到供给有余。新中国成立之初，湖南农业以粮食和生猪生产为主，其他产品供应较少甚至严重匮乏。经过70多年的飞速发展，2020年全省粮食产量3015.1万吨，蔬菜、水果、油料、棉花等各类型经济作物种植和畜禽养殖产量均不断取得历史性突破。特别是2018年以来，尽管受非洲猪瘟疫情和猪周期叠加影响，国内生猪生产持续下滑，湖南坚决贯彻落实党中央、国务院的决策部署，切实担当起养猪大省、生猪调出大省的政治责任，采取积极有效措施，全力恢复生猪生产，2020年全年生猪出栏4658.9万头，年末全省生猪存栏3734.6万头，生猪出栏量排名中部六省第一，存栏量排名第二。

农业生产条件明显改善。湖南是农业大省，在确保国家粮食安全上肩负重任。2013年11月，习近平总书记在湖南考察时，叮嘱湖南"在提高粮食生产能力上挖掘新潜力"；2016年3月，参加十二届全国人大四次会议湖南代表团审议时，再次指示湖南"研究和完善粮食安全政策，把产能建设作为根本，实现藏粮于地、藏粮于技"。湖南认真贯彻习近平总书记指示，不断加大对农业基础设施建设的投入，农业生产条件不断改善。在基本农田改造方面，2018年末，全省划定永久基本农田4945万亩，水稻生产功能区3850

万亩，建成集中连片、旱涝保收的高标准农田2607万亩，现代农业种植设施面积190万亩；在水利灌溉设施方面，全省拥有水库14092座，数量位居全国第一；在农业机械化发展方面，实现了农业生产由传统的"劳动力农业"向"机械化农业"的转变；在农业科技的进步方面，实现了由粗放式农业向现代化科技型农业的跨越，形成了以省市独立农业科研机构和高等院校科研部门为核心、企事业单位和社会共同参与的农业科研创新体系。杂交水稻、杂交油菜、杂交辣椒、杂交鱼类等系列科研成果屡获国家科技奖表彰，中国工程院院士袁隆平团队选育的超级杂交稻亩产屡次刷新世界纪录，一大批农业科技成果的转化应用，为湖南现代农业发展起到了重要的支撑作用。

"杂交水稻之父"袁隆平

　　农业生产经营体系创新发展。从土地改革到农业合作化，从人民公社到家庭承包经营，湖南农业生产力不断被激活。但随着城市化进程加快，城乡收入差距拉大，原有的一家一户几亩承包地，已无法满足农民对收入增长的期盼，也限制了农业生产力的进一步发挥。只有通过土地流转发展多种形式规模经营，才是现代农业发展的必由之路，也是农业改革的基本方向。党的十八大以来，湖南顺应农民保留土地承包权、流转土地经营权的意愿，积极引导农民土地科学适度流转，在有效保障农民承包土地权益的同时，大力提高粮食规模化、集约化生产能力，粮食产量近五年连续站上了600

双峰县梓门桥镇八仙村，双峰梓金农机服务农民专业合作社社员驾驶收割机抢收晚稻

亿斤的台阶。为适应新型农业生产经营方式发展，全省又大力实施"百企千社万户"工程，重点培育扶持农业龙头企业、农民合作社和家庭农场为核心的新型农业经营主体，实行农业产业化经营，实现了继家庭联产承包责任制后，农村改革与发展的又一次飞跃。至2021年上半年，全省上市农业企业达22家，居中部首位；省级以上农业产业化龙头企业总数已接近1000家，全省规模以上农产品加工业实现营业收入约5902亿元，同比增长25%左右。全省还大力开展农村人居环境治理，实施休闲农业和乡村旅游精品工程，一大批设施完善、功能多样的农业休闲观光园区、乡村旅游基地和乡村民宿建成，乡村休闲旅游产业得到蓬勃发展。全省越来越多的农产品加工企业着手开发基地观光、厂区参观、产品体验等休闲项目，带动农村商贸、物流、交通、饮食服务等相关行业发展，在推动城乡互动、促进新农村建设等方面，为乡村全面振兴提供了坚实基础。

农业生产方式不断进步。湖南大力推进农业供给侧结构性改革，三产融合加速推进，农业呈现出可喜的新变化。依托农产品资源优势，以新型工业化思维指导农产品加工业发展，至2016年下半年，湖南规模以上农产品加工企业发展到3750家，农产品加工业销售收入达1.18万亿元，跻身全国万亿元俱乐部，成为仅次于装备制造业的两大"万亿"产业之一。湖南把推进电子商务进农村作为转变农业发展方式的重要手段，开展鲜活农产品"基地+城市社区"直配模式和农资电子商务试点，完善农村电商公共服务体系，使实体经济与互联网产生叠加效应，在促进消费、扩大内需，推动农业升级、农村发展、农民增收上收到明显效果。到2020年底，所有贫困县建立县域电子商务公共服务体系，所有贫困村设立村级电子商务服务站，贫困户能通过电子商务，销售自产特色农产品，购买生

花垣县十八洞村电子商务服务站

产生活资料。

"质量兴农，品牌强农。"党的十八大以来，湖南大力发展品牌农业，整合优势品牌资源，加快建成以"三品一标"农产品为基础、企业品牌为主体、区域公用品牌为龙头的农产品品牌体系，全面提升"湘"字号农产品市场竞争力。2017年，省委1号文件提出实施品牌强农战略，省政府下发了《关于进一步加快推进农产品品牌建设的指导意见》，全省评出了安化黑茶、华容芥菜、黔阳冰糖橙、宁乡花猪等首届十大农业品牌（区域公用）。农产品品牌效应明显，部分县市设立农业品牌专项资金，形成了抓农业品牌建设的热潮。至2020年，湖南有效认证绿色食品1860个，居全国第4位；有机农产品认证235个，居全国第3位；加上无公害农产品、农产品地理标志，全省"三品一标"总数达4160个，居全国前列。

农民收入显著增长。1949年，全省农民人均纯收入为44元，到1978年，农民人均纯收入也仅143元。改革开放以后，经济持续快速发展带动了农民收入水平显著提升，1994年农民人均可支配收入迈过千元门槛，2014年突破1万元，2020年达到16585元。随着农村生产经营方式转型升级，农民增收途径拓宽，收入增速已经连续多年超过城镇居民。随着农村经济不断发展和收入持续增长，湖南农村居民消费水平稳步提高。2020年，全省农村居民人均生活消费支出14974元，农村消费结构由衣食为主的温饱型消费向衣食住行为主兼顾文教娱多元化消费转变，农民生活质量蒸蒸日上。

农村生活环境大幅改善。湖南实施"农村生活垃圾五年专项治理""农村人居环境整治三年行动"，全面推进农村生活垃圾治理机制建设，至2020年收官之年，全省农村生活垃圾收转运体系覆盖率达到93.8%。湖南省连续17年将农村公路建设列为省重点民生实事考核项目，"十三五"末，全省累计完成自然村通水泥（沥青）路建设4.37万公里，实现通组公路全省全覆盖，走在了全国前列。2020年全省完成新改建农村公路11623公里。全省基本形成外通内联、安全便捷的交通运输网络，三湘四水更加通达顺畅，为促进农村经济发展、改善村民出行条件提供了重要支撑和保障。"十三五"以来，湖南加大农村地区电网改造升级，农村用电潜能进一步释放。尤其是全省6923个贫困村全部完成电网改造后，贫困地区供电能力、供电质量明显改善。湖南累计完成4973个小城镇（中心村）、2513个通动力电村的配电网改造升级；建成4个国家级、8个省级"小康用电示范县"，大幅提升农村地区电气化水平。"民以食为天，食以水为先"，湖南把农村地区饮水安全作为重点民生实事来抓。2020年计划巩固和新增农村通自来水人口120

万人，实际完成127.44万人，任务完成率达106.2%。为保护农业资源和生态环境，实现可持续发展，湖南加快发展绿色农业，推进化肥、农药零增长行动。全省化肥施用量自2013年开始逐步下降。2016年起，全省各级农业部门按照农业部"到2020年农药使用量零增长"行动部署，采取各项措施，切实抓好农药使用减量工作。通过普及农药科学安全使用技术、发展专业化统防统治、加快施药器械更新换代，示范推广绿色防控技术和农药减量控害技术等举措，实现农药减量控害和病虫害可持续治理，优化了乡村环境，提高了农产品质量和竞争力。

（二）工业万亿大跨越

湖南地处中部内陆，是传统的农业大省。新中国成立以前，湖南工业几乎为零，基础十分薄弱，是典型的农业省份。1949年，全省仅有24家官营企业和1376家私营小型工业企业，工业总产值3.18亿元，仅占国民收入的6.9%。社会主义革命和建设时期，在实现国家工业化大背景下，三湘儿女勠力同心，筚路蓝缕，全省现代工业逐步完成了从无到有、从少到多、从曲折前进到稳定发展的嬗变。尤其是"一五"与"三线建设"时期，湖南工业更是书写了浓墨重彩的篇章。一批国家重点工业项目落户湖南，对湖南现代工业发展起到了十分重要的促进作用。在国家大力支持下，从1953年开始，湖南集中财力、物力，保证工业建设，5年累计投资47754万元，新建国营工厂和矿山434个，扩建较大的国营工厂和矿山72个。到1978年，全省已拥有工业大门类15个。工业布局为之一变，湖南成为全国国防工业基地之一。随着改革开放的进行和不断深入，湖南工业经济进入高速发展期，经济规模不断扩大，屡次刷新纪录。1999年，全部工业增加值突破1000亿元，2004年规模工业增加值突破千亿元大关，2014年规模工业增加值突破万亿元。不到40年时间里，湖南工业经济总量实现从不足百亿元到千亿元再到万亿元的历史性"三连跨"。

党的十八大以来，经济发展进入新常态，湖南工业经济逐步转入高质量发展新阶段，在稳中求进中保持了中高速增长。2013—2018年，全省工业经济年均增长8.1%，领先全国平均水平1.6个百分点，其中，规模工业年均增长8.4%，比全国平均水平高1.3个百分点。2021年，全省规模工业实现利润总额2060.02亿元，同比增长10.7%，两年平均增长9.7%。

工业生产能力大幅提升。经过40年改革开放，至2018年，湖南工业产品产量大幅增长，工业生产能力快速扩张；生活消费型工业产品实现了从供应不足甚至无货可供到供应充足的根本性转变；高技术产品从无到有，从弱到强，实现快速增长。在创新引领开放崛起战略指引下，湖南不断加大高技术产业、工业技术改造等领域投资力度，加速新旧动能转换。2021年，全省高新技术产业投资增长15.6%，规模以上高技术制造业增加值同比增长21%，比规模工业快12.6个百分点；增加值占规模工业的13%，同比增长1.3个百分点。主要产品中，集成电路产量增长65.3%，微型计算机设备增长60.3%，锂离子电池增长53.9%，工业机器人增长45.5%。

工业产业结构不断优化。湖南工业经济取得长足发展，关键在于全省始终坚持把加快结构调整作为加速推进新型工业化的重点工作来抓，突出优势优先，着力提升产业竞争力，大力促进产业集聚，推进节能降耗，发展循环经济，淘汰落后产能，逐步由传统重化工业向高端制造、初级产品工业向高附加值工业、劳动密集型产业向资本和技术密集型产业演变。全省钢铁、有色金属、石油化工、机械、建材、食品等传统工业行业由小到大，汽车、电子通信、轨道交通等新兴工业行业从无到有，逐步建立起涵盖39个工业大类行业、193个中类行业、584个小类行业的较为齐全的工业体系。在传统产业规模迅速扩大的同时，通过延伸链条、技术改造、兼并重组、淘汰落后产能等手段，全省下大力气对传统支柱产业进行改造提升，钢铁、建材、化工等传统产业加快转型升级，质量效益显著提升。进入21世纪特别是党的十八大以来，湖南大力发展高技术产业和先进制造业，积极培育战略性新兴产业，新动能加快孕育发展，产业高端化持续推进，高加工度工业和高技术产业加快发展，占比提升，成为工业增长的重要引擎。2012年，全省高加工度工业和高技术产业增加值分别占规模工业增加值的34.6%和7.5%，至2018年，两项比值提高到36.3%和10.6%。全省逐步形成了各具特色的区域工业布局：长株潭地区发挥区位、技术和人才优势，成为全省现代工业的核心增长极，工业化发展水平和结构优势明显，打造了工程机械、汽车及零部件、钢铁与有色金属精深加工、轨道交通、食品制造与加工等一批产业集群，形成一大批全国领先、世界知名的优势企业和拳头产品。中联重科、三一集团、铁建重工、广汽菲亚特、吉利汽车、中车株洲等一大批领军企业脱颖而出。湘南地区通过承接沿海产业转移，立足丰富的资源，提高有色金属、黑色金属的加工程度，向精深加工、高增值方向发展，将资源优势转化为经济优势，积极参与"泛珠三角"区域合作，主动承接产业转移，利用较好的工业基础和区位优势，促进产品加工向高端环节集约发展。华菱钢管、富泰宏精工、金杯电工、金贵银业、宇腾有色等企业成为行业带头人。大湘西地区重点发展与当地环境容量相适应的特色轻工业，如特色农林产品加工、具有少数民族特色的工艺品制造等，打造具有地区影响力的旅游产品品牌。湘窖酒业、酒鬼酒、大康九鼎、松龄堂中药饮片等企业快速成长。

工业发展质量领跑中部。2006年11月8日，省第九次党代会胜利召开，作出大力实施新型工业化带动战略的决策部署，提出把新型工业化作为富民强省"第一推动力"。不久后召开的新型工业化座谈会和省委经济工作会议也将加快推进新型工业化进程作为中心议题。2007年2月，《关于加速推进新型工业化进程的若干意见》应运而生。此后，湖南新型工业化加速推进，多年间规模工业每年保持了10%以上的增长速度。2013年，湖南省成为中西部省（市）中唯一进入工业发展质量"第一方阵"的省份。2014年湖南省工业运行质量综合指数居全国前十，连续4年保持中部第一。党的十八大以来，湖南深入贯彻新发展理念，不断推动高质量发展，大力实施供给侧结构性改革，对工业经济发展质量变革起到决定性作用。工业经济发展由数量规模扩张向质量效益提升方式转变。湖南规模以上工业生产工艺改造力度持续加大，煤炭、冶金、造纸等传统行业落后产能逐步出清，资源消耗、生产排放稳步降低。湖南不断推进大众创业、万众创新，工业的创新环境不断优化，创新投入力度持续加大，创新产出能力快速提升，创新成效进一步显现。2021年，全省高新技术企业、入库科技型中小企业双双突破万家；高新技术产业增加值增长19.0%；技术合同成交额增长70.0%。高技术产业投资增长15.6%；工业技改投资增长17.5%，比工业投资高3.2个百分点。全省着力推动"一园一主业，园区有特色"产业布局调整，鼓励和扶持产业园区做大做强，产业集聚效应进一步显现，形成了专用设备制造业、汽车制造业、医药制造业等多个特色园区，园区充分发挥全省工业经济发展主要载体和窗口作用。2021年，省级及以上产业园区（含省级工业集中区）规模工业增加值增长10.1%，比全省平均水平高1.7个百分点；园区工业增加值总量占全省规模工业的69.8%。湖南鼓励、支持和引导非公有制经济发展，随着改革开放的深入，民营企业、私营企业、外商和港澳台商投资企业等非公有制经济迅速发展，特别是党的十八大以来，非公有制经济蓬勃发展，在促进增长、稳定就业、增强活力等方面发挥了重要作用。

大力培育主导优势产业。湖南高度重视培育本地优势和支柱产业，以适应市场需求的变化和产业结构升级需要。从1978年的机械工业、化学工业、食品工业、冶金工业和纺织工业五大支柱产业，到党的十八大以来在全国具有比较优势的产业和龙头企业快速发展，"中国智造"的湖南名片享誉海内外。中国国际轨道交通和装备制造产业博览会长期落户湖南，湖南乃至全国轨道交通装备制造产业国际化迎来新契机。"十三五"以来，湖南省大力推进先进储能材料、化工新材料、先进有色金属材料、先进陶瓷材料、碳基材料、先进钢铁材料、建材与装配式建筑发展，加大关键材料补短板力度，着力提升产业基础能力和产业链水平，全力培育新材料国家级产业集群，基本形成了由大到强、由低端到高端、由分散到集聚的新材料产业发展格局，新材料产业总量规模位居全国第一方阵。2020年，全省纳入统计的新材料企业完成全口径营业收入5438亿元，实现新材料增加值866亿元。长沙已形成先进储能材料、新型合金材料两大优势产业，先进储能材料产业规模和市场占有率全

2021中国国际轨道交通和装备制造产业博览会在株洲市开幕，集中展示和发布了一批新产品、新技术、新成果

国第一。湖南在新材料领域拥有中南大学、国防科大、湖南大学、长沙矿冶研究院、湖南稀土金属材料研究院等一批重点高校和科研机构；有国家级创新平台6个、省级创新平台60余个；有新材料研发从业人员2万余名。

（三）升级现代服务业

服务业是国民经济的重要组成部分，在带动经济增长、促进就业、改善民生等方面发挥着越来越重要的作用。然而，湖南服务业发展水平总体滞后的局面在较长时期内存在，服务业需求与供给之间的矛盾日益凸显，在教育、养老、医疗、住房等重要民生服务领域的供需矛盾尤其明显。2013年，全省服务业增加值占GDP比重比2004年回落2.8个百分点，而这十年间，全国服务业增加值占GDP比重上升了5.4个百分点，相邻的江西省上升了1.1个百分点，重庆上升了1.6个百分点，广东省上升了11个百分点。湖南服务业企业市场化、组织化程度水平不高，再加上人才缺乏、知识产权保护体系薄弱、创新意识不足、创新经济风险大等原因，服务业创新投入总体较低。不少地方政府对发展服务业的重要性认识不足，抑制了服务业的发展。

党的十八大以来，省委、省政府带领全省人民，在以习近平同志为核心的党中央的一系列治国理政新理念、新思想、新战略指引下，着力推进经济发展方式转变和经济结构调整，全省服务业长期滞后的局面有了很大的改善，在各种利好因素的影响下，服务业获得了比整体国民经济更快的发展速度，总量跃升三次产业首位。新兴产业迅速发展，传统产业加速升级，行业结构进一步优化，在吸纳就业、促进消费、改善民生等方面积极发挥重要作用，成为拉动湖南经济增长的主要动力。

2013—2016年，湖南服务业增加值年均增长11.0%，分别比GDP、第二产业年均增速高出2.0、2.5个百分点。服务业总量占GDP比重达46.7%，比2012年上升了7.7个百分点，比第二产业高4.8个百分点，自2006年以后首次跃升三次产业首位，产业结构首次在较高水平上实现"二三一"到"三二一"的转变。2016年，服务业投资占全部投资的比重达到58.2%，比2012年提高4.8个百分点；当年服务业利用外商直接投资额达到53.65亿美元。信息传输软件和信息技术服务业、文化体育和娱乐业以及水利、环境和公共设施管理业新登记注册企业大幅增长。教育、卫生和社会工作也增长较快，文化和创意产业、规模以上高技术服务业、科技服务业等新兴产业发展向好。

2020年湖南数字经济规模达1.148万亿元，总量位居全国第十二，同比增长13.9%，发展增速排全国第四。两化融合快速发展，工业互联网发展走在全国前列，企业数字化转型能力不断提升，至2020年底，全省累计"上云"企业超32万家。智能网联汽车发展迅速，成功获得多张国家级牌照。农业数字化步伐加快，建成了土地深松精耕作业监控服务系统等平台和省农业物联网中心，省信息入户综合服务平台上线运行。至2020年底，122个县级运营中心和19277个益农信息社完成建设。现代服务业快速健康发展，全省电子商务交易额达到1.5万亿元，网络零售额超过3000亿元，跨境电商进出口额超过140亿元。长沙、株洲、郴州创建国家电子商务示范城市，长沙、岳阳、湘潭、郴州获批设立跨境电商综试区，全省共有国家级数字商务企业4家，电子商务试点示范数量居中西部省份首位。生活性服务业线上线下融合加速，社区电商、直播带货等成为电商发展新热点。智慧旅游加快发展，湖南公共文旅云、湖南旅游监管网、一部手机游潇湘等平台稳定运营。互联网金融行业持续健康发展，对经济增长贡献持续加大。

"互联网+政务服务"水平不断提升。湖南深入推进电子政务建设。电子政务外网实现省市县乡四级全覆盖。至2020年底，省政务大数据中心对接75个部门2513类数据，汇聚基础数据70.2亿条。政务数据共享交换平台为各类政务信息系统共享交换数据62.37亿条，基本实现上联国家、下联市州、横向联接省直部门的数据交换共享。依托一体化在线政务服务平台完成的政务服务事项办结率达到99.85%。建成政务服务"好差评"系统、"新湘事成"政务服务小程序、"一件事一次办"微信小程序等，形成线上线下联动发展的政务服务新模式。政府网站集约化水平显著提升，政府网站集约化试点任务圆满完成，统一协同的全省政府网站体系构建形成。搭建"红星云"手机平台，探索了一条以信息化手段破解基层党建难题的新路子，至2020年底，全省15万个以上党支部在"红星云"平台建设"网上支部"。

2020年全省服务业增加值占GDP比重达51.7%，服务业实际利用外资121.2亿美元。服务业已成为湖南经济发展的重要引擎，对湖南省加快构建现代产业体系，推动"三高四新"战略稳步实施具有重要作用。一批具有国际竞争力的现代服务业产业集群，国家科技创新中心、区域现代金融中心、区域性国际消费中心、国际文化创意中心、国家综合物流枢纽、世界知名旅游目的地正在湖南孕育并发展，"湖湘服务"品牌影响力不断提升。

湖南着力推动现代服务业和先进制造业、现代农业及服务业内部之间的深度融合，促进制造业企业由生产型向生产服务型转变、服务业企业向制造环节延伸，助推产业链和价值链向高端攀升。同时，加快服务业数字化转型，拓展服务业数字化应用，提升数字技术创新能力，在跨区域、省内合作等协同发展上谋求新突破。中车株洲所、中联重科、株洲高新区等一批国家"两业"融合试点大胆先行先试，大力推动制造业和服务业协同发展，在搭建公共服务平台、营造良好营商环境等方面取得成效。

湖南坚持创新发展、品质发展、融合发展、协同发展、改革开放等五大原则，推进"湖湘服务"品牌建设，形成特色突出、优势互补的服务业协同发展新格局，深入推进服务业"引进来"和"走出去"，不断拓展服务业发展空间。围绕"三高四新"战略，湖南实施服务业发展"1345"部署：突出"一核"引领，打造长株潭国家服务业中心；拓展融合化、数字化、协同化"三化"发展新路径；加快推进生产服务、商贸流通、社会服务、生活服务等四大产业体系优化升级；实施市场主体培育、服务质量提升、载体平台建设、改革创新推进、对外开放促进等五大工程，不断强化服务业发展支撑体系。

（四）锚定"三高"新坐标

2013年11月，习近平总书记到湖南视察时，提出了湖南"一带一部"战略定位，为湖南开放发展明确了定位、指明了方向。2016年11月，湖南省第十一次党代会把"创新引领开放崛起"作为湖南经济社会发展的总战略。2020年9月，在"两个一百年"历史交汇的关键节点，习近平总书记视察湖南，勉励湖南打造"三个高地"、践行"四新"使命、抓好五项重点任务。2020年12月，湖南省委十一届十二次全会旗帜鲜明地提出大力实施"三高四新"战略，并将其作为奋力建设现代化新湖南的总牵引。实施"三高四新"战略定位的首要任务是聚力打造"三个高地"。

打造国家重要先进制造业高地。制造业是立国之本、强国之基。省委、省政府认真贯彻落实习近平总书记考察湖南重要讲话精神，牢记习近平总书记"关键核心技术必须牢牢掌握在自己手里。要坚定不移把制造业和实体经济做强做优做大"的殷殷嘱托，制定《湖南省打造国家重要先进制造业高地"十四五"发展规划》，明确打造国家重要先进制造业高地的时间表、路线图、任务书。以工

夜色中的2021长沙国际工程机械展览会

程机械、轨道交通、中小航空发动机及航空航天装备为重点的长株潭装备制造世界级产业集群纷纷交出亮丽的成绩单。

以三一重工、中联重科、铁建重工为领头军的工程机械湘军带动上下游产业共同发展，成为产品品种门类最齐全、知名企业聚集数量最多、集中度最高的产业集群。"十二五"以来，湖南工程机械产业集群经过调整焕发出新的更强活力，产业规模连续10年居全国第一。龙头企业建立零部件研发生产体系，一批较高等级的底盘、发动机以及液压泵、阀、缸、马达研制成功并形成量产，湖南成为国内最大的液压油缸生产基地。中小零部件企业快速成长，与龙头企业共同组成工程机械"产业森林"。2020年湖南工程机械产业实现营收2563.8亿元，同比增长52.1%。

轨道交通装备产业核心竞争力持续提升，成长为该领域全球最大产业集群。开发出世界最高速度米轨动车组、世界首辆超级电容100%低地板有轨电车等一批高端产品，电力机车产品占全球市场份额27%，居全球第一。国家先进轨道交通装备创新中心2020

年11月在株洲揭牌，这是轨道交通行业首家国家制造业创新中心。围绕产业链部署创新链、围绕创新链布局产业链，迸发出强大的协同效应，2020年湖南轨道交通装备制造行业营业收入同比增长7.7%。

中小型航空发动机领域，湖南已形成从整机制造、动力系统、关键零部件、关键基础材料到航空综合服务保障等较为完善的航空产业链体系。主导产品国内市场占有率在75%以上，第四代涡轴、涡桨发动机填补国内空白，飞机起落架及机轮刹车系统进入国产大飞机配套系统。2020年全省航空航天（含北斗）产业工业总产值同比实现15.7%的增长。

受益于旺盛的市场需求和技术革新换代，电子信息制造业成为湖南工业发展较快的行业之一，行业总规模不断壮大，对工业经济增长的贡献也日益提升。2020年电子信息制造业主营收入达到2904.4亿元，移动互联网产业营业收入达到1618亿元，大数据和人工智能核心产业规模超过800亿元，自主可控和信息安全产业链形成湖南特色，移动互联网产业成为湖南新名片。自主可控计算机、高端芯片及信息安全等领域技术创新取得突破，涌现"天河"系列超级计算机、飞腾中央处理器（CPU）+麒麟操作系统、高压高功率密度绝缘栅双极晶体管（IGBT）芯片及其模块等一批自主创新重大成果。互联网骨干企业培育成效显著，至2020年底，超过50家知名软件和互联网企业在湖南设立全国或区域性总部。以长沙高新区、株洲高新区为核心，以特色园区为补充的集聚发展格局基本形成。

2021年，湖南制造业已形成3个万亿级行业、14个千亿级产业，拥有千亿企业3家、百亿企业30家、国家级专精特新"小巨人"企业232家。打造"先进制造业高地"其势已成，其兴可待。

湖南进而提出，到2025年，制造业增加值占地区生产总值比重在30%左右，先进制造业占全部制造业比重在60%以上，形成5个万亿级行业、20个以上千亿级产业、5个以上千亿企业；到2035年，建成具有较强竞争力的现代产业新体系，真正成为国家重要先进制造业高地。

打造具有核心竞争力的科技创新高地。科技是经济社会发展的重要支撑力量。新中国成立以来，在省委、省政府的坚强领导下，在一代又一代科技工作者的卓越奋斗下，湖南省科技事业从近乎空白起步，经过新中国成立初期的艰辛探索，改革开放后的加速推进，以及党的十八大以来创新引领的强力推动下，取得令人瞩目的成就。随着科技投入持续增加，科技人才队伍逐步壮大，科技成果不断涌现，科技相关产业影响力和创新实力不断增强，科技事业已经成为湖南经济社会发展强有力的助推器。

新中国成立以来，湖南涌现了一批居国际先进水平、具有自主知识产权的原创性科技成果，如超级杂交水稻、克隆神经性耳聋基因、银河巨型计算机、湘云鲫、高性能C/C航空制动材料制备技术等。特别是十八大以来，实施了一大批重点科技项目，收获了有重大影响的创新成果，涵盖了农业技术、工程制造、电子信息产业、医药卫生等多个科技领域。如，聚焦种业振兴国家战略，省委、省政府高位谋划部署岳麓山实验室建设，全面启动长沙总部集聚区（首开区）工程建设；加速推进"三区两山两中心"建设；长沙"科创谷"、株洲"动力谷"、湘潭"智造谷"不断壮大；郴州国家可持续发展议程创新示范区建设深入推进；先后获批国家耐盐碱水稻技术创新中心、长沙国家新一代人工智能创新发展试验区、中南大学国家大学科技园、洞庭湖湿地野外科学观测研究站等4个国家级平台；国家第三代半导体技术创新中心（湖南分中心）挂牌；等等。这些创新平台的涌现，凸显了湖南打造科技创新高地的优势。

创新综合实力提升。从改革开放以来，湖南科技从引进技术为主逐步走向自主创新。尤其省第十一次党代会提出创新引领开放崛起战略以来，随着大众创业、万众创新的热潮，全省自主创新活跃度不断提升。在创新环境不断优化的背景下，创新发展成效明显。株洲、衡阳纳入国家创新型城市试点，浏阳、湘阴、资兴获批国家首批创新型县（市）建设。2017年，湖南科技创新综合实力由2012年全国的第15位上升到第11位，提升了4位。

创新人才资源汇集。新中国成立以来，湖南科技人才队伍不断壮大，尤其是改革开放以来，更加重视科技人才队伍的培养，无论是人才数量还是整体素质都有较大的提高。2018年，湖南实施湖湘高层次人才聚集工程，引进支持战略新兴领域紧缺人才78人、创新团队4个、长期在湘工作外国专家1367人，新增60名湖湘青年科技创新人才培养对象。2021年两院院士增选结果揭晓，国防科技大学黎湘教授当选中国科学院院士；中南大学姜涛教授，湖南省农业科学院柏连阳教授、单杨研究员，中南林业科技大学吴义强教授当选中国工程院院士。至此，湖南两院院士达81名（含外聘院士37名）。

创新环境制度优化。从1986年"星火计划"到1988年"火炬计划"；从1991年《关于科技兴湘的决定》到2006年《关于增强自主创新能力建设创新型湖南的决定》；从2016年《湖南省"十三五"科技创新规划》到2021年《湖南省"十四五"战略性新兴产业发展规划》《湖南省"十四五"科技创新规划》，一系列配套政策和规划举措，彰显了湖南科技强省的决心，为湖南科技创新高地建设提供了环境基础和制度保障。

创新企业量质齐升。湖南不断强化企业技术创新主体地位，2021年，入库科技型中小企业11401家，较上年增长54.7%；高新技术企业数量增至10800家，增长25.1%。新增科创板上市企业6家，总数增至12家，居中部第二，上市融资额居中部第一。湖南省企业技术创新能力居全国第八位。2021年，湖南15项成果获国家科技奖励，高新技术产业增加值迈上万亿元台阶；高新技术企业、科技型中小企业数双双破万，研发经费投入、技术合同成交额双双破千亿元；区域创新能力排名实现两年两连升。

伴随湖南打造科技创新高地铿锵步伐的，是一项项重大科技创新成果持续"刷屏"：放眼"深蓝"，"海牛Ⅱ号"深海钻机钻出231米的新纪录；遥望星空，北斗应用走进各行各业，华菱线缆

首届北斗规模应用国际峰会北斗卫星导航系统成果展

制造点火电缆、出舱缆，助力"神舟十二号""神舟十三号"逐梦星辰；俯瞰稻田，超级杂交稻产量再创新高，双季平均亩产突破1600公斤；挺进深地，国产最大直径盾构机"京华号"投入使用，全球最大吨位起重机、全球最大风电动臂塔机、国产最大直径土压平衡盾构机、海底隧道盾构机、固定翼无人机等新产品纷纷走下生产线……科技创新为湖南制造强省建设树起了一个又一个新标高。

打造内陆地区改革开放高地。湖南地处内陆，新中国成立之初，受制于国内外政治经济环境，对外贸易少之又少。至改革开放前，全省进出口总额有一定程度增长，但是总体规模仍然偏小。这一时期，湖南对外贸易70%左右是组织出口货源调拨上海、天津、广东等沿海口岸出口，本省自营出口仅占30%左右。外贸的春天从1978年开始。那一年，国务院下发一系列文件，要求千方百计扩大出口商品生产，办好外贸，办好能增加外汇收入的各项事业。此后，湖南外贸发展由调拨出口进入自营出口时期，对外贸易逐年增长。20世纪80年代中后期，湖南成立了一批新的进出口公司，直接参与国际市场竞争，越来越多的产品打入了国际市场，进出口贸易连年获得新突破。1990年12月，湖南提出了对外开放开发的第一个总方针，即"以引进促改造、以外经促外贸、以开放促开发"的"三促"方针。全省把"开放带动"作为经济发展的首选战略，在加快外贸体制改革的同时，全省对外贸易实现了持续稳定健康发展。1991年，湖南进出口总额突破10亿美元，一年之后即突破20亿美元，比1978年增长12.1倍。1993年2月，经当时经贸部批准，浏阳成为湖南第一个拥有外贸自营出口权的县。2001年，随着中国拿到WTO的入场券，进出口经营权全面放开，出口经营主体步入多元化时代，湖南对外贸易发展迎来新的机遇。

湖南紧扣国家战略定位，"引进来""走出去"，对外开放的大门越开越大，开放平台与日俱增，开放型经济奔涌向前。省第十一次党代会，将"开放崛起"上升为全省经济发展的主战略，推动形成全方位、多层次、宽领域的对外开放新格局。特别是"十三五"以后，湖南外经外贸、国家级开放平台、招商引资均实现新突破，为打造内陆地区改革开放高地奠定了坚实基础。

开放环境不断优化。先后设立了衡阳、湘潭、岳阳、长沙、郴州5个综保区，开放平台数量居中部第一。开通了直达21个国家和地区的59条国际航线。同时，大幅放宽外资准入，逐步放开外贸经营权，大力推行通关一体化、电子支付、跨境一锁、关检合一等改革，极大便利了外资外贸的发展。

开放影响日益扩大。通过大力"引进来"，产业链条加快完善；通过积极"走出去"，部分产业不断向全球价值链高端攀升。至2020年，全省进出口总额由1978年的1.6亿美元增加到706.71亿美元，年均增长15.6%。国际经贸"朋友圈"拓展至200多个国家和地区，国际友好城市达100对。中国（湖南）自由贸易试验区成功获批，中非经贸博览会、世界计算机大会等开放平台永久落户湖南。

开放成效逐渐显现。随着对外开放门户敞开、开放平台设立以及外贸体制改革一步步"放权、松绑、搞活"，资金、设备、技术、人才在湖南与世界之间加速流动。2020年内、外资总额突破1万亿元大关，外商直接投资增幅、对外实际投资均居全国前列、中部第一。在湘投资的世界500强企业超过1/3。

围绕打造内陆地区改革开放高地，湖南着力推进重点改革，把激发市场主体活力、优化发展环境、畅通经济循环摆到重要位置；充分发挥自贸试验区等开放平台功能，打通开放大通道，推进全方位、多层次、多元化的开放合作；以供给侧结构性改革为主线，扭住扩大内需这个战略基点，做好新基建文章，扩大有效投资，全面促进消费，形成需求牵引供给、供给创造需求的更高水平动态平衡。

面对全球经济的不确定性，湖南进出口实现连续多年的逆势增长。2021年1—7月，全省实现进出口总额3120.94亿元，同比增长26.8%。8月底，首列湖南自贸专列从广铁集团长沙国际铁路港出发，17天后抵达白俄罗斯的明斯克。运输货物包含通信设备、工程机械、家用电器、食品、日用百货等各类商品，共装载100个标准集装箱，货值438万美元。特设自贸专列的背后，是自贸试验区企业出口需求的迅猛增长。2020年9月至2021年6月，湖南自贸试验区获批不到一年，新设企业5251家，实际利用外资超过7亿美元。

从长沙国际铁路港开出的中欧班列

2021年，湖南打造内陆地区改革开放高地交出亮眼成绩单：自贸试验区改革试点任务实施率92.6%，首创改革事项13个。中欧班列全年开行数量突破1000列、居全国第5位。成功举办第二届中非经贸博览会、中国民营企业500强峰会、世界计算机大会、湘台经贸文化交流合作会，全省实际引进内外资分别增长29.1%、72.3%，各方投资者看好湖南、拥抱湖南。湖南成为国内大循环和国内国际双循环的重要节点。

（五）县域经济大发展

郡县治，天下安。湖南省县域广阔，包括14个市州的122个县级行政区。2002年，党的十六大正式提出壮大县域经济之前，湖南县域经济已经在探索中积极奋起。1983年，湖南省先后设立了商品粮基地试点县、全国电气化试点县、农村综合经济体制改革试点县及全国食品工业试点县等；2004年，省委、省政府出台《关于加快县域经济发展若干问题的意见》；2013年，省政府出台《关于发展特色县域经济强县的意见》。湖南县域经济在不断改革与发展中，总量不断扩张，整体实力显著增强，成为湖南省经济的重要支柱。涌现出了长沙县、浏阳市、宁乡市等一批GDP过千亿元的经济强县，培育了浏阳烟花、醴陵陶瓷、永兴银业、双峰农机等具有较强竞争力的优势特色产业。

受"一带一路"倡议、长江经济带、长株潭国家自主创新示范区、国家两型社会改革试验区等一系列政策叠加、聚合效应影响，全省县域突出产业转型升级，在经济总量大幅扩张的同时，突出发展二、三产业和"三高"农业,逐步形成了主导产业鲜明的优势产业群,农业在经济总量中的比重明显下降,工业迅速提高,经济结构不断优化。全省县域工业从小到大,已形成农副食品加工、烟草、木材、纺织、化工、造纸等门类众多、独具特色的工业体系。党的十八大以来,全省县域以新型工业化为目标,立足各地优势,不断整合工业园区布局,引导工业发展的方向,构建传统工业、新型工业与高新技术工业相辅相成的新型工业体系,发展各具特色的工业产业集群,大力提高工业在县域经济中的比重,工业成为推动县域经济发展的主导力量。

随着改革开放的逐步深入,城乡分割、依靠工农产品"剪刀差"推动城市经济、工业经济的发展已成为历史。加大城乡统筹发展力度,走城乡一体化发展之路,成为县域经济发展的根本途径。湖南坚持以县城扩容提质为重点,鼓励各类企业向县城和重点中心城镇集中,引导农村人口向城镇有序流动和聚集,加速城镇化进程,完善城镇市场化、社会化服务功能。

湖南县域按照统筹城乡发展的要求,采取一系列切实有效措施促进和加快农村经济社会的全面发展,尤其是加大了农村基础设施建设投入。农村社会事业全面快速发展,农民收入持续增加,农民生产生活环境有效改善,新农村建设稳步推进。农村基础设施面貌大为改观。乡村道路、农村通信、农业机械、生活饮水等关系农业和农村长远发展的基础设施建设取得了显著成效。湖南县域大力发展高新技术产业,全省在投资重点和投资结构上进行重大调整,围绕人民群众的所需、所急、所盼,增加资金投入,大力发展全省县域民生工程。

为持续推进全省经济的更加均衡协调发展,2020年末,湖南出台了《关于推动县域经济高质量发展的政策措施》，从壮大特色优势产业、加快发展现代农业、深化扩权强县改革等15个方面出台具体措施，力争补齐县域经济短板。根据措施，湖南设立县域特色优势产业发展引导基金，组织实施新一轮特色县域经济强县工程，支持引导各县域集中资源重点发展1—2个特色主导产业。把县域作为打造先进制造业高地、承接产业转移的重要载体，积极引导支持一批产业项目在县域布局。

湖南开展创新型县创建，建设创新能力突出、创新特色明显、创新创业环境优良的县域。"实施县域经济高质量发展工程，做优做强主导产业，创新优化政策环境……促进县域经济总体跨越"，全面实施县域经济强县、强省工程，成为省委、省政府的一项重大战略部署。放眼湖南，长沙县、浏阳市、宁乡市、望城区、醴陵市等县（市）跻身全国工业百强县榜单，发展强劲；一批批"美、特、富"的精美小镇如雨后春笋，成绩亮眼。益阳广场舞服饰，从舞衣到舞鞋，舞出数十亿元大产业；岳阳临湘浮标，从一根"草"成为一方"宝"，钓起一片"江湖"；邵阳发制品市场，晋身全球发制品"顶流圈"……

随着中国（湖南）自由贸易试验区获批，国家级长沙经开区、黄花综合保税区、长沙临空经济示范区等重大发展平台的进一步壮大，"一核三城"远景战略规划的不断推进，长沙县再次迎来发展腾飞的崭新机遇，县域综合实力实现大幅提升。全国县域经济专业智库社会组织——中郡研究所发布《2021县域经济与县域发展监测评价报告》显示，湖南长沙县和浏阳市分列全国县域经济基本竞争力排序第5名和第10名，长沙县在全国县域经济与县域综合发展前100名榜单上首次跻身前三甲，综合实力稳居中西部榜首位置。湖南县域经济发展呈现经济实力稳步提升、城乡融合持续推进、市场活力趋于强劲、民生水平明显改善、生态环境逐步优化的良好态势。

（六）基础设施大提升

经过70多年的奋力发展，特别是"十三五"期间，湖南聚焦基础设施"补短板"，持续推进重大基础设施项目建设，加大水陆空铁立体交通网、重点民生领域建设力度，以基础设施建设促进地区均衡协同健康发展，成为湖南稳投资、增动能的重要引擎。

铁路打通经济动脉。2009年12月26日，当武广高铁的列车用超过300公里/小时的速度驶过潇湘南北，湖南正式宣告进入高铁时代。随着京广高铁、沪昆高铁、怀邵衡铁路、黔张常铁路、张吉怀高铁相继开通，形成的高铁环线不断刷新着"湖南速度"，将湖南带入经济发展快车道的同时，也成为湖南"走出去"的黄金通道。

湖南中西部雪峰山区、武陵山区成片特困地区曾因交通不便，千百年未能彻底摆脱贫困。高铁开通，为苗、侗、土家族等少数民族同胞打开一扇共同富裕之门。"遍地开花"的高铁网络使三湘四水各族人民更加"亲密无间"。一大批农特产品、旅游景点在车来车往中被人熟识；一系列新兴事物和新兴产业也搭上了高速列车；一条条投资渠道通畅了；一座座资源型城市容光焕发；一批优秀的年轻人燃起了发展家乡的激情……高铁成为湖南发展的新引擎，为湖南带来生活品质的升级、开放发展的升级、产业发展的升级、城镇化的升级、区位条件的升级。

高铁发展强化了湖南交通枢纽地位、辐射集聚能力、后发赶超优势，使湖南既为大腹地，又成大通道。一条条高铁是三湘人民的发展路、致富路、幸福路，更是一条充满机遇的平安路、康庄路。中国共产党成立100周年之际，湖南高铁运营近2000公里，全省14市州通过高铁，融入以长沙为中心的2小时经济圈。长沙至周边省会及深圳2至3小时，至北京、上海、成都4至5小时的高铁出行圈，大幅提升了省际资源要素流动的效益和水平。

公路路网四通八达。新中国成立以后，为改变道路运输贫瘠

吉首市石家寨互通立交桥，包茂高速与永吉高速在此交会

的面貌，湖南以逢山开路、遇水架桥的精神，持续加大公路基础设施建设。1994年湖南第一条高速公路长永公路建成通车，从此高速公路里程以年均23.1%的速度增长，实现了从无到有，从有到优的跨越式发展。建党100周年之际，全省通车里程近7000公里，增长近158倍，全面实现县县通高速，稳居全国"高速大省"行列。与此同时，全省紧紧围绕乡村振兴、脱贫攻坚战，不断加大对贫困县的投资建设，公路乡镇通达率和通畅率均达到100%，建制村通达率和通畅率达到99.97%，基本实现了乡乡通公路，村村通水泥路，改变了新中国成立之初农村交通落后的面貌，解决了老百姓出行"最后一公里"的难题。

水路航道优化升级。新中国成立初期，全省内河通航里程虽有10913公里，但滩多水浅，没有等级航道。随着改革开放的深入，全省水路基础设施建设加快发展，通江达海航行网络逐步完善。2018年末，内河航道通航里程达到11968公里，比1949年增长9.7%。全省拥有长沙、株洲、湘潭和岳阳4个规模以上内河港口，其中，长沙、岳阳为全国内河28个重点港口，全省生产用码头泊位1107个，千吨级及以上码头泊位107个，基本形成以长江为依托、洞庭湖和湘资沅澧高等级航道为骨架、岳阳港长沙港为主枢纽的内河水运体系。

民航航线日趋完善。1978年，湖南使用中的民用运输机场仅2座，航线仅18条。改革开放以后，民航建设步伐加快，至2021年，随着郴州北湖机场通航，湖南省民用机场数量已达10座，全省形成了以长沙黄花机场为中心，张家界、衡阳、常德、永州、怀化、邵阳、岳阳机场相互配合的机场体系。长沙作为不沿边不靠海的内陆省会城市，要迅速补齐对外贸易短板，打造对外开放高地，依托广阔蓝天，大力拓展国际国内航线无疑是最佳选择。为此，长沙着力构建"四小时航空经济圈"，以长沙为中心，四小时内抵达东亚、东南亚、南亚等重要地区中心城市，基本覆盖了当今世界经济增长速度最快、发展活力最足的地区。至2020年，长沙"四小时航空经济圈"逐步成型。同年12月，湖南正式迎来首家本土航空公司——湖南航空。湖南航空的全新亮相，为自贸试验区发展临空经济、航运物流、畅通国际化发展通道，对接"一带一路"建设、长江经济带发展战略、粤港澳大湾区建设等，注入新的血液。

邮政电信飞速发展。全省形成了航空、铁路、公路多种运输方式相结合，连接城乡、覆盖全国、通达全球的现代邮政网络。在电子商务和互联网整合发展下，快递业务迅猛发展。"十三五"期间，全省邮政行业业务总量持续保持年均32%以上的高速增长，快递业务量年均增速约为35.9%。全省实现了覆盖城镇的"十分钟便民服务圈"、惠及乡村的"五个不出村"（购物、金融、生活、销售、创业不出村）的服务体系。快递服务网点乡镇覆盖率达到100%。

新中国成立之初，全省长途电信网络仅有架空明线8203对，杆路5122公里。随着改革开放不断推进，在经历邮电分营体制改革、引入市场竞争机制电信重组后，通信行业不断焕发活力。至2020年底，全省互联网有线宽带接入端口达到3277.3万个，其中，光纤接入端口达到3040.6万个，互联网省际出口带宽达37.38Tbps。光纤用户占总宽带用户比例为92.4%，固定宽带家庭普及率为95.7%，移动宽带用户普及率为101.4%。骨干网、城域网和接入网互联网协议第六版（IPv6）改造全面完成，第四代移动通信（4G）网络全面覆盖城乡，第五代移动通信（5G）基站建成2.9万座，实现14个市州城区5G网络覆盖。随着互联网技术的发展，移动支付等一系列移动互联网应用模式创新不断涌现，改变了人民的生活，大数据、物联网、工业互联网等极大提升社会经济效率，万物互联时代已经到来，互联网与传统产业不断融合，"互联网+"成为社会数字化转型升级的重要动力。

能源水利建设加快。建党100周年之际，湖南电力，从柘溪、凤滩、金竹山等少数几座电厂，实现总装机从1949年的1.53万千瓦增长到近5000万千瓦，祁韶直流、浩吉铁路等一批标志性工程建成投运，拥有火电、水电、风电、光伏、生物质各类电源；电网，从无到有建成了19座500千伏变电站，形成"三纵四横"坚强网架；农网改造深入推进，"户户通"工程全面完成，农村地区彻底告别"用电难"；天然气长输管道总里程近2000公里，"气化湖南工程"覆盖12个市州、72个县市区。重大水利工程相继实施。莽山、毛俊等大型水利工程陆续开工，洞庭湖重要堤防加固等重大水利项目加快推进，农村饮水安全基本实现全覆盖。五强溪水库、江垭水库、涔天河水库等建成后，防灾减灾和水资源保障能力稳步提高。2017年底，全省农田有效灌溉面积达315.24万公顷，比1978年增加46.1万公顷。

湖南全面建成小康社会，很大程度归功于全省大力推动交通、能源、水利、信息"四张网"建设，相继开工和建成一大批重大骨干工程，办成一批多年想办又没有办成的大事，使基础设施条件发生根本性变化。不断筑牢、夯实、做强的基础设施，已成为湖南百姓感受最深、获得感最强的重要发展成果之一。

党的十八大以来，湖南按照党的十八届五中全会、党的十九大、党的十九届五中全会和历次中央经济工作会议决策部署，贯彻新发展理念，构建新发展格局，坚持以高质量发展为主题、以供给侧结构性改革为主线，打好防范化解重大风险、精准脱贫、污染防治三大攻坚战，推动经济发展质量变革、效率变革、动力变革，经济发展平衡性、协调性、可持续性明显增强，为全面建成小康社会奠定了雄厚物质基础。

四、从文化大省到建设文化强省

全面建成小康社会，收获的不仅是物质文明的胜利成果，更是精神文明的成长、人民精神力量的增强。湖南以建设文化强省为目标，坚持守正创新，紧紧围绕举旗帜、聚民心、育新人、兴文化、展形象的使命任务，以文化人、培根铸魂；不断繁荣文化事业和文化产业，提高文化软实力，引领风尚、教育人民、服务社会，推动文化高质量发展。

（一）唱响时代主旋律

湖南广大文艺工作者紧跟时代步伐，从时代的脉搏中感悟艺术的脉动，抒写湖南人民奋斗之志、创造之力、发展之果，全方位展现各个时代的精神气象，发出了催人奋进的时代强音。

强化理论武装，筑牢思想根基。伟大的时代呼唤伟大的精神，伟大的精神推动伟大的事业。越是面对大有可为的历史机遇，越是处于爬坡过坎的关键时期，越需要凝聚广泛的思想共识，熔铸坚实的精神支撑。党的十八大以来，习近平总书记在文艺、党校、党的新闻舆论、网络安全和信息化、哲学社会科学、高校思想政治等一系列会议上发表重要讲话，站在全局和战略的高度，亲自谋划部署、亲自指导推动宣传思想文化工作。

"主旋律更加响亮，正能量更加强劲"，"马克思主义在意识形态领域的指导地位更加鲜明"，"全党全社会思想上的团结统一更加巩固"——党的十九大报告用"四个更加"，标注了党的十八大以来宣传思想文化工作取得的历史性成就、发生的历史性变革。

思想上的坚定离不开理论上的清醒。1978年12月25日，湖南省委发出了关于认真学习党的十一届三中全会公报的通知，要求各级党组织、广大共产党员、干部和群众认真学习、深刻领会和坚决贯彻党的十一届三中全会精神，更加紧密地团结在毛泽东思想的旗帜下，团结在党中央周围，坚决把党的工作重心转入社会主义现代化建设，为根本改变中国的落后面貌，把中国建成现代化的伟大社会主义强国作出应有贡献。1978年12月30日至1979年1月16日，湖南省委召开省委常委扩大会议和省委四届二次全体会议，围绕全党工作重点转移到社会主义现代化建设上来的问题进行了热烈讨论，决心紧跟党中央的战略决策，积极为实现这个伟大转变而奋斗。全省开展"真理标准讨论"，彻底打破"左"的思想的束缚，为实现湖南文化繁荣奠定了坚实的思想基础。

1992年邓小平发表南方谈话，从理论上深刻回答了长期困扰和束缚人们思想的许多重大认识问题，澄清了前进路上思想上存在的迷误，又一次有力地促进了全党全国人民思想大解放。湖南深入学习领会邓小平南方谈话精神，人们的思想进一步得到大解放。党的十五大把邓小平理论确立为党的指导思想，随着党的指导思想与时俱进，"三个代表"重要思想和科学发展观在促进湖南文化事业繁荣和文化产业发展上发挥了重要作用。党的十八大以后，在习近平新时代中国特色社会主义思想指引下，全党全国各族人民文化自信明显增强，全社会凝聚力和向心力极大提升，为新时代开创党和国家事业新局面提供了坚强思想保证和强大精神力量。

党的十八大以来，湖南省把深入学习宣传贯彻习近平新时代中国特色社会主义思想作为首要任务，始终坚持马克思主义在意识形态领域指导地位的根本制度，深入开展习近平新时代中国特色社会主义思想学习教育，不断健全用党的创新理论武装全党、教育人民工作体系，让湖南广大干部群众对新思想理解更加深入、践行更加自觉。坚持将习近平关于社会主义文化建设的重要论述体现在文化强省建设的顶层设计之中、融汇在文化强省建设的各项工作之中、落实在文化强省建设的实践过程之中。

做好宣传思想，壮大主流舆论。弘扬时代主旋律，传播有利于振奋群众精神、推动社会进步的正能量。湖南牢牢掌握意识形态工作领导权，自觉坚持以习近平新时代中国特色社会主义思想为指导，不断巩固马克思主义在意识形态领域的指导地位，巩固全省人民团结奋斗的共同思想基础。

开展理论宣讲。坚持把宣传阐释习近平总书记系列重要讲话和指示精神作为重中之重，把学习宣传习近平新时代中国特色社会主义思想与建设文化强省有机统一起来，先后围绕党的十八大和十八届历次全会、党的十九大和十九届历次全会精神，以及党的群众路线教育、"不忘初心、牢记使命"主题教育、习近平总书记考察湖南重要讲话精神等开展集中宣讲，推动党的创新理论持续春风化雨、浸润人心。把理论联系实际的"接天线"与"接地气"有机统一起来，把讲好中国故事、湖南故事和百姓故事有机统一起来，把提高宣讲工作思想认识与制度规范有机统一起来，把打好宣讲"阵地战"与"组合拳"有机统一起来。着力推动习近平新时代中国特色社会主义思想往深里走、往实里走、往心里走，以理论宣讲的高质量服务推进文化强省建设高质量发展，真正让习近平新时代中国特色社会主义思想在湖南"天天见""天天新""天天深"。在2020年开始的党史学习教育中，湖南省委高规格、高标准组建省委宣讲团，推进湖南党史学习教育集中宣讲，广泛开展面向基层的分众化、互动化宣讲活动，湖南开展基层微宣讲5万多场，直接受众超过500万人，引导广大党员干部和人民群众知史爱党、知史爱国。

深化研究阐释。湖南先后推出《社会主义"有点潮"》《新时代学习大会》《小康之大》《学"讲话"·六堂课》等电视节目，《长江黄河如此奔腾》《从十八洞出发》等电视宣传片和"宁心""胡湘平"等署名的理论评论文章，形成了理论大众化的"湖南现象"。省委扛牢压实主体责任，带头学、示范学，建立起常委会会议首要议题制度，把学习习近平总书记重要讲话和重要指示批示精神作为第一议题，让各级党委（党组）理论学习中心组学习规范化、制度化、常态化水平不断提升。带动各级各部门形成了个人自学、研讨培训、理论宣讲、理论测试、网络学习等多样化的学习方式，持续推动党的创新理论走心、走实、走深。

坚持党管宣传。湖南持续巩固壮大主流思想舆论，让主旋律更高昂，让正能量更强劲。围绕改革开放40周年、中华人民共和国成立70周年、中国共产党成立100周年等重大历史节点，湖南隆重组织系列庆祝和纪念活动，在全省上下营造了爱党爱国爱社会主义的浓厚氛围。聚焦决胜全面建成小康社会、决战脱贫攻坚、抗击新冠肺炎疫情等重大决策部署，湖南精心组织系列重大主题宣传，唱响新时代、新作为、新征程的主旋律，凝聚起湖南人民团结奋进、干事创业的强大动能。2019年、2020年、2021年中国新闻奖评选中，湖南分别有17件、13件、17件作品获奖，获奖总数持续位居全国前列。

巩固拓展阵地。在扩大宣传文化阵地上，充分发挥湖南日报、湖南广播电视台、红网、"学习强国"湖南学习平台等宣传平台的传播优势，利用新时代文明实践中心、县级融媒体中心的优势资源，把党的声音传达到最基层。"学习强国"湖南学习平台是湖南广大党员群众学习新思想的重要园地，党的十八大以来，充分发挥其受众多元、更新快捷等优势，整合湖南优质资源，制作"新思想在湖南""理上网来"等大型专题，以人们喜闻乐见的形式开展线上学习活动。湖南科学认识网络传播规律，提高用网治网水平，打造清朗网络空间。2021年1月1日，湖南日报社正式启动新一轮媒体深度融合改革，将湖南日报与新湖南客户端"融为一体、合而为一"。新湖南客户端总发稿量比上年同期增长11.31%，总点击量增长52.84%，客户端新增用户增长43.87%，"活力增强、生产增速、产能增量、创意增优、联动增效"的改革成效初步显现。

传播红色文化。湖南不断挖掘红色资源，出台《湖南省红色资源保护和利用条例》，实施革命文物保护利用工程，建好用好革命历史类纪念设施和爱国主义教育基地，赓续红色血脉，传承红色基因，在三湘大地汇聚爱党爱国爱社会主义的磅礴力量。全省现有省级以上爱国主义教育基地190个，其中全国爱国主义教育示范基地38个，位居全国各省市第一。全面铺开长征国家文化公园（湖南段）建设，整合资源集中修缮长征文化沿线、武陵山片区革命旧址群及革命名人故居群，新建改扩建胡耀邦同志纪念馆、湖南抗日战争纪念馆、秋收起义文家市会师纪念馆、水口山工人运动纪念馆等重点场馆，示范引领红色主题纪念场馆建设管理使用。建设十八洞村精准扶贫展览馆，将十八洞村模型"搬"入中国共产党历史展览馆，在"半条被子"的故事发生地汝城县文明瑶族乡沙洲瑶族村（以下简称沙洲村）打造长征国家文化公园重点展示园，打造新时代红色地标。开通韶山至井冈山红色旅游铁路专线，从2004年起连续18年举办湖南红色旅游文化节，建成28个国家红色旅游经典景区，打响"锦绣潇湘"红色旅游品牌。实施红色主题宣传平台传播计划，建立红色主题出版内容资源库，加大红色题材文艺创作生产扶持力度，推出电视剧《百炼成钢》《理想照耀中国》，舞台剧《热血当歌》《半条红军被》，图书《湖湘英烈故事丛书》《革命诗画》等一批产生全国影响的优秀作品。注重运用现代科技手段打造高质量展陈，5个展陈入选中宣部、国家文物局"庆祝中国共产党成立100周年精品展览推介名单"。建立学校与革命类博物馆纪念馆、爱国主义教育基地共建共享机制；在全省中小学生春游秋游中开展"走进红色课堂、传承红色基因"主题活动；出版《湖南党史学习教育地图》；组建省市两级潇湘红色故事宣讲团开展"潇湘红色故事汇"品牌宣讲；实施红色文化数字呈现工程，修复传播《开国大典》《刘少奇的四十四天》等红色经典影像，让红色资源"活起来"、红色记忆"热起来"。

（二）丰富精神文化生活

湖南省委、省政府始终关注百姓文化生活，扎根优秀湖湘传统文化和红色精神沃土，以精神文明促文化繁荣发展，让百姓收获文化建设带来的幸福感、获得感。

推出文艺精品。新中国成立不久，湖南开始着手地方戏剧振兴，花鼓戏《打铜锣》《补锅》唱响大江南北。2014年全国文艺工作座谈会召开后，湖南舞台艺术迈上新高峰，新创大型剧目150多台，《月亮粑粑》《英雄》等多个作品入选国家精品剧目，《桃花烟雨》获得曹禺剧本奖，一批优秀作品参加全国展演展览。开创性地举办了6届湖南艺术节及湖南戏曲春晚、全国花鼓戏展演等一系列重大艺术活动，每年惠民演出超过1万场，打造精品旅游演艺项目近30个。文艺院团深入改革，艺术表演团体从1949年的53个增加到510个。文艺创作持续取得新突破，20世纪八九十年代涌现了一大批文艺名家和精品力作，莫应丰的《将军吟》、古华的《芙蓉镇》获首届茅盾文学奖，历史小说《曾国藩》等成为风靡一时的"爆款"作品，湘剧《山鬼》、花鼓戏《喜脉案》成为具有里程碑意义的作品。进入新世纪，湖南文学艺术创作生产迎来了又一个春天，涌现了电影《国歌》《十八洞村》，电视剧《毛泽东》《恰同学少年》《雍正王朝》《彭德怀元帅》，戏剧《老表轶事》《李贞回乡》《月亮粑粑》《袁隆平》，图书《走向世界丛书》（续编）、《大清相国》、《漫水》（获第六届鲁迅文学奖）、《乡村国是》（获第七届鲁迅文学奖）等精品力作。截至2018年，据不完全统计，湖南共有65部作品获中宣部"五个一工程"奖、301人次获国家级大奖。2019年以来，湖南艺术创作工作进入高产期，围绕全面建成小康社会和中国共产党建党100周年重要时间节点，创作大型剧目75台，其中现实题材23台、革命历史题材36台、传统题材16台。《大地颂歌》《桃花烟雨》入选文旅部和扶贫办推荐

大型史诗歌舞剧《大地颂歌》在北京国家大剧院上演

的 12 部精准扶贫舞台剧。湖南有11部作品入选文旅部庆祝中国共产党成立100周年舞台艺术精品创作工程，并列全国第二。民族歌剧《半条红军被》入选文旅部2020—2021年度中国民族歌剧传承发展工程重点扶持剧目。

　　开展大型文化活动。2013年3月以来，湖南省开展"欢乐潇湘"大型群众文艺会演，广泛组织和吸引各地民办文艺团体、民间艺人和普通群众参加，在全省城乡掀起了群众文化活动热潮。活动极大地丰富了人民群众的精神文化生活，进一步激发了基层群众的文艺热情，受到社会各界的一致好评。同时，推出"雅韵三湘"高雅艺术普及计划，旨在传播高雅艺术，提高人民群众文化素质，扶持文艺院团健康发展，积极引导和培养文化消费市场，让更多的艺术精品为人民群众所享受。从2013年3月至今，百余场精品节目在长沙上演，涵盖歌剧、舞剧、芭蕾舞、交响乐、京剧、昆曲、话剧、杂技等众多艺术门类，如俄罗斯经典舞剧《天鹅湖》、大型史诗话剧《红旗渠》、湖南花鼓戏《老表轶事》等。其成为湖南集中

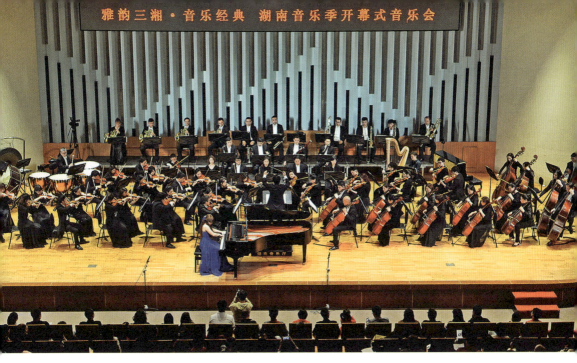

雅韵三湘

组织的演出规模最大、时间跨度最长的一次群众文艺和高雅艺术普及活动。

此外，湖南艺术节、百万群众广场舞蹈、"三湘读书月"、"盛世丹青·湖湘风采"艺术年展等一系列大型文化活动，让湖南民众的精神文化生活变得更加丰富多彩。

打造广电文化品牌。牢牢把握正确舆论导向，坚持内容原创，打造了系列"现象级"广电精品佳作。《县委大院》《绝对忠诚》《湖南好人》《初心璀璨》《为了人民》等"社会主义核心价值观五部曲"，对准时代风口，主动、精准设置议题，成功探索出新闻大片的创新宣传路径。《天天向上》成为中国电视"长青栏目"，音乐竞技节目《歌手》、大型国防教育节目《真正男子汉》、全国首档警务观察类"真人剧"节目《守护解放西》等广受好评。"新春走基层"直播品牌，在每年农历腊月二十九至大年正月初三期间，选取一个偏远贫困山区或少数民族地区开展大型新闻直播，在关注当地过年风俗人情的同时，全面深入推介当地精准扶贫、经济社会发展情况，形成"直播哪里火哪里"的势头。截至2020年，湖南共有电视剧制作（甲种）机构6家，2015年起湖南电视剧生产总量进入全国8强，2018年湖南电视剧生产总量首次进入全国5强。《毛泽东》《长沙保卫战》等一大批优秀电视剧受到观众和业界好评。

（三）提升社会文明程度

湖南坚持以社会主义核心价值观引领文化建设，宣传阐释党的创新理论，围绕"举旗帜、聚民心、育新人、兴文化、展形象"，助力决战脱贫攻坚、决胜全面小康，参与疫情防控，持续深化群众性精神文明创建，制定出台贯彻落实《新时代公民道德建设实施纲要》《新时代爱国主义教育实施纲要》的实施意见，扎实开展精神文明创建活动，公民道德建设稳步推进，文明之行蔚然成风。

深化文明创建与文明实践。湖南以文明创建和文明实践为载体，持续深化拓展新时代文明实践中心建设，截至2021年建成高标准的文明实践中心22个、实践所375个、实践站5450个，实现全国试点县的实践中心、所、站建设全覆盖。22个省文明委成员单位分别从资金、人才、活动等各个方面，对各自联系的试点县（市、区）进行结对帮扶，进一步提升新时代文明实践中心全国试点建设成效。各市州委宣传部、文明办积极组织开展市州级新时代文明实践中心试点工作，试点范围不断拓展。衡阳市力推"衡阳群众"志愿服务，娄底市打造"文明实践15分钟志愿服务圈"，攸县实施"门前三小"工程，武陵源区开展"文明实践屋场会"……一大批文明实践工作品牌在城乡基层建立起来，掀起文明实践志愿服务热潮。此举不仅能让党的创新理论迅速"飞入寻常百姓家"，人民思想觉悟、文明素养也在不断提升。广大青年志愿者在新冠肺炎疫情防控、打赢脱贫攻坚战、"守护好一江碧水"、开展防汛救灾等重大工作中，用行动诠释志愿精神。

2020年，面对突如其来的新冠肺炎疫情，湖南5000余个疫情防控志愿服务组织、140余万青年志愿者冲在疫情防控一线，与各行各业的抗疫工作者们一同艰苦奋战，构建起联防联控、群防群治的坚固"屏障"。文艺志愿者精心编排创作群众喜闻乐见的文艺作品，传播科学防疫知识……遍布三湘大地的"志愿红"，在抗击疫情过程中开出了最美的"文明花"。此外，湖南集中推出"在战'疫'中成长"系列网络思政课，开展"童心共绘抗击疫情"书画网络征集活动，在疫情防控中彰显了湖南精神文明的力量。

围绕打赢脱贫攻坚战，湖南在贫困群众中组织开展"幸福都是奋斗出来的""我是致富能手""扶贫扶志我先行"等主题活动6.7万多场次，参与贫困群众超过220万人。

湖南全域全员全程全面开展文明创建。截至2020年，全国文明城市增加到10个，全国文明校园达到53所，全国文明单位304家，一批批省级文明城市、文明单位、文明校园、文明家庭等更是脱颖而出，在传播文明、引领风尚中发挥了重要作用。文明创建为城市赋能的同时，也让乡村面貌焕然一新。乡村规划、厕所革命、垃圾治理等乡村建设行动如火如荼开展，人居环境不断改善；铺张浪费、天价彩礼、大操大办、薄养厚葬、封建迷信等陈规陋习逐渐破除，移风易俗深入推进。

通过广泛动员群众参与爱国卫生运动，进一步发挥精神文明创建工作优势，推动形成文明健康、绿色环保的行为规范、生活方式。2020年7月，"文明潇湘爱卫同行"爱国卫生运动三年行动计划正式启动，提出实施城市人居环境专项整治等七大行动，掀起爱国卫生运动新高潮。通过近3万次的城乡环境卫生集中整治活动，湖南6600余个村庄（社区）、1200余个市场告别脏乱，重换新颜。

人无信不立，业无信不兴。诚信作为德的一部分，是社会文明、行为操守的重要内容。2020年，湖南集中开展诚信缺失突出问题专项治理，对电信网络诈骗等10大类突出问题协同推进治理和常态监管，让守信者一路畅通、失信者寸步难行。随着文明旅游、文明交通、文明餐桌、文明上网为重点的文明宣传引导行动全面铺开，文明理念春风化雨、浸润人心，逐渐内化为人们的自觉行动。

擦亮"雷锋家乡学雷锋"活动品牌，弘扬劳模精神、工匠精神。雷锋精神，是社会主义核心价值观的核心内容在新时代的生动体现。学习雷锋精神，争做雷锋传人。湖南自觉学雷锋，走在前、作表率，充分发挥雷锋故居和纪念馆的教育基地作用，不断激发全社会参与学雷锋活动热情，集聚道德建设正能量，推动形成引领社会进步的文明风尚。近年来，湖南雷锋纪念馆持续创新传播、学习雷锋精神的形式与载体，让雷锋精神获得更强的生命力。比如，围绕"不忘初心、牢记使命"主题教育，2019年，雷锋纪念馆推出了"新时代，雷锋与我们同行""深刻解读雷锋'钉子精神'，努力增强自我加压意识"等精品党课，举办主题党日专项服务260多场，党员受众超20万人次。

从2006年开始，中共湖南省委宣传部、省总工会坚持每年开展劳模宣传活动，弘扬劳模、工匠精神，打造了《主力军风采》《劳动最美丽》《湖湘工匠》等优秀网站专栏。通过开展"劳模工匠精神宣传年""劳模进校园""大国工匠进校园"等活动,在全社会特别是青少年学生中掀起崇尚劳动、尊重劳动、热爱劳动的热潮。

树立道德榜样。道德模范、身边好人等先进典型是核心价值观的人格化身,是引领社会主流价值的鲜明旗帜,激励着人们见贤思齐、崇德向善。湖南大力宣传典型,树立道德榜样。2020年,黄诗燕被授予"时代楷模"荣誉称号;2022年湖南姑娘江梦南被评为"感动中国2021年度人物"。截至2020年,湖南共有20人(组)当选全国道德模范,64人(组)获全国道德模范提名奖,130人(组)获评湖南道德模范,湖南上下形成了见贤思齐、崇德向善、争当先锋的良好风尚。一批又一批充满时代感、饱含正能量的先进典型涌现出来,先进典型的社会影响力、感召力不断扩大,社会主义核心价值观在三湘大地落地生根、枝繁叶茂。

(四)实施文化惠民工程

文化是一个国家、一个民族的灵魂。文化惠民要落到实处。湖南不断完善现代公共文化服务体系,不断拓展文化惠民内容、创新文化惠民方式,有效提升了人民群众的获得感、幸福感。

优化公共文化服务。1949年,湖南只有1个公共图书馆、12个文化馆。面对"一穷二白"的局面,各级财政不断加大投入,湖南文化事业费从1980年的0.25亿元,增加到2018年的31.32亿元,增长124倍。截至2020年底,湖南共有公共图书馆141个,群众艺术馆、文化馆146个,博物馆、纪念馆117个。大多数市、县都建起了文体艺术中心。以标准化、均等化、社会化、数字化为特点的现代公共文旅服务体系建设步入快车道，城市15分钟、农村30分钟的文化生活圈基本形成。免费开放的公共文化场馆、流动文化服务、24小时图书馆、智慧文旅体验等丰富多彩的文化活动已经成为新的文化现象，老百姓享有实实在在的文化获得感。

新中国成立以来，湖南广播电视播出机构从1家发展到110家，另有广播电视节目制作经营持证机构350家。广播电视村村通、直播卫星户户通、农村广播村村响等系列重点文化惠民工程的深入实施，基本解决了湖南人民听广播看电视难的问题。2013年到2018年，湖南广播节目综合人口覆盖率从93.25%提高到99.02%，电视节目综合人口覆盖率从97.4%提高到99.64%。湖南基本建成了日常广播与应急广播相联动的村村响服务网络，实现数字广播电视户户通。

湖南出台《湖南省实施〈中华人民共和国公共文化服务保障法〉办法》，进一步健全公共文化服务体系，完成或超额完成国家在公共文化领域的重点改革任务，覆盖城乡、互联互通的湖南公共数字文旅服务网在全国率先建成，湖南脱贫攻坚示范村中41%是文旅扶贫重点村。成功创建4个国家公共文化服务体系示范区、8个国家公共文化服务体系示范项目、14个省级现代公共文化服务体系示范区，公共文化阵地网络实现基本覆盖。

开展文化惠民活动。"笑满三湘"湖南省文艺志愿服务团以小分队的形式走进千家万户，为40余万人次基层群众送去了欢笑和欢乐；"送戏曲进万村、送书画进万家"文艺惠民活动，每年至少有近万场……丰富多彩的文化惠民活动层出不穷，人民群众精神文化需求得到更好满足，三湘民众的获得感、幸福感日益增强。

优化文化设施布局。党的十八大以来，湖南一批重点文化设施相继建成，让人们对美好文化生活充满了期待。改扩建后的湖南省博物馆、常德市博物馆等重新开放，湖南美术馆、长沙"三馆一厅"、长沙梅溪湖国际文化艺术中心大剧院、李自健美术馆等相继建成开放……湖南图书馆打造的"百姓课堂"项目，按照"公益性、基本性、均等性、便利性"的原则，以"零门槛"的准入制实现对社会公众进行终身教育，成为湖南公共文化品牌的成功案例。省少年儿童图书馆将整合馆内文献信息资源，引进具有湘湘特

位于长沙滨江文化园的"三馆一厅"

色的传统手工技艺项目，创设集主题文献借阅、视听、陈列展示、讲座、手工益智实践活动等功能于一体的立体式阅读实践活动空间；发挥"少儿云书房"的特色优势，丰富少年儿童的文化生活。省文化馆将围绕群文活动创品牌、非遗保护、文旅融合等内容，推进乡镇文化品牌建设，为百姓提供自我展示新平台，助推乡村振兴，丰富基层文化生活。以乡镇影院建设为重点，优化影院观影环境和服务；组织开展好"湘观影"湖南职工观影、湖南中小学校"光影育人"等活动；每年组织农村电影公益放映28万场以上，实现"一村一月一场电影"目标。"湖南公共文旅云"省级"一站式"公共文旅综合服务云平台，向下联通14个市州、123个县市区公共文旅服务平台，并实现与各级公共图书馆、文化馆的数据打通，与服务互联互通。

加强文化遗产保护。湖南文化遗产保护走在全国前列。截至2019年8月，已查明登记的不可移动文物共2万余处。其中，全国重点文物保护单位183处、省级文物保护单位1139处、世界文化遗产1处、世界文化遗产预备项目3处、国家大遗址7处、国家考古遗址公园6处。在全国率先将国有文物安全纳入市州党委政府绩效考核指标体系、率先探索实施文物安全责任和执法巡查"四级"体系。全省博物馆156家，实现每50万人拥有一座博物馆发展目标。其中，国家一、二、三级博物馆26家，民办博物馆31家，湖湘博物馆体系基本形成。累计实施省级以上文物保护利用项目1463个。第五批国家级非遗代表性项目新增19项，全国排名第三。长乐抬阁故事会、九芝堂传统中药文化获评"国家级非遗代表性项目保护实践优秀案例"，"湖南长沙：雨花非遗馆让非遗项目活态发展"入选全国首批十大非遗与旅游融合优秀案例；"湖南非遗购物节暨网红直播带货大赛"带动非遗产品成交金额超过6000万元，2020湖南（金秋）

湖南省博物馆

文物博览会销售额达3.5亿元。

推进文旅融合发展。湖南文脉深远，景色美丽，是文化大省、旅游大省。习近平总书记强调，发展红色旅游要把准方向，核心是进行红色教育、传承红色基因，让干部群众接受红色洗礼。湖南把发展红色旅游作为实施创新引领开放崛起战略的重要抓手，在推动红色旅游与民族文化、自然山水有机融合，红色旅游与文创演艺产业融合等方面成效显著。2021年，长沙全年实现旅游总收入1926.44亿元，接待国内外游客1.82亿人次，分别同比增长15.96%、19.74%。大湘西地区作为湖南旅游资源最富集的地区，12条文化生态旅游精品线路建设成效显著。2015年至2021年，湖南累计安排专项资金20余亿元，拉动社会投资200多亿元，提质升级乡村旅游景区86个，建成1096家"湘村客栈"，辐射带动1000余个贫困村实现脱贫致富。

（五）推进文化产业高质量发展

文化产业的出现和兴起，不但影响着人们的精神内容和生活方式，而且对社会的生产方式产生了深刻的影响。早在1989年，省委、省政府就把文化体制改革和文化产业发展作为湖南跨越式发展的重要组成部分，作出了"发展文化经济，建设文化大省"的决策。2001年，又确立了"发展文化产业，建设文化强省"的战略，制定了文化产业十年发展规划。在谋划湖南文化事业发展方面，省委、省政府做了大量工作。特别是深入推进以影视出版为重点的文化创意基地和以"锦绣潇湘"为品牌的全域旅游基地建设，打造了以马栏山视频文创产业园为龙头的文化与科技融合发展新高地，持续拓展了"广电湘军""出版湘军"发展优势，文化产业保持走在全国前列的良好态势。

推进文化创意基地建设。在党中央和湖南省委、省政府系列部署推动下，改革开放以来，特别是党的十八大以来，湖南文化创意产业领域大众创业、万众创新昌隆兴起，涌现出数量众多的新生力量，促进了文化创意产业发展，壮大了经济发展新动能。

2020年9月，习近平总书记在马栏山视频文创产业园考察时指出，谋划"十四五"时期发展，要高度重视发展文化产业；要坚持守正创新，确保文化产业持续健康发展。湖南坚持社会效益与经济效益相统一，持续推进文化体制改革，健全现代文化产业体系和市场体系，扩大优质文化产品供给。湖南推进以影视出版为重点的文化创意基地建设，打造了以马栏山视频文创产业园为龙头的文化与科技融合发展新高地。马栏山（长沙）视频文创产业园以"文化+

马栏山视频文创产业园

科技"为发展方向、数字视频内容为核心，推动视频文创资源集中和产业集聚，获批全国首家国家级广播电视产业园、国家文化和科技融合示范基地。

深化文化体制改革。湖南建立健全文化创新体系，在全国率先出台《关于加快文化创新体系建设的意见》《关于推动国有文化企业把社会效益放在首位、实现社会效益和经济效益相统一的实施意见》等文件，率先建立管人管事管资产管导向相统一的国有文化资产管理体制。以湖南广电、湖南出版为龙头，推进省管国有文化资源整合重组，推动以影视出版为重点的文化创意基地建设，成为全国范例。文化贸易的文化园区建设来势喜人。2018年，湖南文化产品进出口额达25.9亿美元，同比增长12.8%。其中，出口24.92亿美元，同比增长10.7%，总量创历史新高。截至2021年，湖南文化产业园区达到59家。

发展新兴文化产业。湖南新兴文化产业发展迅速，2009年以新闻、出版、广电和文化艺术等传统产业为主的核心层，实现增加值183.96亿元，以网络、娱乐、旅游、广告、会展等新兴文化产业为主的外围层，实现增加值274.3亿元，以文化用品、设备及相关文化产品的生产销售为主的相关层，实现增加值223.9亿元，充分彰显了文化新兴行业的生机与活力。"十三五"期间，湖南文化产业直面困难，创新思路，努力生长。2019年，全省3633家规模以上文化企业，实现收入3351.24亿元。湖南坚持双效统一，守正创新，坚持把社会效益放在首位，努力实现社会效益和经济效益有机统一，文化强省建设迈出坚实步伐。

（六）打造"湘"字号文化品牌

湖南始终坚持以人民为中心，支持舞台艺术、特色演艺等文艺精品创作，支持文化艺术领域领军人物、奖励扶持德艺双馨的优秀文化艺术人才，建设演艺人才高地；通过"纯粹中国·锦绣潇湘"全球推广计划，加快推动湖南文化走出去；打造有影响力的演艺品牌，促进演艺业高质量发展，"湘"字号文化产品成为湖南的亮丽名片。

着力加强对外宣传，现代化新湖南形象更加鲜亮。成功举办外交部湖南全球推介活动，精心打造"这里是湖南"外宣账号矩阵，"芒果TV"国际APP覆盖195个国家和地区，海外用户数超3800万；湖南国际频道在230个国家和地区落地，覆盖用户数达4000万；协调推出《航拍中国》湖南篇、《今日中国》湖南篇和《中国国家地理》湖南专辑等，反响热烈。

2021年北京国际图书博览会湖南出版展台

推动湘书、湘剧等"湘"字号文化产品走出去。连续举办"四海同春·全球华人春晚",开展中非经贸博览会等重大对外报道,大力推动湘书、湘剧、湘影、湘瓷、湘茶等"湘"字号文化产品走向世界,长沙获评"世界媒体艺术之都""东亚文化之都",湖南在海外的知名度、美誉度持续提升。成功打造"湖南文化走向世界"品牌,多次被纳入"感知中国""文化中国"国家外宣项目系列。

精品力作层出不穷、文化产业活力释放、文化活动精彩纷呈、文明创建氛围浓厚……湖南朝着建设文化强省的目标一路高歌前行,全省文化和创意产业不断改革创新,为全省经济社会发展,为奋力谱写新时代坚持和发展中国特色社会主义的湖南新篇章,持续贡献精神的力量。

五、从民生之忧到富足安康

　　新中国成立以来，湖南坚持践行"以人民为中心"理念，抓住人民群众最关心最直接最现实的利益问题，全面解决好人民群众关心的教育、就业、收入、社保、医疗卫生、食品安全等问题，让发展成果更多、更公平、更实在地惠及广大人民群众。改革开放以来，特别是党的十八大以来，湖南一以贯之坚持人民至上的发展理念，从提高居民收入、健全社会保障、改善就业形势、加强教育综合实力、提高人民健康和医疗卫生水平、完善社会治理体系等方面加速发力，惠民政策密集出台，直指民生领域的突出矛盾和难题，破冰多项重大社会保障政策，努力让人民共享改革发展的成果，增进百姓福祉，不断实现人民对美好生活的向往，向全省人民交出了一份"暖心"的民生答卷，抒写了浓厚的民生情怀。

（一）居民收入大幅提高

　　2013年2月，国务院批转了有关部委制定的《关于深化收入分配制度改革的若干意见》，标志着我国启动新一轮分配制度改革。

同年12月6日，在湖南省委十届八次全体（扩大）会议上，湖南省委、省政府提出了以促进社会公平正义为目的深化社会体制改革任务，逐步完善工资收入分配制度，人民工资收入分配体制改革向合理推进。与此同时，健全完善符合机关、事业单位和企业不同特点的工资收入分配制度，发放乡镇企业事业单位工作人员乡镇工作补贴，调整人民警察警衔津贴等改革取得明显成效，逐步缩小不合理的工资收入差距，形成了合理有序的工资收入分配格局，"实现发展成果由人民共享"获得了充分的制度性保障。

居民工资性收入进一步提高，工资正常增长机制进一步健全。落实了事业单位基本工资标准正常调整机制和艰苦边远地区津贴标准正常调整机制，合理确定了事业单位绩效工资水平，完善乡镇工作补贴政策。完善了企业工资指导线制度，合理确定企业工资水平。"十二五"期间，全省城镇在岗职工年平均工资从2010年的30483元提高到2017年的53000元。2020年，全省居民人均可支配收入增加到29380元，与2017年相比，年均增长15%左右。增加了一线劳动者劳动报酬，推动更多低收入者进入中等收入行列。完善农民工工资支付保障长效机制，增加农民工资性收入。

居民增收渠道进一步拓宽。增加居民财产性收入的各项制度进一步健全，多渠道增加城乡居民财产性收入。丰富和规范居民投资理财产品，稳定增加资本市场财产性收入，城市居民家庭动产、不动产营运增值收益进一步增加。农村集体经济进一步发展壮大，集体资产收益分配制度进一步完善。农民土地流转收益、租赁收益、投资收益进一步增加，农民财产性收入更加充分、更有保障。企业与农民利益联结机制进一步完善，培育和引进了新型农业经营主体，创造条件促进了农民共享一、二、三产业融合发展的增值收

靖州苗族侗族自治县平茶镇小岔村集体经济分红大会，农户领到工资与分红

益，稳定与提升经营性收益。落实了国家支农惠农政策，健全了以绿色生态为导向的农业补贴制度，保障农民转移性收入。截至2015年，累计新增城镇就业385万人，新增农村劳动力转移就业360万人。城乡居民收入分别达28838元、10993元，是2010年的1.74倍和1.96倍。2021年，城镇新增就业任务超额完成；农村劳动力转移就业比上年较快增长，超额完成全省脱贫人口务工年度目标任务。全年居民人均工资性收入15927元，较上年增长8.6%，两年平均增长7.0%。

收入分配机制进一步优化。习近平总书记指出，收入分配是民生之源，是改善民生、实现发展成果由人民共享最重要最直接的方式。湖南全面落实习近平总书记的指示精神，坚持按劳分配为主体、多种分配方式并存，健全了各类生产要素由市场决定报酬的机制，提高劳动报酬在初次分配中的比重。企业内部分配制度改革得

2015—2020年城镇居民人均可支配收入及其增长速度

2015—2020年农村居民人均可支配收入及其增长速度

到深化，国有企业市场化薪酬分配机制进一步健全，建立了国有企业职业经理人薪酬制度，企业退休人员养老金实现"十二连调"，人均每月养老金调至2138元，比2005年增长275%。完善了再分配机制，加大税收、社保、转移支付等调节力度和精准性，合理调节过高收入。第三次分配作用进一步发挥，发展慈善事业，改善收入和财富分配格局。完善了现代支付和收入监测体系，建立健全了收入和财产信息系统，保护合法收入，推动收入分配格局不断优化，城乡、区域、行业和群体之间收入差距逐步缩小。

（二）社会保障更加健全

习近平总书记指出，社会保障是保障和改善民生、维护社会公平、增进人民福祉的基本制度保障，是促进经济社会发展、实现广大人民群众共享改革发展成果的重要制度安排，是治国安邦的大问题。湖南坚持全民覆盖、保障适度、权责清晰、运行高效，以增强公平性、适应流动性、保证可持续性为重点，建立健全更加公平、更可持续的社会保障制度，稳步提高社会保障统筹层次和水平。

城乡社会保障制度、体系更加完善。基本实现了法定人员全覆盖。实施全民参保计划，促进和引导各类单位和符合条件的人员长期持续参保，基本实现了法定人员全覆盖。开展全民参保登记，对各类人员参加社会保险情况进行记录、补充完善，为全民参保提供基础支持。鼓励积极参保、持续缴费。中小微企业、灵活就业人员、农民工等重点群体参保工作进一步加强。截至2020年底，企业养老保险参保1449.21万人，机关事业单位养老保险参保275.55万人，城乡居民养老保险参保3473.41万人，失业保险参保640.87万人，工伤保险参保820.47万人。"广覆盖、保基本、多层次、可持续"的社会保险制度广泛惠及三湘父老。

完善了统账结合的城镇职工基本养老保险制度，职工养老保险个人账户制度进一步完善，实现了职工基础养老金全国统筹，出台了病残津贴、遗属抚恤政策。完善失业保险制度，规范失业保险基金收支管理，充分发挥失业保险保障失业人员基本生活、预防失业、促进就业的功能。建立了统一的城乡居民基本医疗保险制度和经办运行机制。积极探索推进医疗保险省级统筹。医疗保险稳定可持续筹资机制进一步健全，完善医保缴费参保政策，全面实施城乡居民大病保险制度，进一步完善重特大疾病保障机制。实施了职业年金制度，着力扩大企业年金覆盖面，鼓励发展补充医疗保险、商业健康保险、商业养老保险，推出了个人税收递延型养老保险，促进商业保险与社会保险、补充保险相衔接，鼓励商业保险机构参与医保经办，探索工伤保险与商业保险的合作模式，形成多层次的保障体系。截至2020年，城镇职工基本养老保险参保人数达到4.25亿人，城乡居民基本养老保险参保人数达到5.2亿人，基本养老保险参保率达到90%，基本医疗保险参保率稳定在95%以上，失业保险参保人数达到1.8亿人，工伤保险参保人数达到2.2亿人，生育保险参保人数达到2亿人。

基金安全可持续运行。社会保险基金预决算制度进一步完善，基本实现了财政对社会保障投入的规范化和制度化。推进了社会保险基金监督管理立法，建立健全了基金监督行政执法规程和自由裁量基准制度，强化基金收支、管理和投资运营全过程监督检查。推进划转部分国有资本充实社会保险基金工作。拓宽了社会保险基金投资渠道，加强风险管理，提高投资回报率。建立健全了基金投资运营监管、报告和信息披露制度。完善了企业年金、职业年金市场化运营法规政策和监管机制。完善了社会保险欺诈查处和移送制度，健全了基金监督行政执法与刑事司法衔接机制。完善了基金监督信息系统，社会保险违法失信行为联合惩戒机制进一步健全。截至2020年底，全省企业职工基本养老保险基金收入1224.42亿元，全省机关事业单位养老保险基金收入534.97亿元，城乡居民社会养老保险基金收入199.73亿元，失业保险基金收入20.72亿元，工商保险基金收入30.98亿元。

社会民生保障更加稳固。湖南兼顾经济发展与民生改善，强化最优政策组合，不断织密社会救助保障网，完善"一老一小"服务体系，提升基本公共服务水平，努力将民生愿景变成幸福实景，让群众获得感、幸福感、安全感更加充实、更有保障、更可持续。

兜牢兜住困难群众基本生活。按照"兜底线、织密网、建机制"的要求，湖南加强普惠性、基础性、兜底性民生建设，通过越来越完备的方法、越来越精准的制度，不断提高困难群众的获得感、幸福感和安全感。

困难群众实现应保尽保。连续5年将低保提标纳入省政府重点民生实事，持续提高低保标准水平，紧紧围绕决战决胜脱贫攻坚和乡村振兴，加强社会救助兜底保障。截至2021年底，全省共保障低保对象1842601人（其中，城市低保对象390011人、农村低保对象1452590人），城乡低保平均标准分别达到591元/月、5256元/年，比2017年提高了147元/月、1567元/年，分别增长了33.1%和42.48%；月人均救助水平分别达到409元、264元，比2017年提高了112元、111元，分别增长了37.71%和72.55%，城乡低保实现动态管理下的应保尽保。建立特困人员救助供养制度，常年保障36.7万人，城乡特困人员基本生活标准分别达到9450元/年、6767元/年；完善临时救助制度，加大"救急难"力度，年均临时救助80多万人次。

深化社会救助制度改革。不断完善各项救助政策制度，建立健全主动发现机制和长效帮扶机制，加强对重点困难对象的监测预警，积极协同各救助部门，及时将符合条件的困难群众纳入基本生活救助和各类专项救助，坚决兜住兜准兜好基本民生底线。发挥社会救助部门协调机制作用，巩固脱贫攻坚成果与乡村振兴有效衔接，聚焦特殊困难群体，坚决守住不发生规模性返贫底线。

提升精准救助能力。出台《居民家庭经济状况核对工作规范》等地方标准规范，规范各类救助家庭核对流程，实现闭环管理。不断完善跨部门、多层次核对机制，打造"1+14"一体化核对信息系统集群，省级核对系统与14个市级核对系统互联互通，实现救助对象一键核对、核对报告在线反馈，落实兜底保障"凡进必核""动态管理"两个100%。

发挥社会力量作用。鼓励和支持慈善组织、社会力量参与社会救助，积极推行政府购买社会救助服务，加快发展服务类社会救助，实现政府救助与慈善衔接联动，及时、精准、有效回应困难群众的实际需求，切实增强城市包容度和民生工作温度。

提升社会基本养老服务水平。坚持在实践中优化完善居家社区机构相协调、医养康养相结合的养老服务体系。

养老机构服务能力不断提升。近年来，全省养老机构服务不断增强，目前全省共有各类养老机构2403所（家），其中市县福利院（福利中心）103所、敬老院（农村特困人员供养服务机构）1833家（其中区域性中心敬老院108家），民办养老机构467家，养老服务床位49万余张，每千名老人拥有床位超过39张，养老机构护理型床位近10万张。开展特困供养机构提质升级三年行动，投入资金80亿元，新建区域性中心敬老院158所，护理区改造175个，通过新建一批、改扩建一批、提质升级一批、转型发展一批特困人员供养服务机构方式，持续推进特困人员供养服务机构提质升级行动，逐步改善特困人员供养服务机构基础设施，提升失能半失能特困人员照护能力。

城市居家社区养老长足进步。争取中央投资3.3亿元用于12个市居家社区养老服务改革试点工作，2021年将衡阳、郴州纳入国家级居家和社区基本养老服务提升行动试点单位，主要用于家庭床位建设和居家上门服务。落实城区"四同步"政策，全省建成城市社区养老服务设施3338个，标准化社区日间照料中心2728个，覆盖率达78%。

农村养老服务不断发展。推进农村养老服务体系建设试点，建立县乡村三级养老服务网络，建成农村幸福院、日间照料中心等互助养老服务设施1.6万个，设施覆盖率为63%。养老服务质量不断提升。自2017年以来连续四年开展全省养老院服务质量建设专项行动；自2020年以来连续两年开展消防安全整治行动，累计整治重大风险隐患6571条，关停重大安全风险养老机构413家；持续实施民办养老机构消防达标工程，指导213家未达标的民办养老机构实现消防达标。

综合监管措施不断完善。出台《关于加强养老服务机构综合监管的通知》等，通过"双随机、一公开"部门联合检查，建立失信养老服务机构"黑名单"制度等，强化信用体系建设，加强养老机构事中事后的监管，有效防范风险。资助39个县市建成县域"安联网"，推进构建省、市、县、乡、机构五级安全预警监管平台。

加强儿童福利和未成年人保护。儿童福利和未成年人保护涉及亿万家庭幸福和儿童权益。完善未成年人保护体制机制建设，建立省市县三级未保协调机制，全省经编办批复成立的未保中心达到

82个，248个乡镇（街道）建立了未保站，村（居）儿童之家实现了全覆盖。出台《湖南省侵害未成年人案件强制报告制度联席会议及工作协商机制》《湖南省关于落实密切接触未成年人单位工作人员从业查询制度的工作衔接机制》等一系列政策文件。

全面履行兜底保障职责。全省集中供养孤儿和散居孤儿生活费保障水平分别达到每人每月1439元和1001元；建立事实无人抚养儿童保障制度，按照与孤儿保障标准相衔接的原则发放基本生活补贴；将孤儿和事实无人抚养儿童纳入价格补贴联动机制保障范围，发放价格临时补贴；将孤儿和事实无人抚养儿童纳入一类救助对象，参保费用由医疗救助资金全额资助，对儿童福利机构接收的儿童自进入机构之日起享受医保待遇；深入开展"孤儿医疗康复明天计划"和"福彩圆梦孤儿助学工程"项目。全省51所儿童福利机构集中养育了2465名儿童，128所未成年人救助保护机构年均救助儿童1万人次。

推进儿童福利机构优化提质和创新转型发展。积极落实民政部工作部署，推进儿童福利机构优化提质和创新转型高质量发展，由市级儿童福利机构集中养育本辖区内由民政部门长期监护的儿童，县级儿童福利机构原则上转型为未成年人救助保护机构。至2021年底，长沙、株洲、湘潭、邵阳、常德、湘西州、永州7个市州已实现孤弃儿童的集中养育。县级儿童福利机构正加快转型，开展区域内散居孤儿、困境儿童和农村留守儿童关爱服务工作。

加大专项社会事务改革力度。把群众烦心的事、关心的事当作大事，聚焦提升为民服务的质量，让千家万户切身感受到党和政府的温暖。

强化残疾人福利供给。将残疾人"两项补贴"标准发放纳入省委、省政府民生重点实事项目，出台《关于进一步完善困难残疾人生活补贴和重度残疾人护理补贴制度的实施意见》，定期推进数据比对，实现应补尽补、应退尽退。开发精准认定、网上办理等小程序，全面实现"就近办""网上办""掌上办""跨省通办"。针对困难重度残疾人，开展社会保障助残、托养供养助残、康复辅具助残、慈善爱心助残、精康融合助残等"五大爱残助残行动"。在郴州开展康复辅助器具产业国家综合创新试点，在全省开展社区租赁试点，推动建立基本型康复辅助器具配置补贴制度。

提升流浪救助质量。完善制度措施，健全责任体系，加强监督管理，着力在照料服务、救助寻亲、街面巡查和综合治理、落户安置、源头治理、干部队伍建设等关键环节上建机制、压责任、提质量、优服务，切实维护流浪乞讨人员合法权益。

创新婚姻登记服务。倡导婚俗改革，出台《湖南省婚俗改革工作指导意见》，倡导文明简约的婚俗文化。加强婚姻登记机关建设，推行婚姻登记"全省通办""全国通办"，提高婚姻登记服务能力和水平。开展婚姻家庭辅导服务，围绕贯彻家庭教育促进法，加强婚前辅导、危机干预、离婚调解等工作，促进婚姻家庭和谐。倡导简易适度的婚俗礼仪，创新结婚颁证服务，推行"特约颁证日"，建立特约颁证员制度，举办慈善婚礼、集体婚礼等，增强婚姻的庄严感。

深入推进殡葬改革。加快完善公益性殡葬基础设施。"十三五"以来，共争取中央、财政资金10余亿元支持全省殡仪馆新建项目68个，新建骨灰楼项目39个，改扩建殡仪馆30个，支持建设乡镇农村公益性墓地146个，建设乡镇集中治丧场所59个。加强殡葬行业监管，整治殡葬领域突出问题1.7万个。推行惠民殡葬，先后有115个县市区出台惠民殡葬政策，62个县市区建立节地生态安葬奖补制度，切实减轻困难群众丧葬负担；倡导丧俗改革，群众丧事简办渐成新风。

聚焦共同富裕发展慈善事业。加快全民慈善、人文慈善、阳光慈善、法治慈善进程，发挥好慈善在第三次分配中的作用。先后颁布实施《湖南省志愿服务条例》《湖南省实施〈慈善法〉若干规定》等法规，聚焦群众"急难愁盼"问题，引导广大慈善组织依法行善、以法促善、依法兴善，打造了"爱心改变命运""爱眼光明行"等慈善品牌，5年来累计募捐慈善款物80多亿元，救助困难群众400万人次，抗击新冠肺炎疫情中社会各界捐赠款物13亿多元，为助力共同富裕奠定了坚实基础。当前，我省社会工作专业人才逾7万人，其中持证人员有1.7万余人，广泛活跃在城乡社区、相关事业单位和社会组织，依托近1.5余万个社会工作专业岗位、600余家社会工作服务机构、2000余个基层社工站提供服务。全省注册志愿者人数为1400余万人，志愿服务团队4万余个，志愿服务越来越深度融入经济、政治、文化、社会、生态文明建设方方面面，全社会参与志愿服务热情高涨。

（三）就业形势持续向好

2020年5月23日，习近平总书记在看望参加政协会议经济界委员时强调，要全面强化稳就业措施，强化困难群众基本生活保障，帮扶中小微企业渡过难关。面对错综复杂的国际环境和艰巨繁重的国内改革发展稳定任务，湖南坚决落实党中央、国务院高度重视保障和改善民生决策部署，提出大力实施就业优先战略和人才优先发展战略，将人力资源和社会保障事业摆在经济社会发展更加突出的位置。坚持稳中求进、改革创新、攻坚克难，新增就业持续增加，就业局势保持稳定。

按照"坚守底线、突出重点、完善制度、引导预期"的思路，坚持民生为本、人才优先的工作主线，深入实施就业优先战略和人才优先发展战略，建立更加公平更可持续的社会保障制度，深化人事制度改革和工资收入分配制度改革，构建中国特色和谐劳动关系，提升基本公共服务能力和水平，推动人力资源和社会保障事业全面协调可持续发展，为实现全面建成小康社会目标提供支撑和保障。

实现了经济发展与扩大就业的良性互动。把促进充分就业作为经济社会发展的优先目标，放在更加突出的位置。坚持分类施策，提高劳动参与率，着力培养新的就业增长点，扩大了城镇就业规模。推进了经济发展与扩大就业良性互动，建立了宏观经济政策对就业影响的评价机制。健全了各级政府部门就业工作联席会议制度，完善了就业考核评价指标体系，把就业成效列入评价各地经济社会发展成果的重要指标，进一步强化了政府促进就业的法律责任。

实施了更加积极的就业政策。加强就业政策与财税、金融、产业、贸易等政策的衔接，形成了有利于促进就业的宏观经济政策体系。围绕解决结构性就业矛盾、提高就业质量，进一步完善了积极的就业政策。支持劳动者自谋职业和自主创业，支持企业吸纳重点群体就业，提高了政策的针对性和有效性。加强对灵活就业、新就业形态的政策支持。积极发展家庭服务业，促进专业化、规模化和网络化发展，推进规范化、职业化建设。加强全国就业信息监测平台和就业信息公共服务平台建设，为社会提供公共就业信息服务。完善了就业失业统计指标体系，健全失业监测预警机制，推动适时发布城镇调查失业率，强化对部分地区、行业规模性失业的监测，建立应对预案和工作机制。

进一步促进以创业带动就业。进一步深化改革，降低市场准入门槛，消除限制创业的制度性障碍。鼓励城乡劳动者围绕新经济、新产业、新业态开展创业活动。加大了创业培训工作力度，提升了劳动者创业能力。拓宽了创业投融资渠道，支持创业担保贷款、创业投资以及互联网金融等规范发展。加快构建了一批低成本、便利化、全要素、开放式的众创空间，建立了面向人人的创业服务平台。继续推进了创业型城市构建活动，积极培育了创业生态系统。截至2020年，稳岗就业成效明显。全省新增城镇就业72.42万人，失业人员再就业35.76万人，就业困难人员再就业13.84万人，分别完成年度目标任务的103.5%、119.2%和138.4%。

湖南省2022届大学生创新创业项目路演

完善人力资源市场机制。充分发挥市场在人力资源配置中的决定性作用。健全了人力资源市场法律法规体系，完善了人力资源市场管理制度，规范了人力资源市场秩序。建设统一规范的人力资源市场，打破城乡、地区、行业分割和身份、性别歧视，维护劳动者平等就业权利。增强了劳动力市场灵活性，促进劳动力在地区、行业、企业之间自由流动。规范招人用人制度，尊重劳动者和用人单位市场主体地位，消除影响平等就业的制度障碍和就业歧视。加强了人力资源服务业从业人员职业培训，实施了人力资源服务业领军人才培养计划。

职业培训工作进一步强化。推行了终身职业技能培训制度，构建了覆盖城乡全体劳动者、贯穿劳动者学习工作终身、适应劳动者和市场需求的职业培训制度，市场配置资源、劳动者自主选择、政府购买服务和依法监管的职业培训工作机制进一步完善，人力资本质量和劳动者就业创业能力得到全方位提升。加大了培训资金投入，提高培训质量。及时认定发布新职业并制定职业技能标准。大力开展了多种形式的就业技能培训、岗位技能提升培训和创业培训。开展了劳动者素质提升行动，开展贫困家庭子女、未升学初高中毕业生、农民工、失业人员和转岗职工、退役军人和残疾人免费接受职业培训行动。企业在职业培训中的主体作用进一步发挥，实施了农民工职业技能提升计划等专项培训行动。大力推行了企业新型学徒制、国家基本职业培训包、校企合作、互联网+职业培训等培训模式。

（四）教育综合实力显著提升

改革开放以来，湖南省坚持把教育摆在优先发展的战略地位，教育投入大幅增长，办学条件显著改善，义务教育实现免费，"两基"目标全面实现，高中阶段教育快速发展，职业教育基础能力逐步增强，高等教育迈入大众化阶段。教育事业的发展为我省人口素质提升和经济社会发展作出了重要贡献。截至2020年，湖南教育发展水平和综合实力进入全国先进行列，基本形成完备的现代教育体系和教育发展支撑体系，基本实现教育现代化，基本建成教育强省，基本建成学习型社会和人力资源强省。

学前教育普及进一步加快。政府统筹力度进一步加大，坚持学前教育的公益性和普惠性，落实以县为主、县乡共管的幼儿教育管理体制，建立政府主导、社会参与、公办民办并举的办园格局。切实落实各级政府责任，将城区幼儿园建设与发展纳入城区建设与开发规划，逐步提高公办幼儿园比例。重点发展农村学前教育，合理布局，办好了一批政府投入为主、成本合理分担、对家庭经济困难幼儿入园给予补助的公办幼儿园。支持贫困地区发展学前教育，积极扶持民办幼儿园，引导和支持了民办幼儿园提供普惠性服务。鼓励与引导了企事业单位及个人兴办学前教育机构。加强学前教育设施建设，鼓励与支持了农村地区采取新建扩建、利用闲置教育资源改建幼儿园、偏远地区小学附设学前班等多种形式发展学前教育。鼓励优质公办幼儿园举办分园或合作办园。每个乡镇和城市大型社区建好一所公办幼儿园。学前教育管理水平与教育质量进一步提高。按照学前教育办园标准，2020年，合格标准幼儿园达到85%

以上，简易标准幼儿园不到15%，全省在园幼儿231.4万人。建立完善了幼儿园准入和督导制度，依法规范学前教育发展。严格执行幼儿教师资格标准，加大幼儿教师培养培训力度，依法落实幼儿教师待遇。

义务教育均衡发展进一步推进。建立健全了义务教育均衡发展机制。根据新型城镇化要求和人口变化趋势，科学规划与调整义务教育学校布局，依法将城区义务教育基础设施建设纳入城区建设与开发规划。探索建立了县域内办学资源均衡配置机制，建立完善校长、教师交流制度，健全资助机制，切实保障弱势群体都能接受良好义务教育。推进了义务教育合格学校建设，提高学校建设综合效益。2020年，全省共有各类民办学校11502所，在校学生265.5万人，80%以上达到了标准化学校要求。九年义务教育水平进一步提高。2020年，小学适龄儿童入学率100%，高中阶段教育毛入学率93.29%，普通高中毕业生38.6万人，初中毕业生78.7万人，普通小

湘南学院附属小学，孩子们在教室里玩"击鼓传花"的游戏

学毕业生81.3万人。

职业教育服务能力进一步增强。职业教育骨干体系建设进一步加快，扶持现有省级示范性学校，新建了一批省级骨干高职（技师）学院和一批省级示范性中职（技工）学校。整合各类职业教育资源，县级职教中心进一步发展。全面推进校企合作。研究制定推进校企合作政策，形成了推进职业院校（含技工院校）与企业深度合作的制度性保障。以区域优势产业为依托，以具备条件的高职院校为龙头，进一步推进了职业教育集团化办学，职教集团办学内涵不断丰富，实现了校企良性互动和共同发展。通过政府主导、行业企业参与方式，建设了一批对接我省支柱产业、战略性新兴产业的生产性实训基地，推动职业教育产学研有机结合，职业院校办学水平进一步提升，较好地适应了全省经济社会发展需要。2020年，中等职业教育毕业生20.8万人。

高等教育质量与创新水平进一步提升。深入实施了"高等学校本科教学质量与教学改革工程"和"研究生教育创新工程"，以社会需求为导向，着力强化人才培养工作，大力加强学科、专业、课程、教材、教师及团队、基础课实验室、实习实训基地和研究生培养创新基地等基础建设，建设了一批高水平的特色专业、精品课程、优秀教材、创新团队和现代化的实验教学示范中心、创新基地，在国家质量工程等重大项目中继续保持全国先进行列，高等教育质量全面提升。高水平大学与重点学科建设进一步加强，"211工程"和"985工程"高校的配套建设进一步完善，高校学科实力与水平得到全面提升。坚持以社会服务为宗旨，充分发挥高校学科专业、人才队伍及实验资源等优势，高校服务社会能力进一步增强。积极培育跨学科、跨领域的科研与教学相结合的团队，促进高校科技创新与人才培养的有机结合，使高校成为富民强省的科技引擎与人才高地。截至2020年，发放高校国家奖学金、助学金（本专科生）17.2亿元，资助高校学生（本专科生）77.9万人次。发放中职国家助学金4.08亿元，资助中职学生40.8万人次。落实义务教育保障资金103.7亿元，发放普通高中国家助学金5.0亿元。

教师队伍整体素质进一步提高。构建了现代教师教育体系，发挥省属师范院校在教师培养中的作用，构建了以师范院校为主体、综合大学参与、开放灵活的教师教育体系。整合师范教育资源，建设一批中小学、幼儿园教师培养培训基地。依托省内具备条件的高等职业院校和相关本科院校，构建中职教育专业教师培养培训体系。农村教师培养和补充机制进一步创新和完善。推进了师范生培养模式改革。继续实施了"农村义务教育阶段学校教师特设岗位计划"，支持有条件的市州实施本地"特岗教师计划"。完善了代偿机制，鼓励高校毕业生到艰苦边远地区中小学任教。教师培养培训进一步加强。根据教育发展需要，全面规划和适度超前安排本区域各级各类教师的培养培训。将教师培训经费列入政府预算，落实了按教职工工资总额1.5％比例额度用于教师培训等政策；将教师培养培训纳入各级政府教育督导评估体系，形成教师培养培训长效机制。截至2020年，基本建成了覆盖城乡各级各类学校的教育信息化体系，进一步促进教育内容、教学手段和方法现代化，实现了"数字湖南教育"目标。

（五）健康湖南建设稳步推进

习近平总书记指出："人民对美好生活的向往，就是我们的奋斗目标。"湖南积极面对卫生计生事业发展与人民群众健康需求不相适应的突出矛盾，以保障人民健康为中心，以深化医药卫生体制改革为动力，以建设健康湖南和促进人口均衡发展为目标，更加注重预防为主和健康促进，更加注重提高服务质量和水平，更加注重工作重心下移和资源下沉，实现了发展方式由以疾病为中心向以健康为中心转变，按照保基本、强基层、建机制、促均衡的要求，统筹整合卫生计生资源，建立了与人口结构和疾病谱变化相适应的卫生计生服务模式，建立了与经济社会发展水平和健康需求相适应的卫生计生管理体制，显著提高人民群众健康水平，健康湖南建设稳步推进。

健康服务水平得到提升。卫生计生服务体系建设进一步加强，在医疗服务体系建设上，公立医院规模不合理扩张得到进一步严控，医疗卫生结构布局进一步优化，促进了医疗资源向贫困地区倾斜，向基层、农村流动。在公共卫生服务体系健全上，以均衡发展为重点，进一步加强了公共卫生服务机构基础建设，公共卫生服务体系薄弱领域和环节的统筹规划和建设进一步加强。在加强卫生应急体系建设上，突发事件卫生应急体系进一步健全，提升了传染病疫情控制和救治能力。建立了"统一领导、综合协调、分类管理、分级管理、属地管理为主"的卫生应急管理体制。在疾病预防控制能力建设上，省、市、县三级疾病预防控制机构检验检测能力和监测网络建设进一步加强，完成了县区级疾控机构能力达标评审。建设卫生监督监测能力、妇幼健康服务能力、血吸虫病防控达标建设、血液中心和中心血站建设、精神卫生机构建设、卫生应急核心能力进一步加强。2016年湖南省统计局发布了湖南健康服务业发展情况分析报告，该报告指出，2015年湖南健康服务业规模以上单位626个，吸纳就业74861人，全年主营业务收入784.62亿元，同比增长13.7%；营业利润22.97亿元，同比增长24.2%。根据《湖南省人民政府关于健康湖南行动的实施意见》，到2022年和2030年，以乡镇（街道）为单位，适龄儿童免疫规划疫苗接种率均保持在95%以上，全省血吸虫病防控分别实现有效控制和消除危害，并维持消除状态。

重大疾病防控得到加强。在推进防治结合上，建立了专业公共卫生机构、综合医院和专科医院、基层医疗卫生机构"三位一体"的重大疾病防控机制。建立了信息共享、互联互通机制，推进慢性病防、治、管整体发展。完善了医疗卫生机构承担公共卫生任务的服务购买机制。在加强重大传染病防控上，截至2020年，30—70岁重大疾病总死亡率降低10%。加强了艾滋病和性传播疾病的防治，高危人群干预覆盖率在90%以上。在实施慢性病综合防控上，将慢性病防治重点从"疾病治疗"转移到"危险因素控制"，从医院下沉到基层。遏制了慢性疾病的高发病率、患病率和高死亡率，减少了慢性病导致的个人和社会危害。在强化精神疾病防治上，建立精神卫生工作政府领导与部门协调机制，精神障碍社区康复体系初具规模。落实严重精神障碍救治管理，截至2020年，登记在册严重精神障碍患者管理率在80%以上。在实施扩大国家免疫规划上，夯实常规免疫，做好补充免疫，推进接种门诊规范化建设，提高免疫规划疫苗常规接种率和流动人口预防接种管理质量。在开展职业病危害普查和防控上，加强了重点职业病监测和职业健康风险评估。推进基本公共卫生服务均等化。落实国家基本公共卫生服务项目，不断丰富和拓展服务内容，提高服务质量，按照国家政策要求逐步提高人均基本公共卫生服务标准。

医疗服务能力得到提高。分级诊疗加快推进。建立完善分级诊疗模式，建立了不同级别医院之间、医院与基层医疗卫生机构之间的分工协作机制。临床服务能力建设进一步加强。加强对临床学科和专科建设发展的规划引导和支持，以发展优质医疗资源为目标，建设了一批高水平临床学科和专科，重点支持肿瘤、心脑血管、儿科、精神病、传染病等薄弱领域重点专科诊疗能力提升。医疗服务进一步改善。比如：优化诊区设施布局，营造温馨就诊环境。推进预约诊疗服务，有效分流就诊患者，合理调配诊疗资源，推行日间手术，加强院前急救能力建设，畅通急诊绿色通道。进一步确保了医疗质量安全。严格按照工作规范、标准和管理流程开展用血、注射、照射、医疗废弃物处理等工作。院内感染预防工作进一步加强。

妇幼卫生保健与生育服务得到加强。全面推行了住院分娩补助制度，向孕产妇免费提供生育全过程的基本医疗保健服务。推行全国统一的母婴健康手册，加强了孕产期全程服务和高危孕产妇专案管理，预防艾滋病、梅毒、乙肝母婴传播，保障母婴安全。进一步提高孕产妇、新生儿危急重症救治能力，有效降低孕产妇死亡率和婴儿死亡率。将婚检、免费孕前优生健康检查、叶酸增补纳入基本公共卫生服务，落实出生缺陷三级预防措施，建立了覆盖城乡，涵盖孕前、孕期、新生儿各阶段的出生缺陷防治服务制度，有效降低了出生缺陷发生率。

推进计划生育服务管理改革。以增进家庭和谐幸福、促进人口长期均衡发展为主线，统筹推进生育政策、服务管理制度、家庭发展支持体系和治理机制综合改革。稳妥有序实施"全面两孩"政策，坚持和完善计划生育目标管理责任制，增强家庭发展能力，加大计生基层服务网络队伍建设、计划生育基层阵地建设、计划生育诚信体系建设，推进计划生育基层群众自治，加强流动人口卫生计生服务管理。2020年，全员流动人口信息登记入库率在90%以上，流动人口免费计划生育技术覆盖率在95%以上，流动人口基本公共卫生计生服务覆盖率达到90%。

中医药传承得到创新发展。综合医院中医药工作进一步加强。进一步加强中医药服务体系建设，做优做强省、市级中医医院，完善县乡村三级中医药服务网络，提高中医药服务可及性和可得性。截至2020年，建设了一批国家、省级中医综合性（专科）区域医疗中心，每个市级行政区域内建设1个市级中医综合性医疗中心，全省市州中医医院均达到三级甲等标准，90%以上县级中医医院（含民族医院）达到二级甲等标准，4—6家县级中医医院达到三级标准。基层中医药服务网络建设进一步加强。所有社区卫生服务机构、乡镇卫生院和70%的村卫生室具备中医药服务能力，综合医院、妇幼保健院都设有标准化中医科和中药房。

健康管理体系得到完善。爱国卫生运动进一步深入开展。深入推进卫生城镇创建，到2020年，国家卫生城市（含县城）比例提高到40%，国家卫生乡镇比例提高到2%。扎实推进了"城乡环境卫生整洁行动"和以改水改厕为重点的农村环境卫生整治活动，推进城乡卫生整治全覆盖。实施了农村饮用水安全工程，农村集中式供水受益人口提高到80%以上。加快了无害化卫生厕所建设，农村卫生厕所普及率提高到75%以上，无害化卫生厕所普及率达到全国平均水平。病媒生物防控工作进一步规范。推进了多污染物综合防治和环境治理。大气污染综合治理得到加强，大气环境质量持续向好。推进重点流域水污染防治和土壤污染治理与修复。居民健康管理进一步推进。建立健全了健康知识和技能核心信息发布制度，广泛开展健康湖南行等活动，普及合理营养、合理用药和科学就医等知识。加强了健康、医药卫生知识传播，提高全民健康素养。深入推进了以合理膳食、适量运动、戒烟限酒和心理平衡为主要内容的全民健康生活方式行动。推进了医疗机构开展健康教育和健康促进工作。全面推进了控烟履约工作，大力开展了无烟环境建设，推进公共场所全面禁烟。健全健康素养和烟草流行监测体系，15岁以上人群烟草使用流行率控制在25%以内。强化了居民健康管理，实现健康档案覆盖全部城乡人口。将健康危险因素评价结果纳入居民健康档案，建立起居民终身健康动态管理机制。职业卫生工作进一步加强，促进劳动力人口健康。全面推进"健康城市"建设，增强对健康老龄化、健康妇幼、出生缺陷综合防治、青少年健康、健康扶贫、流动人口健康等的维护。

强化了食品药品安全监管。实施了食品安全保障战略和药品安全保障行动，健全省、市、县、乡（镇、街道）四级食品药品监管体系。推行了风险分类分级管理，实现食品药品网格化监管。责任管理体系、法规标准体系、产品追溯体系和社会共治体系等进一步健全，食品药品安全监管执法能力、技术支撑能力和应急处置能力得到进一步提升。食品安全风险监测进一步加强。2020年，食品安全风险监测覆盖所有县级行政区域，基本实现地方特色食品风险监测。促进了人口长期均衡发展。

健康保障支撑得到强化。进一步加强人才队伍保障。大力实施"人才强卫"战略，全面加强卫生计生人才队伍建设，卫生计生人才总量基本满足人民群众医疗卫生和计生服务需求，城乡和区域医药卫生人才分布趋于合理，各类人才队伍统筹协调发展。到2020年，卫生计生人员总量达到64万人，其中卫生计生技术人员48万人，每千常住人口拥有执业（助理）医师2.59名，每千常住人口拥有注册护士3.24名，城乡每万名居民拥有2.2名以上合格的全科医生，每个建制村拥有1名以上乡村医生。基层网络队伍建设进一步加强，建立了一支适应基本医疗卫生制度需要和计生服务需求的基层卫生计生人才队伍。到2020年，每千常住人口拥有基层卫生人员3.5人以上。

完善人才培养体系。加强医教协同，建立了临床医学人才培养与卫生计生行业人才需求相适应的供需平衡机制。加强了以全科医生为重点的基层医疗卫生队伍建设，建立了全科医生培养制度，基层卫生计生人才技术水平得到全面提升。临床医师队伍建设进一步加强，如加强中医药领军人才、学科带头人、骨干人才和基层实用型人才培养，基本满足了社会对中医药各类人才的需求。到2020年，基本建成院校教育、毕业后教育、继续教育三阶段有机衔接的标准化、规范化临床医学人才培养体系。大力培养医药卫生急需紧缺专门人才，公共卫生人才和护理、药师队伍建设进一步加强。到2020年，公共卫生人才达到5.87万人，注册护士达到22.9万人，药师达到5万人，各类专门人才急需紧缺状况明显改善。

推进医学科技创新。医学科技创新政策环境建设进一步加强，人才培养、新技术评估、医学研究标准与规范、医学伦理与科研诚信、知识产权等保障机制进一步健全，医学科技成果转化率大幅提升，适宜技术推广得到进一步发展。加强了中医药科研创新能力建设，尤其在整合中医药科研资源，力争在病毒性肝炎、恶性肿瘤、心脑血管病等重大疾病的防治和相关新药开发上取得突破。实施了精准医学研究计划，促进转化医学研究，建立医药卫生科技创新体系、支撑体系与产学研结合创新模式，集中力量攻克了一批重大疾病防治关键技术，获取了一批具有自主知识产权的重大成果，搭建了一批在国际国内有一定影响力和竞争力的科技创新平台，培养了一批高素质、高水平、具有国际竞争力的科技创新队伍，建设了一批科学、规范的研究示范基地。

推进人口健康信息化建设。全面推进人口健康信息化建设和应用，建立了人口全覆盖、生命全过程、工作全天候的医疗健康工作机制，促进了医疗健康卫生计生服务管理更加精细化、规范化，决策更加科学化、现代化。基本建成了省、市、县三级人口健康信息平台和卫生计生专网。逐步实现了公共卫生、计划生育、医疗服务、医疗保障、药品管理、综合管理六大应用系统业务协同，促进了资源整合和信息共享。深入推进健康医疗信息惠民行动计划，着力打造了"五个一"人口健康信息化应用保障体系。2020年，全员人口信息、电子健康档案信息和电子病历三大数据库基本覆盖全省人口并实现信息动态更新。居民健康卡得到普及应用，积极推进居民健康卡与社会保障卡等公共服务卡的应用集成，实现了居民健康管理和医疗服务一卡通用。

健全全民医保体系。建立了统一的城乡居民基本医疗保险制度，整合职工医保、城镇居民医保和新农合管理职能和经办资源。建立了稳定适宜的筹资增长机制，建立健全与经济发展水平和居民收入状况相适应的可持续筹资机制。实现了城乡居民基本医保市级统筹。

加强卫生国际交流与合作。根据全省医学发展需求，建立了国际医学人才培养体系，选送学科带头人、中青年医疗卫生骨干、公共卫生及卫生行政管理人员赴欧美国家和我国台湾、香港、澳门地区开展专业进修，提升了整体服务能力。完善了国际型医疗卫生人才培养的选拔、培训、跟踪监督以及绩效评估机制。利用国家引智政策，海外高层次卫生人才引进工作进一步得到加强。

健康产业发展得到促进。社会办医得到进一步支持。政策环境进一步优化，鼓励社会力量兴办健康服务业，优先支持举办非营利性医疗机构。落实非营利性社会办医院和公立医院政策规定的同等待遇。全省按每千常住人口1.5张左右床位给非公立医疗机构留出足够空间。引导非公立医疗机构向高水平、规模化方向发展，鼓励发展专业性医院管理集团。鼓励社会资本大力发展康复、精神病、老年病、慢性病和临终关怀等紧缺型医疗机构；鼓励社会资本在城乡接合部、城市新区以及医疗资源相对薄弱的欠发达地区投资举办一定规模的专科医疗机构；鼓励现有非公立医疗机构向"专、精、优"方向发展，不断提高竞争力。非公立医疗机构管理进一步规范，非公立医疗机构服务能力和服务质量进一步得到提高。老年健康服务进一步发展。积极应对人口老龄化，提高老年人健康素养。开展老年常见病、慢性病的健康指导和综合干预，推广以慢病管理和老年营养运动干预为主的适宜技术，65岁以上老年人健康管理率为70%以上。长期护理保险制度试点工作有序开展。开展老年心理健康和关怀服务。积极防治老年性痴呆症。推进"百岁健康"建设，为"百岁健康"创建活动提供政策支持和专业保障。医养结合加快推进。统筹医疗卫生与养老服务资源布局，创建健康养老服务模式，推动医疗卫生与养老服务融合发展。中医药健康服务和健康旅游进一步发展。支持了社会力量举办规范的中医养生保健机构，培育了一批技术成熟、信誉良好的知名中医养生保健服务集团或连锁机构。开展了中医特色健康管理。促进了中医特色康复服务机构发展。鼓励新建以中医药健康养老为主的护理院、疗养院。健康商业保险进一步发展。鼓励企业和个人通过参加商业保险及多种形式的补充保险解决基本医保之外的需求。鼓励商业保险公司提供多样化、多层次、规范化的产品和服务。推进健康产业集聚发展。大力发展健康服务产业集群。启动湖南省健康产业园区项目建设，鼓励各地结合本地实际和特色优势，合理定位、科学规划，在土地规划、市政配套、机构准入、人才引进、执业环境等方面给予政策扶持和倾斜，打造健康服务产业集群，推进健康服务业集聚发展。

（六）社会治理体系更加完善

湖南全面推动社会治理主体多元化、治理机制科学化和治理手段智慧化，坚持党委领导、政府负责、民主协商、社会协同、公众参与、法治保障、科技支撑，社会治理体系进一步完善，基本建成人人有责、人人尽责、人人享有的社会治理共同体。

基层党建引领作用进一步发挥。加强分类指导，统筹推进了农村、城市、机关、企事业单位、非公有制经济组织和社会组织等各领域基层党建工作，以高质量党建引领高质量发展。基层党组织领导力进一步提升，村（社区）"两委"班子建设进一步加强，顺利抓好新一轮村（社区）"两委"班子换届，选优配强党组织书记，实施基层党组织带头人整体优化提升行动，加大对基层后备力量的培养力度。基层党组织执行力得到提升，持续推进党支部标准化规范化建设，实施党支部"五化"建设提质工程，开展了"千支示范、万支提升"行动，深入推进了抓党建促巩固脱贫攻坚同乡村振兴有效衔接，推动基层党组织全面进步、全面过硬。

基层治理能力进一步加强和完善。完善了基层公共服务，推动社会治理和服务重心向基层下移，持续完善了乡镇权力清单、责任清单和公共服务事项清单，加快推进基层公共服务全覆盖，加强和规范村（社区）综合服务设施建设。推动了公共服务多元供给，扶持社会力量兴办公益性机构和经济实体，向社会组织、市场主体、民办社工机构购买服务，提升专业化服务水平。关心关爱基层工作者，推进基层减负赋能，健全社区工作者职业体系，实施城乡社区工作者能力素质提升工程，引导优秀人才向基层流动。构建了智能化治理格局，推动大数据等科技手段与社会治理深度融合，构建网格化管理、精细化服务、信息化支撑的基层管理服务平台。县域风险防控和县域警务工作进一步加强。基层自治水平进一步提升。健全了党组织领导的自治、法治、德治相结合的城乡基层治理体系，全面实施村（社区）依法自治事项清单、协助政府工作事项清单和减负工作事项清单，村（社区）工作事项准入制度进一步健全，基层群众性自治组织规范化建设得到进一步加强。开展了市域社会治理现代化试点，抓好县、乡、村三级社会治理创新。基层自治进一步规范，完善了城乡社区居民基层民主制度，基层民主渠道进一步拓宽，健全了小微权力监督制约机制，建立了群众自治公约指导规范，推动村规民约、居民公约和村（居）民自治章程全覆盖，不断提高基层自治的效率和质量。基层文明建设进一步加强，开展了文明家庭、文明邻里、文明村组建设，发挥家庭家教家风作用，良好社会风尚基本形成。

多元化解矛盾能力进一步加强。保障群众合理合法诉求，完善信访制度，畅通和规范群众诉求表达、利益协调、权益保障通道，健全社会心理服务体系和危机干预机制，从源头减少矛盾纠纷。加强调解工作，坚持和发展新时代"枫桥经验"，完善人民调解、行政调解、行业性专业性调解、司法调解联动工作体系，健全多元化纠纷解决机制，加强专业人民调解员和基层网格员队伍建设，努力将矛盾化解在基层。

社会协同参与度进一步提升。充分发挥社会组织作用和行业协会商会自律功能，培育发展基层生活服务类、慈善互助类、专业调处类社会组织，畅通和规范市场主体、新社会阶层、社会工作者和志愿者等参与社会治理的途径。发挥群团组织桥梁纽带作用，积极引导工会、共青团、妇联等群团组织参与社区共治，实现政府治理和社会调节、居民自治良性互动。发挥社区社会组织作用，打造覆盖公益慈善、社区事务、志愿服务、文娱体育、居民互助和文明创建等诸多领域的社区社会组织网络，在强化基层党建、服务基层群众、引领乡风文明、化解矛盾纠纷等方面发挥积极作用，满足群众多样化、个性化的需求，确保社会治理微循环体系有效运转。

社会治理智能化水平进一步提高。社会治理智能化理念进一步强化。大数据、移动互联、云计算和人工智能等现代科技与经济社会发展的深度融合，极大地改变甚至重塑了社会生产和社会组织的关联形态。数字化服务水平不断提升。整合共享政务数据，全面整合条块分割的政务数据资源，突破政务数据的区域、部门和层级限制，建成对内一体化政务信息系统和对外一体化信息资源共享平台，提升政务数据信息的整合覆盖、分级管理、统筹利用和互认共享水平。深入推进"互联网+政务服务"，有效拓展公共服务职能，扩大政务服务种类和覆盖面，提高公共服务效率，精准有效破解区域、城乡公共服务供需不平衡难题。法律、标准、示范等的规范引导作用进一步发挥。发挥法律规范、标准引领、示范带动在数据整合应用、平台接入、服务价值、应用安全管理等方面的重要作用，完善权责清单和服务指南，鼓励社会治理主体依法参与政务数据的开发利用，提升政务数据服务社会治理的综合效能。推进了智慧城市建设，加强了智能化基础设施建设，推动不同领域数据互联互通，提高数据使用效率。进一步探索了网络化社会治理新模式。坚持以社会主义核心价值观为引领，加强宣传引导，在城乡社区基层组织进行线下配套制度建设和服务宣介。鼓励、引导和支持民间志愿者和社会团体依法有序参与社会治理。以网络为依托，调动群众参与社会治安综合治理的积极性，丰富群众依法参与社会治理的方式和渠道，形成了推进社会治理智能化的强大合力。

全面建成小康社会的民生实践启示我们：党和政府要随时倾听人民呼声、满足人民需求、回应人民期待，不断满足人民群众日益增长的美好生活需要，在幼有所育、学有所教、劳有所得、病有所医、老有所养、住有所居、弱有所扶上不断取得新进展，使全体人民在共建共享发展中有更多获得感、幸福感、安全感。

六、从绿色大省到建设生态强省

　　小康全面不全面，生态环境质量是关键。生态文明建设是中国特色社会主义事业的重要内容，关系人民福祉，关乎民族未来，事关"两个一百年"奋斗目标和中华民族伟大复兴中国梦的实现。党的十八大把生态文明建设纳入中国特色社会主义事业"五位一体"总体布局。党的十九大更进一步把"污染防治攻坚战"列为决胜全面建成小康社会的三大攻坚战之一。党的十八大以来，以习近平同志为核心的党中央提出一系列关于生态文明建设的新理念、新思想、新战略，为7000多万湖湘儿女指明"生态优先，绿色发展"大方向。湖南省委、省政府深学笃行习近平生态文明思想，坚决落实生态强省战略部署，全面打响污染防治攻坚战，强力推进生态文明建设和生态环境保护，取得明显成效。

（一）生态文明制度体系更加完善

　　党的十八大首次提出建设"美丽中国"，把生态文明建设放在突出地位。党的十八届三中全会通过《中共中央关于全面深化改

155

革若干重大问题的决定》，提出紧紧围绕建设美丽中国深化生态文明体制改革，加快建立生态文明制度，健全国土空间开发、资源节约利用、生态环境保护的体制机制，推动形成人与自然和谐发展现代化建设新格局。在习近平生态文明思想的指引下，湖南坚持一张"绿色发展"蓝图绘到底，并将其化为"建设天蓝地绿水清土净的美丽湖南"的部署和行动，共建共享天蓝、地绿、水清、土净的美丽家园，使绿色成为湖南高质量发展的亮丽底色。

2013年11月，习近平总书记来到湖南考察，对湖南生态文明建设寄予殷切期望，作出"牢固树立尊重自然、顺应自然、保护自然的生态文明理念，推进绿色发展、循环发展、低碳发展，真正把生态系统的一山一水、一草一木保护好"的重要指示。2018年4月，习近平总书记在调研长江经济带发展战略时，来到湖南岳阳，察看非法砂石码头取缔及整治复绿、湿地修复情况。"修复长江生态环境，是新时代赋予我们的艰巨任务，也是人民群众的热切期盼。当务之急是刹住无序开发，限制排污总量，依法从严从快打击非法排污、非法采砂等破坏沿岸生态行为。绝不容许长江生态环境在我们这一代人手上继续恶化下去，一定要给子孙后代留下一条清洁美丽的万里长江！"习近平总书记嘱咐湖南继续做好长江保护和修复工作，坚持共抓大保护、不搞大开发，"守护好一江碧水"。2020年9月16日至18日，习近平总书记在湖南考察期间，勉励湖南牢固树立绿水青山就是金山银山的理念，在生态文明建设上展现新作为。要求坚持共抓大保护、不搞大开发，做好洞庭湖生态保护修复，统筹推进长江干支流沿线治污治岸治渔，做好渔民转产安置和民生保障工作。持续改善生态环境质量，落实生态环境保护责任制，坚决打好蓝天、碧水、净土保卫战。统筹推进山水林田湖草系

提质改造后，位于长江沿岸的岳阳市君山华龙码头，一望无际的芦苇与一江碧水相映成趣

统治理，推动生态系统功能整体性提升。加强农业面源污染治理，推进农村人居环境整治。

湖南将习近平总书记关于长江经济带"共抓大保护、不搞大开发"的重要指示和对湖南"真正把生态系统的一山一水、一草一木保护好""守护好一江碧水"的殷殷嘱托，化为坚持生态优先、绿色发展的坚定决心和有力行动，迈出美丽湖南建设坚实步伐。

2013年1月，省十二届人大第一次会议政府工作报告中描绘了美丽湖南的美好前景。同年7月，省委十届七次全体（扩大）会议审议通过的《关于分类指导加快推进全面建成小康社会的意见》，要求洞庭湖区大力推进湖区生态建设，到2020年建成全国农业现代化和生态文明建设示范区。2014年，湖南省委、省政府作出总体部署，把生态文明体制改革纳入全面深化改革重要内容，审议通过《湖南省环境保护工作责任规定（试行）》和《湖南省重大环境问题（事件）责任追究办法（试行）》，湖南环境保护工作责任体系建设取得重大突破。2015年4月，《湖南省生态文明体制改革实施方案（2014—2020年）》正式出台，对湖南生态文明体制改革进行了顶层设计。该方案是全国第一个同类改革实施方案，按照"源头严防、过程严管、后果严惩"的思路，提出加快健全自然资源资产产权和用途管制、划定生态红线、生态补偿、节能减排治污市场化、生态环境保护责任体系、法治保障等方面的制度，明确了任务书、时间表和责任单位。湖南生态文明体制改革打出"组合拳"，从此揭开全面推进的帷幕。同年11月，湖南省委十届十五次全体（扩大）会议从全面建成小康社会的高度，提出"建设富饶美丽幸福新湖南"的新愿景。

2016年11月，省第十一次党代会把建设生态强省纳入"五个强省"战略目标，要求建设山清水秀、天朗地净、家园更美好的美丽湖南。由省委书记任组长的省突出环境问题整改工作领导小组、由省长任主任的省生态环境保护委员会陆续应时而生，全面加强组织领导和靠前指挥。2017年11月，省委全面深化改革领导小组第三十次会议审议通过《湖南省生态保护红线划定方案》，通过生态保护红线的划定，落实"生态强省"发展战略，守护好"一湖三山四水"生态安全屏障，为全省生态保护与建设、自然资源有序开发和产业合理布局提供重要支撑，为建设富饶美丽幸福新湖南奠定生态基础。2018年1月30日，省委、省政府印发《湖南省环境保护工作责任规定》《湖南省重大环境问题（事件）责任追究办法》，在全国率先开展污染防治攻坚战考核，压紧压实政治责任。明确各级各部门的生态环境保护工作职责，在全国各省份中成为首例，被生态环境部称赞。5月11日，中国共产党湖南省第十一届委员会第五次全体会议通过《中共湖南省委关于坚持生态优先绿色发展，深入实施长江经济带发展战略，大力推动湖南高质量发展的决议》，以顶层设计锚定发展方向。《决议》明确，认真贯彻习近平总书记关于长江经济带发展战略思想，全面落实习近平总书记考察岳阳时强调"守护好一江碧水"的重要指示。6月13日，省委组织召开全省生态环境保护大会。会议强调，要深学笃用习近平生态文明思想，进一步动员全省各方力量，全力以赴打好污染防治攻坚战，奋力开创新时代湖南生态文明建设新局面。7月19日，湖南省第十三届人民代表大会常务委员会第五次会议通过《关于加快推进生态强省建设的决定》，从法治层面推动《决议》落到实处。

机制体制改革创新为生态文明建设提供全方位、全地域、全过程保护，与党政同责、一岗双责、失职追责、终身追责的责任体系相配合，我省初步形成齐抓共管的大环保格局。2017年，接受首轮中央环保督察"大考"后，全省积极主动聚焦中央交办督办问题，坚决抓好突出问题整改。建立14位省级领导分片包干14个市州、4位省政府领导专项负责9个重点领域整改的工作机制。在全国率先出台突出生态环境问题整改验收销号系列文件，确保整改一个、验收一个、销号一个。一批历史遗留问题得到解决。2020年1月1日，湖南省生态环境领域出台的一部基础性、综合性的地方性法规——《湖南省环境保护条例》正式实施。这一贯彻落实习近平生态文明思想，用法治思维和法治手段解决湖南省环境保护领域突出问题的具体举措，对于保护和改善全省生态环境，防治污染和其他公害，促进绿色发展，推进生态文明建设具有十分重要的意义。同年12月，省委十一届十二次全会旗帜鲜明提出实施"三高四新"战略、建设现代化新湖南，把建设生态强省、美丽湖南作为重要内容。全会提出，坚持绿色发展，建设美丽湖南。牢固树立绿水青山就是金山银山理念，落实可持续发展战略，促进经济社会发展全面绿色转型，不断满足人民日益增长的优美生态环境需要。全面推动绿色低碳发展，持续改善环境质量，加强生态系统保护与修复，完善生态环境治理体系。截至2020年底，中央环保督察反馈的76个问题完成整改70个；中央环保督察"回头看"4226件信访件办结率在95%以上。在抓好中央环保督察反馈突出问题整改的同时，我省完善了省级环保的制度设计，开展了覆盖全省的两次环保督察，解决了一大批长期存在的生态环境难题。2021年4月25日，生态环境部与湖南省人民政府在京签署强化支撑以生态环境高水平保护促进经济高质量发展的合作框架协议。双方将在深入打好污染防治攻坚战、积极应对气候变化、加快推动生态环境治理体系和治理能力现代化等方面开展合作。此协议将深化部省全面合作，推动坚持生态优先、推动高质量发展、创造高品质生活有机结合、相得益彰，共同探索形成生态文明和美丽中国建设可复制可推广的经验模式，为全国提供有益借鉴。

（二）蓝天碧水净土守护成效显著

生态是湖南最大的资源，山水是湖南最靓的名片。党的十八大以来，湖南以"一湖四水"为主战场，以大气、水、土壤的治理为重点，付出艰苦卓绝努力，生态文明建设取得阶段性成果。

打好碧水保卫战。湖南拥有"一湖四水"及大大小小5000多条河流，水资源总量居全国第六。党的十八大以来，湖南将湘江保护与治理作为省"一号重点工程"、开展洞庭湖生态环境专项整治、加强长江岸线专项整治、推行河长制"全面见效"、实施生态修复和环境保护工程，水质持续好转。

湘江环境污染治理。湘江流域集中了湖南60%左右的人口、75%以上的生产总值，也集中了60%以上的污染。2013年4月，

湘江碧水蜿蜒流过常宁

《湖南省湘江保护条例》正式实施，成为我国第一部江河流域保护
的综合性地方法规。同年9月，湖南确定湘江治理和保护为省"一
号重点工程"，湘江流域沿线各地打响水环境治理攻坚战。湘江治
理战役分为"堵源头""治调并举""巩固和提高"3个阶段，连
续实施3个"三年行动计划"。2014年3月《〈湖南省湘江保护条
例〉实施方案》出台，标志着省"一号重点工程"湘江保护与治理
工作正式确定了"路线图"。以湘江为突破口，湖南的治水理念持
续升级，实现"一江一湖四水"系统联治。2017年全省江河湖库全
面实行河长制，河长制的责任体系、制度体系、工作体系基本建
立，各级党委、政府主要领导带头履职尽责，建立了一支覆盖省、
市、县、乡、村五级总数3.57万余人的河长队伍，初步形成了上下
联动、部门协同、齐抓共管的河湖保护格局。湘江污染源，主要来
自流域五大工矿企业集中区域：湘潭竹埠港、株洲清水塘、衡阳水

口山、娄底锡矿山、郴州三十六湾。厂矿关停，阵痛剧烈。但计在长远，利在百姓，必须壮士断腕。2018年12月30日，清水塘老工业区261家企业实现全面关停退出，成为省"一号重点工程"的标志性成果。切除大"毒瘤"，还要清理小"脓肿"。湘江流域83个省级工业园区，配套建成污水集中处理设施；县以上城镇，建立生活污水和垃圾无害化收集处理设施；湘江干流及一级支流禁养区内，规模畜禽养殖场全部退出；严控河道采砂；全面整治"僵尸船"……治理和保护不是"一场风"，而是"钉钉子"。为此，省政府专门成立湘江保护协调委员会和湘江重金属污染治理委员会，协调20多个省直部门以及湘江流域8市67个县市区参与保护和治理。湘江保护和治理工作纳入政府绩效考核，并逐步加大考核比重，推动各级各部门主动作为，治污力度之强、监管执法之严、环境变化之大前所未有。6年多来，历经刮骨疗毒式的治理，湘江水质一天天变好变优。流域关闭涉重金属污染企业1200多家，关闭"散、乱、污"企业近1600家；实现县级及以上城镇生活污水、垃圾收集处理设施全覆盖，治理水土流失面积超750平方公里，复绿矿山1500多公顷。新增造林面积500多万亩，鱼类资源以年均5%左右的速度递增。湖南闯出一条重点流域污染治理的新路子，被新华社誉为"中国流域综合治理样本"。

修复洞庭。洞庭湖吞吐长江，是长江的"生态之肾"。2016年，湖南开始实施洞庭湖水环境治理五大专项行动，2017年底全面完成了主体任务，2018年开始启动洞庭湖生态环境整治三年计划，为系统抓好湘资沅澧"四水"上游环境治理，减少输入性污染，为洞庭湖环境治理腾出容量、减轻负荷，构建上下联动、流域共治的治理机制，湖南印发实施《统筹推进"一湖四水"生态环境综合整治总体方案（2018—2020年）》，实行水陆统筹、河湖联动、建管并举，系统推进资江、沅江、澧水流域水污染防治、水生态修复、水资源管理和防洪能力提升，构建起一体化的生态环境综合治理格局，建设水清、河畅、岸绿的生态水网。在2017年12月洞庭湖保护区核心区内9.05万亩欧美黑杨全部清理完毕后，洞庭湖着手拆除非法矮围网围。2018年6月，洞庭湖区面积最大的非法矮围下塞湖矮围全部被拆除。在拆"围"之战中，湖南以雷霆手段、霹雳之势，将下塞湖18692.6米矮围全部拆除。堤内堤外连通起来，下塞湖完全融入洞庭湖。洞庭湖专项整治铁腕重拳，十大重点领域、九大重点片区整治全面推进，47万亩矮围网围依法拆除，38.6万亩欧美黑杨清除到位。2020年，洞庭湖总磷平均浓度比2015年下降46.4%。

呵护岸线。万里长江流经湖南岳阳，入华容、出临湘，蜿蜒163公里。为"守护好一江碧水"，湖南除了要力保从洞庭湖城陵

清除洞庭湖区欧美黑杨

矶汇入长江的水体清洁，还要细心呵护这163公里岸线。

2018年5月，湖南召开长江岸线整治专题会议，按照"高位协调、属地负责，专项整治、边整边改，推进整合、限期完成"的总体要求，以超常规的举措集中开展长江岸线专项整治。推进长江保护修复攻坚战八大专项行动和"4+1"工程，清理整治27个长江干流岸线利用项目。湖南以壮士断腕的决心，全面开展港口岸线整治，着力打造"最美长江岸线"。退出复绿42个泊位，40个泊位完成提质改造，退还岸线7302米，不少码头复绿后成为沿江风光带、休闲公园。位于湘江航道与长江航道接入点的城陵矶是长江八大良港之一，更是湖南"一湖四水"各大港口的母港，也成为整治的重点。仅城陵矶老港单个项目提质改造就投入了4.1亿元，建造了长江流域首个巨型"胶囊"式散货大棚，还获得了中国建工协会"中国钢结构金奖"。一幅"水清、岸绿、滩净、景美"的生态画卷，正在长江堤岸内外徐徐展开。长江湖南段干流及湘江两岸非法码头、非法采砂场全部取缔，岸边10公里范围内的545座废弃露天矿山全面修复，长江大堤沿线造林绿化近2万亩，"绿色长城"进一步筑牢长江腹地生态屏障，长江湖南段断面水质稳定达到Ⅱ类，为多年来最高水平。"最美长江岸线"的建设经验也迅速被推广到湘江干线和洞庭湖及资水、沅水、澧水干线。2020年初，湘江非法码头渡口整治拉开帷幕，106处码头被纳入关停取缔名单，85处码头被列为规范提升码头，共计退出岸线40840米。

2020年1月1日起，长江流域重点水域相继进入为期10年的常年禁捕期。实施长江禁捕，是以习近平同志为核心的党中央作出的为全局计、为子孙谋的重大决策，是扭转长江生态环境恶化趋势的关键之举。2020年以来，省委省政府多次专题部署长江禁捕退捕工

华容县持续推进长江岸线整治和生态修复工程，呈现"水清、岸绿、滩净、景美"的生态画卷

作。全省摸清底数，建档立卡，不漏一船一户一人，科学有序做好退捕渔船回收处置补偿；开展声势浩大的"长江禁捕打非断链"专项行动。2.9万渔民全部转产安置，湖湘水域"万船捕捞、涸泽而渔"彻底成为历史。

碧波荡漾，鱼翔浅底。2020年，湖南水环境"国考"取得高分——考核断面中水质优良率为93.3%，比2017年提高5个百分点。

打好蓝天保卫战。湖南按照创新、协调、绿色、开放、共享的发展理念，以改善空气质量为核心，以降低污染物排放为主线，统筹兼顾、标本兼治，采取行政、市场、经济、科技等综合手段，着眼"抓重点、强弱项、补短板"，打好"三大战役"，让"浅蓝"变"深蓝"、"局部蓝"变"全省蓝"，使人民群众的蓝天幸福感全面增强。

一是着眼"抓重点"，打赢蓝天保卫的"攻坚战"。"打蛇打七寸。"打赢蓝天保卫战，重在精准，关键在聚焦重点治理，打好"攻坚战"，湖南主要在推进重点领域、重点时段、重点区域的大气污染防治上下功夫。攻坚重点领域，主要是加强工业、城建、交通等重点行业的治理。攻坚重点时段，主要是加强重污染天气、节假日、夜间等重点时段治理。攻坚重点区域，主要是加强主城区、产业集聚区、城乡接合部等重点区域治理，落实"网格化"监管措施。

二是着眼"强弱项"，打赢蓝天保卫的"运动战"。"运动战"之一：实施"蓝天保卫战"三年行动计划。按照《湖南省"蓝天保卫战"实施方案（2018—2020年）》的要求，建立健全大气环境管理体系，强力推进工业污染防治、移动源污染防治、扬尘污染综合整治、面源污染综合防治等主要工作措施。"运动战"之二：实施长株潭大气污染防治特护期。长株潭地区是湖南经济最发达的地区，也是大气质量最差的地区，特别是冬春季重污染天气频发，成为湖南大气环境质量改善的重点和难点。为此，湖南决定将每年的10月16日至次年的3月15日确定为长株潭大气污染防治特护期。

"运动战"之三：提高公众参与程度。利用各种新闻媒体，及时发布环境空气质量状况及预警信息，宣传大气污染防治相关政策措施及科普知识，引导公众从点滴做起、从身边的小事做起，提高全民环保意识和实践能力，在全社会树立起"同呼吸、共奋斗"的行为准则。

三是着眼"补短板"，打赢蓝天保卫的"持久战"。"病来如山倒，病去如抽丝。"大气污染不是一朝一夕形成的，打赢蓝天保卫战，也不可能毕其功于一役，需要持续发力、久久为功。湖南着眼"补短板"，打好产业转型升级、制度机制建设、治理科技创新、绿色文化培育的"持久战"。打好"产业护蓝"的持久战。大气污染的治本之策就是坚持绿色发展理念，努力推动高质量发展。打好"制度保蓝"的持久战。制度才能管根本、管长远。湖南加强了大气污染治理的地方立法，出台了《湖南省大气污染防治条例》等。打好"科技增蓝"的持久战。科技在湖南大气污染防治工作中能够成为得力"帮手"。一方面，是以科技加强蓝天保卫战的"情报"系统，全面启动"数字环保""智慧环保"建设，增加、调整优化空气质量自动监测站，建立覆盖省、市、县三级的大气监测网络，以科技创新引领我省大气污染防治进入到精准管理新阶段。另一方面，是以科技升级蓝天保卫战的"武器"装备，加大大气污染防治工艺技术装备研究、示范和推广力度，不断提升湖南环保企业的自主创新能力；支持组建大气污染防治等环境治理技术创新及成果转化平台和创新战略联盟，定期开展环保产业、技术展览交流，通过装备升级提升湖南环保企业打赢蓝天保卫战的"作战能力"。

湖南市区空气优良天数从2013年的214天增加到2020年的317天。蓝天常伴、繁星常亮，2020年全省14个市州的平均空气质量首次达到国家二级标准。

打好净土保卫战。湖南素以"有色金属之乡"著称。有色金属品种多，储量大，锑储量居世界第一位；钨、铋储量均居中国第一位；铅储量居中国第三位；锌、汞储量均居中国第五位。受土壤重金属背景值高、土壤酸化、有色金属开采冶炼等历史遗留因素影响，土壤环境质量一直不容乐观。党的十八大以来，湖南省委、省政府不断加大土壤污染防治力度，通过"四个着力"强力推进"净土保卫战"，力争实现土壤污染风险安全可控，为确保全省粮食和农产品安全打下坚实基础，为建设富饶美丽幸福新湖南提供坚强保障。

着力源头管控，立好土壤污染防治总规矩。一是强化顶层设计，制定《湖南省土壤污染防治工作方案》及年度工作方案、《湖南省重金属污染防控实施方案（2018—2020年）》、《资江流域锑污染整治实施方案》等专项治理方案，明确全省土壤污染防治工作的时间表和路线图，压紧、压实各级各部门土壤污染防治工作责任。二是加大土壤污染防治法治建设力度，先后颁布实施《湖南省农业环境保护条例》《湖南省农产品质量安全管理办法》《湘江流域重金属污染治理实施方案》《湖南省重金属污染综合防治"十二五"规划》等政策规章；启动《湖南省实施〈中华人民共和国土壤污染防治法〉办法》立法工作。三是系统构建标准体系，健全土壤污染防治相关标准和技术规范，发布农用地、建设用地土壤环境质量标准、治理与修复等技术规范和技术标准；严守"三线一单"，强化对污染场地的管控，差别化地制定准入政策，完善土壤污染防治的制度和法制体系。四是严厉打击环境违法行为，形成高压态势。对涉重金属企业排污进行严格监控，以市州为单元动态更新土壤环境重点监管企业名单并公示，关停并转了一批涉重金属污染企业。

着力强化基础，提升土壤污染防治硬实力。一是统一规划、整合优化土壤环境质量监测点位，建成国家、省、市、县四级土壤环境质量监测网络体系，全省14个市州的116个县（市、区）共布设2336个常规监测点位。二是不断提升土壤环境信息化管理水平，利用生态环境、自然资源、农业农村等部门相关数据，建立土壤环境基础数据库，构建土壤环境信息化管理平台；借助移动互联网、物联网等技术，拓宽数据获取渠道，实现数据动态更新。三是加强土壤污染防治科技攻坚，整合高校、研究机构、企业等科研资源，开展土壤环境容量与承载能力、污染物迁移转化规律等基础研究，推进土壤污染诊断、风险管控、治理与修复等共性关键技术研究。四是加大适用技术推广力度，根据湖南省重金属污染耕地修复及农作物种植结构调整试点情况，推广应用VIP+n修复治理技术模式。打造开放式平台，开展国际合作研究与技术交流，引进消化国内外先进技术和管理经验。

着力协同推进，全方位开展土壤污染防治。一是将土壤污染防治纳入"夏季攻势"重点任务，狠抓区域、流域涉镉等重金属行业企业污染排查整治工作，强力推进资江流域、东安等区域的锑污染历史遗留问题整治，启动对365家重点污染源的整治工作；针对"13个断面重金属超标问题"，组织开展重金属污染重点防控区域水质监测工作，全面调查分析，发布季度专报，发现问题及时整改。二是强力推进土壤污染修复治理。在安乡县、石门县、冷水江市、慈利县、安化县及苏仙区开展2016年至2018年土壤治理与修复

安乡县安丰乡农用地土壤污染治理与修复项目种植的花生

成效评估试点工作，修复农田面积5763.9亩，修复污染场地土方量29.68万立方米。探索修复治理，选择郴州市桂阳县和苏仙区两个片区，对5000亩重金属污染农田开展修复示范。三是开展土壤重金属污染防治管控试点，选择湘潭市雨湖区、湘潭县4000亩耕地，开展"农产品产地土壤重金属污染防治"禁止生产区划分试点；先行试点耕地分类管理，对已完成耕地土壤与农产品重金属污染协同调查的长株潭地区和湘江流域32个县（市、区）稻田按照优先保护区、安全利用区、严格管控区三类进行污染分区；开展耕地土壤环境质量类别划分试点工作；率先在长株潭地区启动重金属污染耕地修复治理及农作物种植结构调整试点，为全国耕地土壤污染防治工作积累了宝贵经验。

着力重点攻坚，大力整治湘江流域重金属污染。从2013年开始，将湘江保护和治理列为省政府"一号重点工程"，连续实施三个"三年行动计划"，坚持堵调（堵源头、调结构）并举，突出重点区域，流域重金属污染治理取得突破性进展。第二个"三年行动计划"收官后，湘江干、支流157个考核断面中，Ⅰ—Ⅲ类水质断面占98.7%，干流汞、铬、铅、砷、镉五种重金属因子年均浓度与2012年相比，分别下降了54%、58%、22%、32%和72%。2020年，湘江流域水质总体为优。湘江流域共监测157个考核断面，Ⅰ—Ⅲ类水质断面155个，占98.8%；Ⅳ类水质断面1个，占0.6%；劣Ⅴ类水质断面1个，占0.6%。干流39个考核断面水质均达到或优于Ⅲ类标准。支流118个考核断面中，116个水质均达到或优于Ⅲ类标准。全省受污染耕地和污染地块安全利用率达到国家考核要求，完成全省农用地土壤污染状况详查，排查整治428家涉镉重金属重点行业企业，土壤环境安全可控。

（三）新旧动能转换加速绿色转型

2016年3月8日，习近平总书记参加十二届全国人大四次会议湖南代表团审议时，对湖南殷殷寄语："要创造性开展工作，着力推进供给侧结构性改革，着力加强保障和改善民生工作，着力推进农业现代化，让广大人民群众有更多获得感。"湖南省委、省政府牢记总书记嘱托，深入贯彻落实习近平生态文明思想，把推进供给侧结构性改革作为高质量发展的主线，坚定不移走生态优先、绿色发展之路，促进经济社会发展全面绿色转型，让绿水青山变成金山银山。

在省委、省政府的坚强领导下，全省各地逐渐摒弃以牺牲环境为代价的发展老路，走上生态优先、绿色发展的新路。从绿色发展指标体系、绿色考核评价体系，到绿色工厂、绿色矿山、绿色建筑、绿色出行，我省经济社会全方位绿色转型的步伐加快。

先行先试建两型，打造长株潭样本。党的十八大以来，湖南认真贯彻落实党中央决策部署，以长株潭两型社会试验区为龙头，将两型社会建设和生态文明改革不断推向深入，在生态优先、绿色发展的道路上奋力奔跑。2018年2月，新华社以《"1+1+1＞3" 湖南长株潭城市群一体化发展启示录》为题，聚焦长株潭城市群一体化发展取得的突出成绩。生态绿心是长株潭三市的重要生态屏障，也是湖南两型社会改革建设的重要标志。像保护眼睛一样保护长株潭城市群生态绿心。多年来，湖南将绿心保护摆在突出位置，90%以上的面积禁止和限制开发，先后出台绿心地区总体规划和保护条例，地方立法保护一片绿地，开全国先河。层层签订绿心保护责任状，大规模复绿护绿，补齐生态欠账；覆盖全域的"天眼"系统，通过卫星紧盯绿心范围内每一块土地的变化、每一起破坏生态的行为；执行最严格的产业准入。长沙坪塘、株洲清水塘、湘潭竹埠港——这3个被列入湘江流域重金属污染治理重点区域的工业区，经历了一场重生式的大改造。坪塘21家企业全部退出，清水塘200多家企业进行了退出、搬迁、升级，竹埠港28家化工企业全部关停，彻底切断污染源头，"退二进三""腾笼换鸟"，三大工业区脱胎换骨。2019年3月，湖南发布修订后的《湖南省长株潭城市群生态绿心地区保护条例》。此后几年间，长株潭三市严格执法，先后整改、退出700余个不符合绿心规划要求的工业项目、300多个违法违规的建设项目。长株潭城市群生态绿心保护摒弃"摊大饼"式的城市群发展路径，按照紧凑布局、生态隔离、生态服务的组团式理念，长株潭两型社会试验区逐步探索出生态型、集约式、现代化的城市群发展新模式。长沙率先探索绿色发展新模式，获评"全球绿色城市"等多项绿色荣誉。株洲突出转型升级发展，实现由"全国十大空气污染城市"到"全国文明城市"的蝶变。湘潭大力推进节能减排，荣获"全国污染减排与协同效应示范城市"等称号。一个具有国际品质的现代化生态型城市群在湘江两岸节节生长。

加快淘汰落后产能，大力整治"散乱污"企业。"十三五"期间，湖南分类整治3995户"散乱污"企业，突出抓好五大重点区域产业转型升级，株洲清水塘261家、湘潭竹埠港28家重化工企业全部退出。同时加快发展工程机械、轨道交通设备等20个工业新兴产业链，2020年，全省高新技术产业净增6804家。钢铁去产能。2016年8月，年产钢锭50万吨却背负高额负债的"僵尸企业"——华菱旗下的中冶湘重被关停。此后，全省持续打击取缔"地条钢"。三年内共查处"地条钢"生产企业12家，涉及粗钢产能345万吨。煤矿整治"散小乱"。关停小煤矿2000余家，淘汰煤炭落后产能600万吨，提前两年完成"十三五"煤矿整治任务。有色行业促升级。2018年底，株冶最后一座冶炼炉熄火关停，而承接株冶搬迁的常宁市水口山，以全新技术装备，崛起年产值可达350亿元的大型有色金属产业现代化示范基地。此外，全省大力整治烟花爆竹和造纸产业，烟花爆竹作坊式企业被勒令停产。2019年洞庭湖区全面退出造纸产能。

生态环境硬约束倒逼产业结构优化，企业提高绿色生产水平。"十三五"期间，全省生态环境投资年均增长12.1%，不安全的、落后的、环保不达标的产能基本出清，成功创建国家级绿色园区7家、国家级绿色工厂75家，创建数量居全国前列。全省单位规模工业增加值能耗年均下降超过5%，累计下降20%以上。2019年，省委全面深化改革委员会第四次会议审议通过《关于全面推动矿业绿色发展的若干意见》，湖南矿业绿色转型有了时间表和任务书。《意见》以当前湖南矿业发展存在的突出问题为导向，以推动矿业"脱胎换骨式转变"为总的要求和方向，制定了矿业绿色发展的总体目标和政策措施。湖南大力实施"三高四新"战略，对生态文明建设提出了新的更高要求。全省以实现减污降碳协同增效作为促进经济社会发展全面绿色转型的总抓手，加快推动产业结构、能源结构、交通运输结构、用地结构优化调整。"一湖四水"沿线，大批低碳环保的高科技产业项目加速登场——株洲清水塘整体搬迁治理后，三一能源装备园、绿地滨江科创园等重大项目入驻，一座生态科技新城在崛起；湘潭竹埠港持续进行生态修复，一派田园风光，新兴服务业产业取代原有化工产业；"世界锑都"锡矿山去污还绿，攻克砷碱渣无害化处置难题，涉锑产业形成采冶、深加工与研发一体的产业结构，走上绿色循环经济之路……

拥抱绿色产业，聚焦"高精尖"，提升"含金量"。2021年5月25日，湖南省绿色制造产业联合会在长沙成立。2017年至2020年我省绿色制造体系建设在全国排名第八。《湖南省绿色设计产品评价管理办法》《湖南省政府采购两型（绿色）产品首购办法》在全国率先推出。湖南已崛起装备制造、农产品加工、材料3个万亿产业和电子信息、医药、机械等11个千亿产业。湖南奋力蹚出一条传统工业化转型升级的新路子，打出一套"加减乘除"的组合拳，推动产业结构变"轻"，发展模式变"绿"，经济质量变"优"。

冷水江市锡矿山，复绿矿区满目新绿

做"加法"，一批批两型项目火热上马，拓展产业新空间。做"减法"，加快落后产能退出，坚决不要带血的GDP、黑色的GDP。郴州作为"有色金属之乡"，矿业经济曾一度占全市生产总值50%以上、财政总收入60%以上。党的十八大以来，该市对"矿业经济"做"减法"，推进"农文旅"产业深度融合，走出传统资源依赖路径。做"乘法"，加快传统产业转型升级，"老树发新芽"。锡矿山至今已有120多年的锑矿采炼历史，锑品产量占全国50%以上，为全球提供了40%以上的锑品，被誉为"世界锑都"。但过去的肆意开采，遗留了大量生态环境问题和产业发展问题。冷水江市积极践行"两山"理论，改变"头痛医头、脚痛医脚"的传统思维，推动生态与产业良性互动、协调发展。娄底生态治理100万千瓦光伏项目在锡矿山开工，这是全国第一批以沙漠、戈壁、荒漠地区为重点的大型风电、光伏基地建设项目。项目投产后，每年将生产清洁电量12.7亿千瓦时，有效减少二氧化碳和灰渣排放。做"除法"，严把审批关，严格项目准入，从源头上减少污染发生。设置产业准入绿色门槛。严格执行投资项目用地、节能、环保等准入门槛，要求凡新上项目必须达到"两符三有"标准（符合国家产业政策、节能减排要求，有市场、有规模、有效益）。

扩大绿色优质农产品供给，农业加快绿色转型。党的十八大以来，湖南出台农业绿色发展系列举措，推进绿色生产，增加绿色优质农产品供给。"十三五"期间，湖南农业绿色发展水平明显提升，化肥农药利用率达到40%，秸秆综合利用率达86%，养殖废弃物资源化利用率达75%，农膜回收率达81%。种植业方面，湖南确保粮食面积7030万亩以上，其中高档优质稻面积达到1300万亩。加快低产果园品改，推进有机茶园建设。支持"湖南茶油""湖南菜籽油""湖南红茶""安化黑茶"等省级区域公用品牌和"南县小龙虾""崀山脐橙""岳阳黄茶"等片区特色品牌建设,新增打造"湘江源蔬菜""湖南辣椒"等省级区域公用品牌和"湘赣红""洞庭香米"等片区特色品牌建设。养殖业方面,深入实施"优质湘猪"工程,推进"集中屠宰、品牌经营、冷链流通、冷鲜上市";抓好6个家禽产业带建设,打造6个草食动物优势产业区。发展生态健康养殖,名特优水产品种放养面积达到200万亩、稻渔综合种养面积发展到500万亩。持续实施化肥农药减量增效行动。果菜茶加大有机肥替代化肥示范,打造一批全程绿色防控示范样板。大力扶持绿色食品、有机食品和农产品地理标志认证,带动标准化生产,全省绿色、有机、地理标志农产品有效总数达3421个。绿色优质农产品,既靠"产"出来,也靠"管"出来。2020年,湖南推行食用农产品"身份证"管理制度,农产品带"证"上市、凭"证"入市,为绿色优质农产品销售大开"绿灯"。2021年1月至6月,全省绿色食品产业加快壮大,有效个数、实物总量、企业利润均保持两位数增长。全省有效使用绿色食品标志产品总数达3050个,居中部地区第2位;有效使用有机食品标志产品总数245个,在中部各省排名第一。

(四)绿色低碳发展彰显湖南担当

气候变化是当今人类面临的重大全球性挑战。积极应对气候变化是我国实现可持续发展的内在要求,是加强生态文明建设、实现美丽中国目标的重要抓手,也是我国履行负责任大国责任、推动构建人类命运共同体的重大历史担当。2020年9月22日，习近平主席在第七十五届联合国大会一般性辩论上宣布，中国将提高国家自主贡献力度，采取更加有力的政策和措施，二氧化碳排放力争于2030年前达到峰值，努力争取2060年前实现碳中和。党的十八大以来，湖南坚定不移走低碳发展、绿色发展、科学发展、可持续发展之路，围绕碳达峰、碳中和既定战略目标，深入探索发展绿色低碳循环经济，着力培育壮大低碳经济和低碳产业，碳排放强度显著下降，在应对气候变化全球性行动中彰显湖南担当。

完善和制定相关政策。出台了《湖南省"十二五"控制温室气体排放工作方案》《湖南省十大清洁低碳技术推广实施方案》《湖南省应对气候变化中长期规划（2014—2020年）》《湖南省实施低碳发展五年行动方案（2016—2020年）》《湖南省"十三五"节能减排综合工作方案》以及《长株潭两型试验区清洁低碳技术推广实施方案（2017—2020年）》等政策法规，成立了全国首家致力于国际低碳技术转移的重要平台。2020年12月31日，湖南省生态环境厅正式发布了《湖南省企事业单位环保信用评价管理办法》《湖南省产业园区环保信用评价管理办法（试行）》，在修订了原有管理办法的基础上，全国首创性地将产业园区纳入了环保信用评价体系，有助于完善环保信用基本制度，规范企事业单位和产业园区生态环境保护工作，提高环境管理水平，推动绿色发展。

提前完成"十三五"碳强度考核目标。2020年，湖南二氧化碳排放总量约3.10亿吨，在全国排名位居第17，在中部六省位居第2；"十三五"期间，污染排放总量持续减少，温室气体排放量较2015年大幅下降，全省化学需氧量和二氧化硫排放量较2015年分别降低10.5%和26.5%，万元GDP二氧化碳排放累计降低19.8%，单位地区生产总值能耗累计下降19.4%，单位规模工业增加值能耗累计下降27.47%。工业、交通、建筑、公共机构等领域都完成能耗双控目标任务，提前完成国家下达给湖南18%的任务。2021年上半年国家发布能耗双控目标完成情况晴雨表，湖南能耗总量和强度都是绿灯，获得国家有关部门肯定。到"十三五"末，省级及以上园区和工业集中区集聚了全省近70%的规模工业增加值，节能环保产业跻身于全省14个千亿级工业产业。与此同时，湖南率先在全国非试点省份中建设温室气体排放数据直报平台，实现排放数据网上填报、核查和统计。从2016年开始，湖南委托第三方机构每年对企业开展碳排放报告核查和复核工作。全省31家火电企业共72台机组纳入2019年至2020年全国碳排放权交易配额管理，共计发放预配额5326万吨二氧化碳。

积极争取国家低碳试点。2017年1月，长沙、株洲、湘潭、郴州四个城市列入全国第三批低碳城市试点名单。此外，娄底市提出创建"零碳城市"；湘潭高新区、岳阳绿色化工产业园、益阳高新区获批国家级低碳试点园区；岳阳市和常德市获批国家气候适应型试点建设城市。长沙聚焦22个工业新兴及优势产业链，分链施策、精准发力，产业链建设获国务院通报表扬；大力发展新能源和可再生能源，超额完成"十三五"能耗下降目标，单位GDP碳排放全省最低；积极推广节能和绿色建筑，装配式建筑在全国示范城市中位于前列。株洲在全国率先启动了夏热冬冷地区被动式低能耗居住建筑项目，可节能90%以上。在湘潭，以新能源汽车装备、风力发电装备、储能装备等为主力的新能源产业稳步壮大。在岳阳，城陵矶老港环保提质改造，降低装卸费约三成，根除扬尘等污染问题，实现码头污水零排放；汨罗循环经济产业园区空气优质率达98.1%。

娄底出台了全国首个地市州《碳源碳汇核算报告》和《零碳经济发展规划》；郴州则结合国家循环经济试点、国家园林城市、绿化模范城市等建设，在低碳产业体系构建方面取得了阶段性进展。全国唯一全自然冷却数据中心示范基地——东江湖大数据产业园创新利用东江湖天然冷水资源，结合热管高效换热技术给数据机房降温，建设目前世界上公认的最绿色生态节能的"全自然冷却数据中心"，其数据中心电力使用效率PUE值（评价数据中心能源效率的指标）低于1.20，光伏、风电等绿电使用率超过60%，减少二氧化碳排放554万吨，实现数据中心真正的绿色运营。"全自然冷却数据中心"不仅填补了国内在该领域的技术应用空白，大幅提升散热效率、降低能耗，还可大大节省暖通建造成本，成为国内外建造成本最低的数据中心基地。

加强国际合作和基础研究。湖南先后与世界自然基金会（WWF）、英国驻广州总领事馆、亚洲开发银行、美国可持续发展社区协会签订了国际合作协议，在政策研究、平台建设、国际交流、低碳技术推广等方面开展了深入合作。2015年9月，亚洲开发银行与湖南签署《关于共同促进低碳技术开发与推广谅解备忘录》。2016年至2019年，双方连续四年联合举办亚太绿色低碳技术高峰论坛，累计全球有四十多个国家和地区、十多个联合国有关机构和国际组织派高级别代表参加。自论坛举办以来，先后发布了《长沙宣言——促进亚太地区低碳技术发展与应用倡议书》《十大低碳城市技术》《保卫蓝天20项低碳技术手册》等一系列研究成果；推进了金融机构、产业园区、技术机构与企业的合作，并先后评选了一批亚洲新能源青年领袖、年度亚洲清洁能源领创者，取得了丰硕的成果。论坛已成为亚太地区绿色低碳发展的重要知识分享和创新合作平台，是我国乃至亚太地区推动低碳发展的重要活动之一。从2017年起，亚洲开发银行对湖南在低碳城市建设领域开展智力支持，通过聘请国际专家团队，与湖南长沙、株洲、湘潭三市的地方政府一起，研究并发布了《湖南湘潭低碳城市建设设计》《湖南长株潭城市群低碳发展路线图》。2020年，湘潭正式获批亚洲开发银行2亿美元低碳城市建设贷款，成为全国首个利用气候投融资资金建设低碳城市。项目首次尝试将项目贷款与政策贷款相结合，开创了多个"亚洲第一"，树立了"融资主体有目标、融资成本有优惠、实施项目有减排、政府政策有配套"的气候投融资创新体系，被业内誉为气候投融资"湘潭模式"，成为亚太地区众多城市开展转型建设和绿色融资的参考范本。

培育壮大环保产业。为推动环保产业发展，湖南省委、省政府出台了一系列产业规划、政策措施。特别是在2015年出台了《湖南省人民政府关于加快环保产业发展的意见》《湖南省加快环保产业发展实施细则》。同时，湖南省建立了环保产业发展联席会议制度，相关部门密切合作，形成合力。2020年5月，湖南出台《关于进一步提升工业新兴优势产业链现代化水平的意见》，将环境治理技术及应用产业链作为20条新兴优势产业链之一，重点支持发展和提升。湖南环保企业迅速崛起，历经调整与进化的环保产业，集中度提高、企业规模扩大、管理水平向好，产业韧性不断增强。同时，环保企业发展更加趋向理性，更加注重长期价值追求，产业内生动力不断增强。一是产业规模不断壮大。节能环保产业作为湖南确定的战略性新兴产业，产业规模不断扩大，对经济发展的支撑作用逐渐凸显。2014年，规模以上环保企业已有1100多家、产值1350亿元，产业规模进入全国前十强。2020年，全省环保产业从业单位1626家，从业人数17万人，产值2802.9亿元。"十三五"以来，全省环保产业快速发展，环保产业产值从2016年的1947.2亿元，增长到2020年的2802.9亿元。二是"走出去"步伐加快。为鼓励环保企业"走出去"，湖南每年都会评选一批先进企业并按规定给予奖励。2020年，先后组织省内骨干环保企业参加了上海、江苏、贵州、云南等地环保产业博览会或新技术交流推介会，其间与当地生态环境部门、环保产业协会、环保企业进行了6场座谈交流会。进一步加深了相关环保企业与当地的业务联系，促进对当地环保市场情况的了解，为双方交流合作创造重要平台，得到了中国环保产业协会及兄弟省市生态环境部门、协会和环保企业的高度评价。

（五）节能环保理念融入千家万户

"挥毫当得江山助，不到潇湘岂有诗！"湖之南的潇湘，自古就是一方充盈着绿色的沃土，充满诗意的家园。党的十八大以来，"绿水青山就是金山银山"成为广泛共识，生态环保理念在三湘大地深入人心，湖湘儿女争当"美丽湖南"的行动者。

"绿色卫士"活跃在三湘四水。2013年，环保志愿者保护湘江"绿色卫士"行动计划启动，其作为湘江保护与治理湖南省"一号重点工程"的组成部分，沿湘江8市建立了志愿者标准化的工作站，在湘江流域设置了141个志愿者守望监测点，其中饮用水源和湘江干流、支流的守望点有48个、重点企业93个，统一设置了标识标牌，由"绿色卫士"定员定岗开展监督。2019年5月，"湖南绿色卫士"官方微信开通，着重宣传湖南绿色卫士开展的监督者、守望者、记录者、传播者、民间河长五大行动，带动更多的环保志愿者及社会公众，参与到生态环境保护中来。《湖南省绿色卫士环保志愿者管理办法》，从2019年6月1日起施行，规定绿色卫士应履行"监督、守望、传播、记录、民间河长"五大职责。2020年5月，湖南首次启动绿色卫士环保公益小额资助项目。该项目旨在以湖南各市州的绿色卫士大队为单位，深入社区、乡村、学校、企业开展涉及生态环境领域的政策研究、宣传教育、科学普及等活动，激发社会公众参与生态环境保护的积极性。截至2020年底，全省400名"绿色卫士"发挥"环境监督""河流守望""环境记录""绿色传播""民间河长"的作用，行动范围从保护湘江向"一湖四水"延伸，向大气、水、土壤污染防治环保三大战役扩展。据不完全统计，绿色卫士环保志愿者共观察排污口1万余次；举报环境违法行为2000多起，有1000多起得到政府部门积极回应。

义务植树不断创新发展。从1982年湖南第一个义务植树节开始，每年春天的义务植树成为湖南的"习惯动作"。全省各行业、各部门、各系统积极组织职工投身义务植树，植绿爱绿护绿意识逐渐深入人心。五亩之宅，树之以桑。中华民族栽树护林的好传统在40年的义务植树活动中发扬光大。2019年，湖南成为国家"互联网+全民义务植树"试点省，开通湖南全民义务植树网，上线"我在主席家乡养棵树"网络参与项目，让适龄公民足不出户以资代劳"云"植树，变"一季植树"为"全年尽责"。新的网络履责形式，令公众积极性高涨，项目募集资金130余万元，其中市民个人单笔最高认捐金额达到1万元，网上实名发放国土荣誉证书和全民义务植树尽责证书1万余张。衡阳市南岳区发布"我在寿岳有棵树"网络植树项目，号召市民认养一棵树、播撒一片绿、结缘一座山，市民踊跃参与，上线推出的树木供不应求。捐资尽责、线上认种认养的"互联网+义务植树"模式成为新潮流。2021年3月，湖南"互联网+全民义务植树"移动平台正式上线运行，公众通过手机就能履行义务植树法定责任。同时，实体参与义务植树的形式和内容也在不断丰富。长沙修订《长沙市义务植树基地建设管理办法》，每年向社会公布100个左右的义务植树基地；娄底大力开展联村建绿，实现机关企事业单位植树尽责与乡村绿化美化的融合发展；浏阳市发起"我在浏阳有棵树"公益活动，让市民免费认养城市广场栽种的绿化树，大家一起"同护绿、共爱家"；岳阳市完成省、市、县三级生态廊道建设6.03万亩，建设长江绿色生态廊道16.8公里，打造了"最美长江岸线"升级版。全省义务植树初步形成了"实体参与"和"网络参与"一体两翼共同发展的新格局，带动"十三五"期间累计实现义务植树1.27亿人次、植树6亿余株。

前人栽树，后人乘凉。40年来全省栽下的种苗，不断成材成林，成为加快国土绿化进程、优化生态环境的重要力量。生态系统质量稳步提高。湖南的森林覆盖率由38.92%增至59.96%，森林蓄积量从1.89亿立方米增至6.18亿立方米，15条省级生态廊道稳步推进，长株潭绿心生态持续修复。物种多样性得到保护。全省现有脊椎动物1000多种，维管植物6000余种，生物多样性退化趋势得到初步遏制，随着退化受损生态系统加快修复，重点保护物种、珍稀濒危物种、地方特有种和区域特有种将获得更多保护。林业经济蓬勃发展。森林旅游快速发展，2020年全年综合收入超千亿元；林下经济产值达到420亿元，成为富民强省的重要组成。截至2020年底，我省城镇绿化覆盖率达到41.66%，乡村绿化覆盖率达到64.22%，人均公共绿地面积实现从"一张床"到"一间房"的大跨越。此外，湖南持续深入开展的湿地观鸟节、森林保护节、林木绿地认建、创建森林城市、生态科普教育等社会文化活动，正吸引更多公众持续关注并积极投身参与践行节约、造林绿化、保护自然等绿色行动。

　　绿色生活方式深入人心。党的十八大以来，生活垃圾分类、公共交通出行以及节约粮食、反对浪费等绿色低碳生活方式引领新时尚，逐渐成为全民共识与行动。2012年起，按照"政府主导、市场运作、法制管理、资源化利用"的模式，长沙正式启动餐厨垃圾资源化利用无害化处理试点，每天对签约的餐饮单位进行定时、定点上门收集。收集来的餐厨垃圾通过固液分离后，废水经处理达标排放，废弃油脂加工成生物柴油，残渣则通过厌氧发酵产生沼气用于发电。2016年12月，长沙市在全国率先启动餐厨垃圾全覆盖收运工作。餐厨垃圾处理"长沙模式"获国家发改委、住建部等有关部门的肯定。2018年长沙市生活垃圾总量首次出现了减量拐点，年度总量较控量基数减少13.59%；2019年再减少4.6%。2019年，长沙全面推进生活垃圾分类减量，实现全市633个社区生活垃圾分类全覆盖，同时，区县（市）引导居民按照"干湿分类为主、四分类为辅"的原则，10月底前全市实现所有社区和单位垃圾分类全面覆盖到位。作为全国生活垃圾强制分类的46个重点城市之一，长沙对大件垃圾、装修垃圾、园林绿化垃圾进行源头分流，减轻末端生活垃圾收运处置体系压力，提升垃圾的资源化利用效率。截至2019年底，全市小区投放四分类垃圾桶18万余个，向居民发放厨余垃圾桶33余万个，主次干道更换两分类垃圾桶7000余组，配备小区分类运输车1100余台，改造新建厨余垃圾站82座，配置新能源环卫作业车辆180台。2020年6月，《湖南省地级城市生活垃圾分类工作实施方案》出台，提出了全省地级城市垃圾分类工作推进时间表。2020年

10月1日《长沙市生活垃圾管理条例》开始实施，这也是全国第一部将生活垃圾管理区域协作纳入法规调整内容的地方性法规。长沙生活垃圾管理迈入了"有法可依"的时代，垃圾分类投放成为每个市民的"必答题"。长沙生活垃圾分类工作按下快进键，全市初步构建了"4+X"垃圾分类处置体系。

随着湖南绿色发展的路子越来越清晰、越走越宽广，全省公共交通主体地位得到巩固，公交供给保障能力明显增强，基础设施大幅改善，绿色出行、智慧出行已成为常态。岳阳是"松果出行"在湖南的首个市场，运营车辆共计350辆，其在中心城区内设立了40个"松果车站"的路面实体站牌。不设固定充电桩，不需要办卡，市民只需使用手机下载松果出行APP或者使用微信、支付宝扫码骑行，满足了出行多样化需求。湖南新能源公交推广位居全国前列。截至2020年底，全省共有公共汽电车32229辆，其中纯电动车22812辆、混合动力车6253辆、天然气车1718辆，绿色公交占比达95.51%，绿色公交占比全国排名第一。长沙、株洲获得"国家公交都市建设示范城市"称号。多元化公交服务快速发展。长沙市开通了全国第一条中低速磁悬浮，相继建成5条地铁，开通20条社区巴士；株洲建成全国第一条智轨，开启通勤班车和学生专线；常德设立"党员示范线路"、旅游专线和"留守儿童专线"；永州推行公交"空乘式"服务、"微笑服务"和"车长制"等。全省网约车、共享单车、小微汽车租赁等新业态蓬勃发展。

"绿色惠民"共享更多生态福利。党的十八大以来，湖南牢固树立以人民为中心的导向，注重完善多元化生态价值转化和共享机制，真正让群众成为生态文明的主导者、建设者，共享生态文明成果。

　　顺应百姓需求，湖南响亮提出"森林进城、园林下乡"，引导生态建设迈向更高水平。"森林进城"，就是以创建"国家森林城市"为抓手，提升城市生态功能、打造一流的宜居环境。作为湖南省首个"国家森林城市"的长沙，以城乡绿色一体化为载体，实施城市森林工程建设，构筑生态屏障，形成绿色通道，助推全域绿化，市民出行基本实现"300米可见绿地、500米能见公园"。郴州则建立多元化的投入机制，把创建"国家森林城市"与发展生态旅游相结合，构筑起了"青山环绕、蓝脉绿网、十字绿轴、多园均布"的城乡绿化新格局。推进"森林进城"，提倡多栽大苗，坚决

长沙市圭塘河生态景观区，清澈的河道与艺术桥、湿地、绿地相互呼应，成为"城市绿肺"

反对"大树进城",不搞急功近利。引导群众参与,多栽树、栽好树、建游园,改良城市生态。长沙市、常德市、衡阳市、岳阳市、资兴市、攸县、桂阳县等16城创建国家园林城市(县城),已有张家界市、怀化市及澧县、新田县、岳阳县、湘潭县等40城创建省级园林城市(县城),园林城市(县城)占到全省县以上城市总数的56%。至2020年末,全省县以上城镇人均公园绿地面积、建成区绿地率、绿化覆盖率分别达到12.1平方米、36.8%、41.66%,全面完成"十三五"规划目标。"园林下乡",就是按照"村庄周围森林化、村内道路林荫化、村民庭院花果化、河渠公路风景化、基本农田林网化"的要求,努力提升乡村绿化档次和质量。在广大乡村广泛开展身边增绿、"五边"(城边、路边、水边、村边、房边)造林、"千万"珍稀树种进农家活动。2014年,湖南启动"秀美村庄"建设,至2019年共有2000多个村庄获得该称号,它们是人们向往的"世外桃源"的现实版,充分展示了湖南良好的生态形象,让村民们居住的环境远看像公园,近看像花园,生活在里面是乐园。山上盖着绿被子,百姓鼓起钱袋子,城市宜居好日子。绿色惠民,湖南上下在城乡生态协调建设中共谋发展,加速奔向"绿、富、美"。

生态兴则湖南兴,生态美则湖南美。坚持人与自然和谐共生,建设生态强省和美丽湖南,是实施"三高四新"战略的内在要求,是建设现代化新湖南的重要特征,是顺应人民群众美好生活需要的题中之义。让我们紧密团结在以习近平同志为核心的党中央周围,久久为功做好生态环境保护工作,让湖南绿水青山的"颜值"和"价值"持续增加,加快建设生态强省美丽湖南,为建设人与自然和谐共生的现代化新湖南而努力奋斗。

七、脱贫攻坚的三湘壮歌

　　一部中国史，就是一部中华民族与贫困做斗争的历史。摆脱贫困、丰衣足食是中国人千百年的梦想。湖南地处内陆，险峻武陵，苍莽罗霄，逶迤五岭，西、东、南三大天然屏障，是集民族地区、革命老区、集中连片特困地区于一体的农业大省和人口大省，贫困面较广、贫困程度深，是全国脱贫攻坚任务最重的省份之一。

　　"历尽天华成此景，人间万事出艰辛。"2013年11月3日，习近平总书记来到湖南省湘西土家族苗族自治州花垣县双龙镇十八洞村考察调研，首次提出"精准扶贫"重要论述，明确要求"不栽盆景，不搭风景""不能搞特殊化，但不能没有变化"，不仅要自身实现脱贫，还要探索"可复制、可推广"的脱贫经验。从此，这个小山村，成为中国精准扶贫的首倡地。2021年2月25日，习近平总书记在全国脱贫攻坚总结表彰大会上庄严宣告，经过全党全国各族人民共同努力，在迎来中国共产党成立一百周年的重要时刻，全国脱贫攻坚战取得了全面胜利。回望这场彪炳史册的战斗，在这场历经8年的鏖战中，湖南坚决落实党中央、国务院决策部署，敢为人先、披荆斩棘，把脱贫攻坚作为重大政治任务、第一民生工程来

十八洞村梨子寨

抓，充分展现了精准扶贫首倡地的担当与作为，为脱贫攻坚取得全面胜利贡献了湖南力量。

（一）十八洞村的华丽转身

十八洞村地处武陵山脉中段，湘黔渝交界处，全村辖4个自然寨，6个村民小组，225户939人，属纯苗聚居区，有深厚的苗族文化底蕴、独特的苗家饮食，苗族风情浓郁，苗族原生态文化保存完好。由于沟深路陡、偏远封闭、山多地少、资源匮乏和居住分散，十八洞村一直在贫困和反贫困中艰难跋涉。全村总面积14162亩，耕地面积817亩，全村人均耕地仅有0.83亩，林地面积11093亩，森林覆盖率78%。2013年，全国农民人均纯收入是8896元，而十八洞村仅有1668元，仅为当年全国农民人均纯收入的18.75%，贫困人口占村里总人口的57.7%，是典型的"老、少、边、穷、山"地区。由于发展无望，一些有能力的人纷纷外出谋生，村里留下来的主要是一些儿童和老人,十八洞村陷入"贫困逼人走,人走更贫困"的恶性循环。

以习近平总书记的到来这一天为新的起点,十八洞村开始奋力翻越贫困的山坳。仅用3年时间,便把积年的贫困甩在了身后,走上幸福大道。十八洞村群众用自己的不懈奋斗和成功实践,交出了一份精准扶贫、精准脱贫的精彩答卷,成为新时代脱贫攻坚决战中的一颗亮丽明珠。作为精准扶贫方略的首倡地,十八洞村实现从偏僻边远山村到全国生态文化村、全国少数民族特色村寨、全国乡村旅游示范村、全国文明村的华丽转身,为新时代贫困地区脱贫致富走上小康提供了成功样本。

摸清"家底子",做好精准识贫。推进精准扶贫,首先要解决好"要扶谁"的问题。2014年1月,十八洞村精准扶贫工作队和村两委认真入户调查并结合实际制定了《十八洞村精准扶贫贫困户识别工作做法》。按照"户主申请→投票识别→三级会审→公告公示→乡镇审核→县级审批→入户登记"七道程序,把识别的权力交给全体村民,及时张榜公布结果,对识别工作实行全程民主评议与监督,确保"贫困户一个不漏,非贫困户一个不进"。通过识贫、校贫、定贫"三部曲",十八洞村精准识别出136户533人,建档立卡结果获得了村民一致认同。贫困数据精准到户、到人,这在中国千百年来历史上从未有过!与此同时,驻村工作队员和县扶贫开发办与精准扶贫户实行结对帮扶,每人联系2—5户贫困户,对贫困户致贫原因进行深入分析,找准"贫根子"究竟在哪里,弄清楚哪些是有劳动能力可以通过产业或就业帮扶的,哪些是没有一技之长需要通过培训帮扶的,哪些是不思上进需要在思想认识上帮扶的,哪些是因病致贫需要医疗救助帮扶的,等等。通过细致入微的调查和分析，终于盘清了家底，摸清了一家一户的真实情况，对村里的贫困户、贫困状况和贫困原因等做到了心中有数、一目了然，从而为精准扶贫和精准脱贫奠定了坚实基础。

开对"药方子"，做到精准施策。实施精准扶贫，要坚持因人因地施策，因贫困原因施策，因贫困类型施策，区别不同情况，做到对症下药。十八洞村始终坚持从自身实际出发，有的放矢地制定方案、采取措施，把产业扶贫作为增强贫困地区造血功能、帮助群众就地就业的长远之计，把贫困地区基础设施建设和公共服务供给作为精准扶贫强有力的支撑，实现兴产业、增就业、置家业"三业"齐进。引入驻村规划师，编制十八洞村村庄规划，从产业发展、基础设施、人居环境建设等方面确定了一系列发展项目，同时加强规划执行，确保"规划到村、项目到户、责任到人"。在规划设计上，严格按照习近平总书记要求，不搞高大上项目，不进行大拆大建，遵循"人与自然和谐相处，建设与原生态协调统一，建筑与民族特色完美结合"的原则，秉承"把农村建设得更像农村"的理念，打造"天更蓝、山更绿、水更清、村更古、心更齐、情更浓"的"中国最美农村"。村庄规划入选自然资源部全国村庄规划优秀案例，"多规合一"的做法在全国村庄规划交流会上获得推广。在产业发展上，贯彻总书记提出的"把种什么、养什么、从哪里增收想明白"的重要指示，逐步形成了特色种养、山泉水加工、乡村旅游、手工艺等产业。依托自然禀赋，发展特色种养业。结合当地的土壤、气候条件，发展猕猴桃、黄桃、茶叶、油茶、药材、蜜蜂等种养业。村民入股的十八洞村苗汉子果业有限责任公司，利用"飞地经济"模式，异地流转土地1000亩，建设精品猕猴桃出口示范基地，通过线上线下销售相结合，产品畅销内地和港澳。依托青山绿水，发展绿色加工业。利用十八洞村的天然优质水源，引进步步高集团合作开发生产山泉水，村集体每年保底分红50万元，每销售一瓶水再拿1分钱注入村扶贫基金，既壮大了集体经济，又带动了村民就业。2019年，十八洞村陆续建立茶叶、油茶、药材等农产品加工基地，开发茶油、洗护系列产品，大力发展腊肉、苗鱼、果酒等土特产，提高了农产品附加值。依托文旅资源，发展乡村旅游业。借助"小张家界"式的生态资源和传统村落资源优势，发展苗乡特色旅游，积极举办苗族赶秋、苗歌赛、苗鼓表演等活动，鼓励苗绣、苗族巴代、苗医药发展，大力挖掘和发扬民族文化资源。与中车株机、七绣坊等公司签订协议，开展订单式生产，使村里53名妇女重拾绣花针，实现在家门口就业。在改善人居环境中，推进"五改"（改厨、改厕、改圈、改池、改浴）和"六到户"（水、电、路、房、通信、环境治理）工程，使进村路变成了景观路，游

十八洞村家家通自来水

步道成为风景线，户户通上了自来水，全村覆盖了Wi-Fi信号，让民族特色与现代文明有机融合，让历史文化和现代生活融为一体。

牵住"牛鼻子"，激发内生动力。习近平总书记在十八洞村考察时指出，脱贫致富贵在立志，只要有志气、有信心，就没有迈不过去的坎。激发贫困群众积极性和主动性，激励和引导他们靠自己的努力改变命运，使脱贫具有可持续的内生动力，是十八洞村走好精准扶贫之路的又一重要着力点。一是坚持把扶贫与扶志结合起来。十八洞村是典型的贫困村，群众的思想观念非常滞后，存在严重的"等、靠、要"依赖思想。花垣县委坚持扶贫先扶志、治贫先治根、提振精气神，把村民思想教育摆在首位。工作队和村两委经常组织召开群众代表大会，组织学习习近平总书记系列重要讲话精

十八洞村村民参加道德讲堂学习

神，把党的惠民政策讲深讲透，做到家喻户晓，并提升了"投入有限、民力无穷、自力更生、建设家园"的十八洞精神。二是积极探索"村民思想道德星级化管理"模式。每年组织召开一次全体村民道德评比大会，18岁以上的村民全员参与，以组为单位互相评分。评分内容包括遵纪守法、勤劳致富等6个方面，每户按家庭成员计平均分，90分以上为五星级家庭，80分以上为四星级家庭，以此类推，对星级高的村民给予表彰。同时实行依法和依德治村双结合，开展道德讲堂，开展歌咏、舞蹈、小品、苗鼓等丰富多彩的文化活动，树立身边榜样，统一群众思想，改写过去"村合心不合"的历史，鼓励贫困户走出贫困，激励群众自力更生、建设家园。三是针对"治理弱"现象开展扶制行动。探索形成学习互助兴思想、生产互助兴产业、乡风互助兴文明、邻里互助兴和谐、绿色互助兴家园"互助五兴"基层治理模式，构建"村党支部—互助小组—农户"的三级党建引领基层治理工作体系。在村委换届选举中推行"两述两评"制度，把讲政治、有文化、"双带"能力强、群众信任的能人选进班子，班子结构得以优化，班子成员的带富能力进一步增强，筑牢了基层党组织的战斗堡垒，提升了基层党组织的创造力、凝聚力、战斗力。

管好"钱袋子"，精准使用资金。"扶贫资金是贫困群众的'救命钱'，一分一厘都不能乱花。"十八洞村注重整合财政、信贷、定点扶贫、对口帮扶、社会捐赠资金，做到"多个渠道引水，一个龙头放水"，确保"好钢用在刀刃上、花钱花在裉节儿上"。外部输血与自身造血相结合。一方面，积极争取政府部门、大型企业、金融机构、社会组织和公益人士的支持，解决资金需求量较大的基础设施和产业发展的资金缺口，为村容村貌提质改造、地质灾害防治、新村部和广场建设等提供资金支持；另一方面，推进资源变资产、资金变股金、农民变股民的"三变"改革，成立农民专业合作经济组织，整合利用贫困户的资产股金、政府扶贫资金、金融部门的信贷扶贫资金等，实行"直补到户、合作自愿、入股分红、退股还本"，创办9个产业合作社，带动90.67%的农户增收增效。阳光操作与结果导向相结合。全面推行扶贫资金、扶贫项目公告公示，发挥村务监督组织和农民群众对扶贫资金的监管作用，和群众一起算好"产业发展账、项目建设账、资金使用账"，实行绩效考核和跟踪问责，确保扶贫资金投入不打水漂。产业发展与民生改善相结合。围绕解决"融资难"问题，引入人民银行湘西中心支行在十八洞村设置全省首家村级银行网点，申请湘西长行村镇银行为十八洞村提供粮食贷、茶叶贷、农家贷等特色信贷产品，争取华融湘江银行湘西分行为猕猴桃种植基地发放六年期贷款1000万元；建

十八洞村村部

立村级"互助金"，实行财政扶贫资金、农户入社资金、社会帮扶资金、占用费转入本金"四位一体"的聚资方法，解决贫困农户产业发展资金问题。围绕解决"读书难"问题，对建档立卡贫困家庭及低保户子女给予每年1500—3000元的生活补助，对考取专科、本科的大学新生给予3000—5000元一次性资助，义务教育阶段入学率达100%。围绕解决"看病难"问题，完善基本医保、大病保险和医疗救助，建立标准卫生室，新农合、新农保全部由村里统一"买单"，村民每年直接受益达20余万元。围绕解决"保障难"问题，推进低保线和贫困线"双线合一"，针对那些没有办法依靠自身能力脱贫的特殊困难群体实施社会救助兜底。

十八洞村只用短短几年时间，便成功解决了祖祖辈辈无法解决的绝对贫困问题，创造了这个千年苗寨发展史上的奇迹，成为当代中国精准扶贫、精准脱贫的"村级样本"和告别贫困、实现全面

整体翻新改造后的十八洞小学，教室宽敞明亮

小康的生动典型。十八洞村脱贫致富的成功经验，走出武陵山区、走向大江南北，引发国际关注。2018年夏天，老挝人民革命党中央总书记、国家主席本扬·沃拉吉，专门赶到村里，实地探寻精准扶贫的经验。

（二）扛起首倡之地的政治责任

这场史无前例的攻坚战役，不能没有探路者、排头兵。精准扶贫方略提出以来，湖南深入学习习近平总书记的重要指示精神，坚持一切从实际出发，解放思想、改革创新，探索形成了一批可复制、可推广，具有湖南特色、全国影响的经验模式，书写了"矮寨不矮、时代标高"的精彩故事。首倡之地践行首倡之为，首倡之为贡献"湖南样本"，这是湖南人"敢为天下先"的使命担当。

创新精准识别机制。为了做到"精准识别"，2013年底，湖南率先在全国开启建档立卡的试点工作，建立扶贫数据共享共用平台，严格实行识贫"户主申请→投票识别→三级会审→公告公示→乡镇审核→县级审批→入户登记"七道程序，做到贫困识别全省一个标准、一套程序。2014年1月，制定下发《湖南省农村扶贫对象建档立卡工作方案》，成为全国第一个出台精准识别方案的省份。为了避免贫困对象"一评定终身"，避免错评、漏评现象发生，2015年开始，湖南省逐年更新建档立卡动态工作方案和动态管理办法，建立起全省贫困人口建档立卡动态调整机制。也是从这一年开始，湖南连续深入开展"一进二访"活动，每年组织开展建档立卡"回头看"，对贫困人口进行动态监管，做到对象准底子清、不落一户一人，形成了识贫、校贫、定贫的精准识贫工作机制。

为确保退出对象的精准，湖南实事求是把握脱贫节奏，科学制订脱贫退出滚动计划，适时进行动态调整，2017年将13个贫困程度较深的贫困县计划摘帽时间推迟一年。建立脱贫退出签字背书机制，明确贫困户脱贫摘帽由乡镇党委书记、乡镇长审核把关，村支书、主任共同签字；贫困村脱贫退出由县市区委书记、县市区长签字负责；贫困县脱贫摘帽由市州委书记、市州长签字，报省委书记、省长审定。实施脱贫攻坚考核以来，湖南贫困人口识别和退出的精准度在全国始终处于前列。

创新精准帮扶机制。按照"五个一批"要求，湖南聚焦政策落实瓶颈精准发力，让每一位贫困群众享受到政策红利。

蹚出了"四跟四走"产业扶贫路子。扶贫开发，产业带动，是脱贫根本。针对传统产业扶贫对象难瞄准、项目难选择、资金难保障、风险难防范等现实问题，2014年4月，在总结各地产业扶贫经验后，湖南创造性提出"资金跟着贫困户走、贫困户跟着能人走、能人跟着产业项目走、产业项目跟着市场走"的"四跟四走"产业扶贫新路子，并深化形成以优势产业带动扶贫产业，推进产业精准培育；以新型主体带动贫困群体，推进利益紧密联结；以市场机制带动发展机制，推进产业持续发展；以组织作为带动农户有为，推进措施落地见效的"四带四推"举措，推动贫困地区产业扶贫融入全省百千亿级特色主导产业发展。湖南蹚出"四跟四走"产业扶贫路子，通过直接帮扶、委托帮扶、股份合作三种基本模式带动了全省356万贫困人口脱贫，助力打造贫困地区七大千亿级农业特色主导产业、6000余个产业扶贫重点项目。2016年3月，习近平总书记参加十二届全国人大四次会议湖南代表团审议时指出：湖南探索的产业扶贫"四跟四走"路子，要落实好。同年9月，全国产业精准扶贫现场观摩会在湖南召开。此次会议通过实地调研宜章县、江华县、江永县三地的产业扶贫工作，充分肯定了湖南探索总结的"四跟四走"产业精准扶贫模式。

推出了"两免一基"扶贫小额信贷金融产品。针对贫困农户发展生产贷款难、贷款贵和金融部门放贷有顾虑的问题，2014年湖南在全国率先推出为贫困户量身打造的"免抵押、免担保、基准利率"扶贫小额信贷。截至2020年10月，全省累计发放扶贫小额贷款近300亿元，直接和间接带动240余万贫困人口发展生产增收脱贫。2019年5月，全国扶贫小额信贷工作现场会在湖南召开，不断深化形成"贷得到、用得好、收得回、可持续"的金融精准扶贫新路子获得肯定。会议认为，扶贫小额信贷是中国特色扶贫事业的重大创

绥宁县红岩镇柳山村，利用小额信贷资金发展养殖致富的村民在自家养鸡场收捡鸡蛋

举，有效解决了贫困户发展生产的启动资金问题，提升了贫困户内生动力和自我发展能力，实现了贫困户增加收入和贫困地区发展产业的双赢，推进了金融服务体系完善和金融环境改善。

创建了"1143"扶贫劳务协作机制。"一人就业，全家脱贫。"2016年4月，一场跨越广东、湖南、湖北三省的劳务协作脱贫试点工作启动，惠及数十万贫困人口。习近平总书记对此项试点工作给予了充分肯定，其经验做法，对于推动全国开展就业脱贫工作具有十分重要的借鉴意义。湖南接续奋进再创新，在全国率先探索出"一套组织领导推进机制+一个综合信息服务平台+精准识别、对接、稳岗、服务四个关键环节+任务、稳岗、责任三张清单"的"1143"劳务协作模式。这项创新使全省有就业意愿贫困劳动力转移就业率达到98.7%。2019年12月，中共中央政治局常委、全国政协主席汪洋对此作出批示给予肯定。

打造了"搬扶结合"易地扶贫搬迁模式。易地扶贫搬迁，脱贫攻坚战里的"头号重点工程"，一块最难啃的"硬骨头"。2016年，全国启动"十三五"易地扶贫搬迁规划，湖南省以前所未有的力度，进行了湖南历史上最大规模的扶贫大搬迁。首创了易地扶贫搬迁联席会议制度。省、市、县联席办由发改委和扶贫办牵头，住建、财政、国土五大职能部门为核心组成，通过定期召开联席会议，齐抓共管，形成合力，统筹协调易地扶贫搬迁工作。首创了"先定区域后定人"高精度识别经验，创新确立"四靠近"（即靠近城镇、中心村、产业园区、旅游景区）集中安置选址原则，对全省30户以上的集中安置区实施"零利润、交钥匙"工程，全面完成"十三五"时期69.4万人的搬迁任务。同时，探索出"楼上生活、楼下生产""群众下山、产业上山""进村入社、村社共管"后续

易地扶贫安置点——沅陵县太安社区

帮扶和管理模式。2020年，全国易地扶贫搬迁论坛上，湖南省易地搬迁政策得到了国家发改委的肯定，国务院办公厅印发通报对湖南易地扶贫搬迁给予表扬激励。

打造了"五建五销"消费扶贫模式。一是搭建公共服务平台，线上销。湖南依托中国社会扶贫网湖南频道，在全国率先上线省消费扶贫公共服务平台，集聚信息发布、商品交易、数据统计、督导考核四大功能，为扶贫产品提供集中线上销售服务。二是组建消费扶贫联盟，带动销。在线下，湖南全面动员社会各界，联合热爱扶贫事业的企业、社会团体和个人等共同发起成立省消费扶贫联盟，建立常态化的活动组织实施机制，形成强大消费扶贫合力，帮助贫困地区解决扶贫产品滞销难题，带动扶贫产品销售。三是创建消费示范中心，集中销。湖南依托中部（国际）农博园优势，结合长沙市区位优势和消费能力，深度挖潜，在雨花区高桥商圈创建湖南省消费扶贫示范中心，助力扶贫产品定点宣传、展示和销售，为社会各界购买扶贫产品、参与消费扶贫提供便利条件。四是兴建"三专"消费载体，平台销。将消费扶贫专柜、专馆、专区作为开展消费扶贫行动的重要载体，建好扶贫产品的三个实体销售平台。五是构建新闻媒体矩阵，引流销。充分发挥湖南文化传媒优势，注重"三个新"宣传思维，通过党媒集体发声，让大流量转化成大销量。2020年8月，湖南在全国消费扶贫现场会上做了典型发言，全年促销扶贫产品超过180亿元。

构建了义务教育控辍保学机制。为推进教育精准控辍和资助的全覆盖、不遗漏，打通教育精准扶贫最后一公里，自2018年6月起，湖南创新研发了教育精准扶贫"一单式"信息服务系统，为各级各类家庭经济困难贫困学生建档立卡，建立全省教育人口精准到校、精准到人的贫困学生信息库，2019年初实现全省全面推广使用。系统上线后，全省开展了两次大数据比对，基本实现了精准确定每一名适龄贫困学生的就学去向，为切实做好控辍保学工作、落实学生精准资助、实现"义务教育有保障"奠定了坚实的基础。为确保控辍效果，湖南着力在全省范围内开展"三帮一"劝返复学行动：以县为单位，在暑假期间组织义务教育学校教师，按照"县不漏乡、乡不漏村、村不漏户、户不漏人"的原则，走村入户开展辍学学生大排查。根据排查情况，针对学生辍学原因"一人一策""一家一策"，明确一名教师、一名村干部、一名家长或监护人帮扶一名辍学学生，逐一对辍学学生进行劝学，并建立工作台账，实行销号管理，劝返一个销号一个。我省义务教育阶段建档立卡学生因贫失学辍学现象彻底消除，"应学尽学"的教育扶贫目标已经实现。

创新了健康扶贫机制。建立贫困患者住院诊疗"一站式"结算服务。按照"七统一"要求，全面实行基本医疗补偿、大病补偿、扶贫特惠保、民政医疗救助、医院减免、政府专项兜底"六位一体"的"一站式"结算服务。2018年8月1日起全面启动各县市区健康扶贫"一站式"结算，至2020年5月底止，全省共结算贫困人口住院435.76万人次，结算医疗总费用212.3亿元，报销总金额186.36亿元，总体实际综合保障报销比例达到85%以上。建立"三提高，两补贴，一减免，一兜底"的贫困人口看病就医综合保障机制，设立健康扶贫六道保障线，贫困患者县域内住院自付费用始终控制在10%左右。打造"扶贫特惠保"产品，这是为建档立卡贫困户量身打造的。在大病保险报销后，剩余的合规住院医疗费用还可以得到保险公司40%的再次报销，这项政策切实提高了湖南贫困群众抵御大病风险的能力，进一步防止了贫困群体因病致贫、返贫。

创新责任落实机制。湖南各级党委、政府把习近平总书记关于党政一把手脱贫攻坚工作责任制和"五级书记抓扶贫"要求牢记于心、贯彻于行，有效推动脱贫攻坚责任、政策、工作三个落实。

探索建立了主要领导干部"三走访三签字"机制。为压实领导干部"关键少数"的责任，2017年，省委办公厅、省政府办公厅出台《关于全省党政主要领导干部带头开展脱贫攻坚"三走访三签字"工作的通知》。由书记、省长带头，各级主要领导带着责任和感情深入贫困地区走访，引领五级书记遍访贫困对象，以上率下进一步压实脱贫攻坚政治责任。

探索建立了常态化联点督查机制。2017年开始，由35名省领导牵头、45个省直单位参与，组建49个督查组，以"四不两直"方式，对51个贫困县和脱贫任务较重的31个非贫困县开展定点定人的督查巡查。同时，在全国率先创建"三个落实"动态管理平台，将国家和省考核、常态化联点督查等发现的问题分类全部纳入，实时记录、动态监测、智能分析、全程跟踪，强力推动脱贫攻坚责任落实、政策落实和工作落实。

探索建立了"互联网+监督"模式。充分运用互联网技术，围绕"钱从哪里来、花到哪里去、干了什么事、效果怎么样、有没有问题"这条主线，将各类民生资金特别是扶贫资金的拨付、发放和使用情况全面公开，实现对每笔资金从上至下、从部门到农户到个人到项目的全程监督，得到中纪委充分肯定。

探索建立了严管厚爱扶贫干部机制。省委出台全面加强基层建设"一意见五方案"及容错纠错机制激励干部担当作为的办法，连续开展脱贫攻坚作风建设年、基层减负年活动，树立重实绩、重基层、重一线的鲜明导向。2020年上半年，省纪委监委组织近万名纪检监察干部入村蹲点督查，得到中纪委专题推介。省委组织部对所有有扶贫任务的县市区开展脱贫攻坚干部考察，组织51个贫困县党政正职集中体检、有脱贫任务的乡镇党政正职分批次疗养。

探索建立了"互联网+"社会扶贫机制。2017年，在全国率先开展中国社会扶贫网上线试点，积极搭建捐赠者与受捐者精准对接平台，并与"户帮户亲帮亲　互助脱贫奔小康""消费扶贫月"等活动有机结合，逐步构建社会扶贫长效机制。2020年7月，中国社会扶贫网湖南频道正式上线，成为全国第一个上线的地方平台。

探索建立了激发贫困户内生动力机制。全面推广扶志、扶智、扶技、扶业和建扶贫讲堂、建培训中心、建乡村车间、建"村为主"的"四扶四建"机制，"脱贫之星"评选等做法，在乡村挂出"脱贫光荣榜"，在省级媒体发布"群英谱"，引导贫困群众坚决摒弃等靠要思想、变"要我脱贫"为"我要脱贫"。深入开展"知党恩、感党恩、听党话、跟党走"脱贫攻坚主题活动，以"防疫情、奔小康、迎新春"为主题实施农村人居环境整治百日奋战行动，全力营造了和谐脱贫的浓厚氛围。

（三）攻克千年贫困的最后堡垒

2015年底，全国脱贫攻坚进入决战阶段，习近平总书记始终把脱贫攻坚摆上治国理政突出位置，对脱贫攻坚工作提出了一系列重要指示要求，强调脱贫攻坚越到紧要关头，越要坚定必胜的信心，越要有一鼓作气的决心，尽锐出战、迎难而上，真抓实干、精准施策，不获全胜决不收兵。连续5年，习近平总书记召开7次跨省区的座谈会，动员全党全国全社会力量，包括湖南在内的中西部22个省区市党政一把手向中央签署《脱贫攻坚责任书》。书记立下脱贫"军令状"，开新中国成立以来之先河。湖南各级各部门深学笃行习近平总书记关于扶贫工作的重要论述，坚定信心、保持定力，拿出一鼓作气、顽强作战的韧劲拼劲，以决战决胜之势向贫困最后堡垒发起总攻。2020年春天，精准扶贫首倡地湖南宣布，歼灭了千年贫困的最后堡垒。在决战决胜脱贫攻坚的历史大考中，如期交出湖南答卷。

着力解决"两不愁三保障"突出问题。"两不愁三保障"是贫困人口脱贫的基本要求和核心指标，直接关系脱贫攻坚质量。湖南坚持脱贫时间服从脱贫质量，科学制订脱贫退出滚动计划，实事求是动态调整。对脱贫任务较重或脱贫质量不高的贫困县宁可延迟摘帽、推迟审批，也不搞计划式、指标式脱贫，守住了"两不愁三保障"的脱贫质量底线。2019年在全国率先出台《聚焦解决"两不愁三保障"突出问题工作方案》，集中开展三轮大排查，全面摸清问题底数，逐类逐户对账销号。2020年3月，省扶贫开发领导小组印发《全面开展脱贫质量"回头看"切实加强问题整改工作方案》，从3月份开始至6月30日，在全省133个有扶贫任务的县市区（管理区、经开区）开展脱贫质量"回头看"工作。脱贫质量"回头看"工作重点排查"两不愁三保障"实现情况、重大政策落实情况，以及获得帮扶情况、贫困人口参与脱贫攻坚项目情况等，核查脱贫结果的真实性和准确性。对已脱贫户，主要排查影响稳定脱贫的隐患和不足；对未脱贫户，主要排查如期脱贫存在的短板和差距；对边缘户及特殊困难群体，主要核查有无新致贫的风险和问题；对贫困村，主要排查是否达到脱贫出列的标准等。全省共排查

桑植县刘家坪白族乡新阳村无房特困户拿到了安居房的不动产权证

259万户829万人，发现并彻底整改各类问题5.7万个。

坚决攻克深度贫困堡垒。深度贫困地区能否如期高质量脱贫，是决定脱贫攻坚战能否全面打赢的关键和难点。2019年，全省20个尚未摘帽的贫困县（市）中有11个是深度贫困县，另外9个县（市）脱贫任务也极为繁重；未脱贫的贫困户中因病、因残致贫返贫的分别为50.1%、15.9%。用超常规手段，在最穷的地方使最大的力气。湖南明确剩余20个贫困县（市）分别由一位省级领导对口联系帮扶，要求省级领导深入一线，解决制约贫困地区发展的突出问题。将深度贫困地区脱贫任务写入省政府工作报告，出台《湖南省关于支持深度贫困地区脱贫攻坚的实施方案》，围绕因病致贫、因残致贫、饮水、住房、教育、就业、兜底、基础设施短板8个制约深度贫困地区发展和剩余贫困县（市）脱贫的突出问题，从财政、金融、项目布局、土地政策、易地扶贫搬迁、产业培育、生态扶贫、干部人才、驻村帮扶、社会帮扶等10个方面给予政策倾斜。构建以"1+10+17"（1为总纲、10为保障机制、17为行业部门支持政策）为主的精准扶贫政策支撑体系，打出一套强有力的政策"组合拳"。加大支持力度，集中火力攻坚。省委、省政府积极推动扶贫工作重心、政策支持重心、项目布局重心、社会帮扶重心向深度贫困地区倾斜。将新增涉农资金整合的50%汇流深度贫困地区，新增安排4.4亿元资金支持深度贫困县脱贫摘帽，向剩余20个贫困县（市）调度各类资金36.7亿元。

持续加大产业就业帮扶力度。这是拔"穷根"、防返贫的根本之策，也是高质量打赢脱贫攻坚战的长效之举。湖南在贫困地区布局打造七大千亿级农业特色主导产业，实施产业扶贫项目6000余个，重点向剩余20个贫困县（市）倾斜。重点在11个深度贫困县布局发展柑橘、杨梅、茶叶、药材、畜牧五大特色主导产业，帮助贫困群众稳定增收。针对产业扶贫不可持续的问题，加强对贫困户已入股的产业、企业的分析，帮助企业既抓当前又顾长远，提升能力，开拓市场。鼓励龙头企业到贫困地区建立扶贫车间、加工基地，村级组织做好动员组织、人员培训、后勤保障等工作。组织消费扶贫，大力发展农村电商，积极搭建产销对接平台，拓宽贫困地区农产品销售渠道；继续组织机关单位、高校和国有企业采取"以购代捐""以买代帮"等方式，采购贫困地区产品和服务，稳步扩大产业扶贫覆盖面。对产业发展条件差的地区，通过扎实深入做好

古丈县牛角山茶叶专业合作加工厂大门前，兴高采烈的采茶村民

转移就业，开发一批村庄保洁、生态护林、安全保卫、交通协管、公共设施管护等公益性岗位，帮助贫困群众稳定就业、稳定增收。针对易地扶贫搬迁后续扶持的问题，既抓好工程扫尾和配套设施建设，严把住房质量关；又强化后续产业和就业帮扶，统筹做好迁入地教育、医疗卫生、综合治理等工作，确保搬迁群众搬得出、稳得住、能就业、可脱贫。

以作风攻坚促进脱贫攻坚。"脱贫攻坚任务能否高质量完成，关键在人，关键在干部队伍作风。"习近平总书记在决战决胜脱贫攻坚座谈会上，向全党发出了决胜贫困的总攻令。脱贫攻坚的战场，也是检验干部作风的考场。湖南把作风建设贯穿脱贫攻坚各方面、全过程，以过硬作风推动攻坚克难。高度重视对扶贫领域形式主义、官僚主义突出问题的整治，连续出台相关意见和20条措施，坚决防止松劲懈怠、急躁抢跑、坐等过关、只督不战、层层加码等不正之风，进一步压实责任，层层传导压力，坚持条块结合、以块为主，要求各级领导干部要坚决克服松劲懈怠情绪，靠前指挥、强化担当，保持"五级书记抓脱贫、全省上下促攻坚"的良好局面。扎实推进抓党建促脱贫攻坚，强化基层党组织建设，持续整顿软弱涣散村党组织，选好配强贫困村两委班子，派强用好第一书记和驻村工作队，把基层战斗堡垒打造得更加坚强有力。为了更好地激励党员干部在扶贫一线担当作为，湖南坚持把脱贫攻坚实绩作为选拔任用干部的重要依据。2020年4月至6月，省委组织部先后派出79个考察组，深入143个县市区、管理区（开发区）开展脱贫攻坚干部考察，并运用考察成果推动各地提拔使用脱贫一线干部1100多名。

广泛凝聚脱贫攻坚强大合力。"人心齐，泰山移。"习近平总书记指出："扶贫开发是全党全社会的共同责任，要动员和凝聚全社会力量广泛参与。"脱贫攻坚以来，湖南牢记习近平总书记嘱托，利用各方力量，广泛动员社会各界，形成专项扶贫、行业扶贫、社会扶贫"三位一体"的大扶贫格局。14个中央单位定点帮扶湖南20个贫困县；省内14个经济发展较好的县（市、区）与14个贫困县携手奋进；山东、湖南两地通过结对帮扶、产业协作、人才交流，越走越亲。双方分别在科技、人社、农业农村等方面签署协作协议，建立起"1+7+22"［即1个结对市（州）、7个结对区（县）、22个结对单位］的结对帮扶框架。弘扬守望相助的优良传统，动员引导全党全社会关心贫困群众、支持贫困地区、参与扶贫济困，形成全省动员、全民参与、"众人拾柴火焰高"的工作合力。开展"户帮户亲帮亲，互助脱贫奔小康"活动，一批能人帮近邻，众多近邻帮乡亲；开展"我想有个家"安居工程公益募捐活动，募集资金超亿元；发动社会各界163万人次、5420家民营企业积极参与，对接帮扶贫困人口175万人次，帮扶资金物资价值9.79亿元，先后组织开展农民实用技能培训3.7万多场次、参训贫困村民210多万人次；在全国率先开展中国社会扶贫网上线试点，搭建捐赠者和受助者精准对接的双向平台，全省用户注册数达1218万人，发布信息280万条，对接成功率达73%，各项指标均居全国前列；扎实开展"万企帮万村"活动，6300余家民营企业对接8356个村，累计投入资金超90亿元，帮扶超111万贫困群众脱贫。

在以习近平同志为核心的党中央坚强领导下，湖湘儿女以实干为笔，以初心为墨，一笔一画，让荒山焕发生机，让万壑终于相连，在三湘四水绘就了一张精准扶贫的精彩答卷。在消除绝对贫困的战场上，湖南尽锐出战。2.1万支工作队、5.6万名干部驻村帮扶，60余万名党员干部与170万户贫困户开展结对帮扶，实现所有贫困村驻村帮扶全覆盖、贫困户结对帮扶全覆盖。无数驻村队员、党员干部、志愿者，舍小家为大家，舍小我为大我，践行初心使命，以热血铸忠诚、以生命赴使命，奏响了一曲曲扶贫帮困、一起迈向全面小康的壮歌。到2020年底，湖南51个贫困县全部摘帽、6920个贫困村全部出列、767万贫困人口摆脱贫困；建档立卡贫困户人均纯收入达到11945元；绝对贫困和区域性整体贫困全面消除。

（四）全面脱贫与乡村振兴的有效衔接

凡是过往，皆为序章。习近平总书记指出："脱贫摘帽不是终点，而是新生活、新奋斗的起点。"在夺取脱贫攻坚战的全面胜利后，湖南传承脱贫攻坚精神，乘势而上，推进乡村振兴开新局。按照"产业兴旺、生态宜居、乡风文明、治理有效、生活富裕"总要求，加强顶层设计、巩固脱贫攻坚成果、建设宜居宜业美丽乡村，接续推进脱贫地区发展和群众生活改善。乡村振兴呈现新亮色，全省脱贫人口人均年纯收入达到13628元，增幅达14.1%。

"固"攻坚成果，坚决守住返贫致贫底线。以稳帮扶、稳就业、稳产业为重点，把脱贫攻坚成果巩固好。

稳帮扶，就是健全长效机制守住返贫底线。湖南严格落实"四个不摘"要求，健全防止返贫监测帮扶机制，关口前移；建立纵向到底、横向到边的排查、预警和防范、帮扶等机制，牢牢守住返贫底线。建立健全防止返贫长效机制。湖南建立"省统一部署、市县每年2次集中排查"和"行业部门每月定期排查，乡村日常排查"的纵向到底排查机制。在全国率先创建省级防返贫监测与帮扶管理平台，推行监测预警信息化管理，做到早发现、早干预、早帮扶。全省共动态识别脱贫不稳定人口5.02万户12.66万人，边缘易致贫人口4.78万户11.8万人，全面制定了帮扶措施，防范化解了一批潜在风险矛盾。健全因疫因灾等突发性风险防范机制。2021年，全省排查发现受疫情影响农户1.48万户4.59万人，及时解决了471户脱贫户因洪灾住房安全问题。按照缺什么补什么原则，开展精准帮扶。湖南对所有脱贫户实行结对联系，对所有监测对象实行结对帮扶。全省"三保障"和饮水安全问题动态清零，脱贫人口务工人数达到244.23万人，180.55万农村低保和特困供养人员全面保障到位。

稳就业，就是把脱贫人口就业摆在突出位置，多措并举狠抓稳岗就业工作。一是线上搭平台、线下"点对点"，供需精准对接。湖南依托劳务协作脱贫综合信息服务平台，将各类岗位信息及时送入千家万户，打造"永不落幕"的线上招聘会。线下开展专项行动，各级人社、乡村振兴部门结合疫情防控，全面摸排、精准掌握脱贫人口、边缘易致贫人口的务工信息，建立人员清单、返乡人员清单、有意愿外出务工人员清单，录入到全国防返贫监测信息系统中，实现动态管理。二是大力开展帮扶车间建设，帮助脱贫群众就地就业。湖南对符合要求的就业帮扶车间进行示范性认定，就业帮扶车间每吸纳一名建档立卡脱贫人口就业，在享受每人1000元的稳岗补贴基础上，再给予200元的稳岗奖补和场地、水电、物流奖补。通过分设帮扶车间等方式，引导企业将产品设计、开料、组装等复杂的工序放在园区总部；将环保安全、操作简单、方便易学、

茶陵县思聪街道下清村互利时尚扶贫车间

用工灵活的生产环节转移到村里，探索建设帮扶车间。全省已探索出小微企业进村办厂、办车间、办加工点等多种模式，促进脱贫群众稳定就业。三是多渠道开发岗位，确保脱贫群众稳定就业。湖南支持脱贫地区在涉农项目建设和管护时广泛采取以工代赈方式，优先吸纳脱贫不稳定人口和边缘易致贫人口务工。对跨省就业的脱贫劳动力适当安排一次性交通补贴。对所有有就业意愿未就业的脱贫劳动力跟进落实"311"就业服务，即提供3次岗位信息、1次职业指导、1次免费技能培训信息，为脱贫人口就业提供最大便利。

稳产业，就是推动扶贫产业融入优势特色千亿产业布局，补上技术、设施、营销等短板，完善利益联结机制，带动脱贫户稳定增收。因地制宜谋划产业发展。湖南立足农业资源禀赋优势，打造粮食、畜禽、蔬菜、油料、柑橘、竹木等优势特色千亿产业，规划形成12个核心产区产业集群。将脱贫产业融入全省产业发展大布局。2021年，湖南组织脱贫地区编制"十四五"特色产业发展规划，每个县重点扶持1个主导特色产业和2个覆盖脱贫人口较多的辅助特色产业，融入全省千亿产业大布局，全省脱贫产业接续梯次发展。发展产业，需要放眼观市。湖南紧跟市场抓链条衔接，促进特色产业提质增效。围绕提质壮大特色产业，湖南制定出台《关于持续推进"六大强农"行动促进乡村产业兴旺的实施意见》《关于推动脱贫地区特色产业可持续发展的实施意见》，每年投入特色产业发展资金25亿元以上。特色农业拔节生长，农业特色小镇、特色产业园、特色产业村在三湘大地遍地开花。完善利益联结机制，增强联农帮扶能力。湖南优化产业扶贫年度重点项目安排，与联农帮扶效果挂钩。以县为单位建立带农帮扶主体目录和联系制度，确保农民在乡村产业发展中有活干、有钱赚。对因产业失败造成返贫致贫风险的，及时跟进，开展开发式帮扶。

"强"顶层设计，积极推进各项工作有效衔接。一是加强政策衔接。保持现有帮扶政策总体稳定，根据中央精神、结合湖南实际，2021年3月7日出台《关于全面推进乡村振兴加快农业农村现代化的实施意见》提出：聚焦新发展阶段使命和任务，切实发挥"三农"基本盘作用；聚焦实施"三高四新"战略，加快农业农村现代化；聚焦高质量发展，推动农业优势特色千亿产业做强做优；聚焦农民高品质生活，着力构建新型工农城乡关系；聚焦农业农村优先发展，强化全面推进乡村振兴的要素保障。紧接着发布的《湖南省国民经济和社会发展第十四个五年规划和二〇三五年远景目标纲要》提出，着力建设乡村振兴的现代化新湖南，为全省乡村振兴绘制出一张农业农村现代化发展的亮丽蓝图。5月17日，省委、省政府印发《关于实现巩固拓展脱贫攻坚成果同乡村振兴有效衔接的实施意见》，提出要扎实做好5年过渡期内领导体制、工作体系、发展规划、政策举措、考核机制等有效衔接，确保我省脱贫地区顺利转向全面推进乡村振兴。同时，加紧编制"十四五"乡村振兴规划和有效衔接规划，并且根据中央帮扶政策调整优化，及时制定操作细则，相继在财政衔接补助资金和涉农整合资金管理、驻村帮扶等方面出台了具体实施方案。7月，省纪委监委印发《关于制定和实施巩固拓展脱贫攻坚成果同乡村振兴有效衔接监督清单的指导意见》，明确10项监督内容，以推动和保障党中央和省委重大决策部署落地见效。

二是加强工作体系衔接。在全省脱贫攻坚总结表彰大会召开当天，湖南省乡村振兴局正式挂牌成立。到5月25日，全省14个市州和122个行政区划县市区全部挂牌成立乡村振兴局，在全国率先实现省、市、县三级扶贫机构重组挂牌，全面推进乡村振兴。出台省级领导联系乡村振兴县工作制度，确定22名省级领导分别联系指导全省13个乡村振兴重点帮扶县和14个乡村振兴示范创建县。主要职责包括督促联系县党委、政府落实主体责任，指导推进重点工作落实，每季度开展一次督查指导工作并帮助解决联系县工作推进中面临的困难问题，指导开展小点示范，动态掌握调度联系县乡村振兴工作进展情况等。2020年9月，习近平总书记考察湖南时强调，在接续推进乡村振兴中，要继续选派驻村第一书记。湖南认真贯彻落实习近平总书记重要指示要求，全面对标中央有关文件精神，在全国率先出台《关于在乡村振兴中持续向重点乡村选派驻村第一书记和工作队的实施意见》，坚持精准选派、因村派人、科学组队，从全省各级党政机关、企事业单位和中央在湘单位中，集中选派24021名干部，组成10253支工作队，于2021年5月7日全部进村到岗，率先实现省市县三级工作队全员轮换。在驻村干部选派上，全省各级各部门坚持尽锐出战，把最优秀的年轻干部选派到乡村振兴一线，省派驻村工作队长全部由副处长以上或相应职级层级的干部、市县驻村工作队长全部由单位中层及以上干部担任。在670名省派驻村干部中，40岁以下年轻干部占44%，处级干部或相应层级干部占32%。在驻村干部管理上，由各级组织、乡村振兴部门共同成立驻村办，构建起县乡属地管理、单位跟踪管理、驻村办服务管理的多维管理体系。同时，严格落实工作报告、约谈提醒、召回撤换和正向激励等工作制度。

三是加强财政投入衔接。优化支出结构，调整支持重点，统筹安排年度衔接补助专项资金51.3亿元，对13个省级乡村振兴重点县，每个县单独倾斜安排专项资金3000万元。同时，持续推进脱贫地区产业发展，将省重点产业扶贫项目资金安排由5亿元增至7.5亿元，向脱贫人口新增发放小额信贷2.53亿元，逾期率始终控制在1%以内。

"建"美丽乡村，致力实现"惠民""利民""富民"。随着脱贫攻坚取得全面胜利，湖南村镇建设工作由"补短板、强弱项"向提升农村住房和人居环境品质阔步迈进。启动实施新一轮农村人居环境整治提升五年行动，加快推进"多规合一"村庄、县级国土空间规划编制，对有条件、有需求的村庄实现规划全覆盖。统筹推进村庄清洁行动、农村垃圾处理、污水治理、"空心房"整治、村容村貌提升工程，加大农村改厕力度，乡村越来越美，乡村民宿、旅游等产业兴起，老百姓增收之路越走越宽广。

一是改造危房。2021年，湖南将危房改造政策支持对象，由4类拓展为6类重点对象，有效巩固拓展了脱贫攻坚成果。同时将危房改造与改厕、抗震、无障碍设施、污水治理等内容相结合，引领美丽宜居村镇建设，全年累计完成农村危房改造和抗震改造2.8万户。全面进入乡村振兴以来，湖南从保障贫困农户住房安全，向保障所有农户住房安全推进，计划用3年左右时间基本消除农村住房安全隐患。截至2021年底，全省完成2612.9万个农村房屋建筑图斑调查，为科学制定防灾减灾规划提供了精准底数支撑。

二是清污治理。农村人居环境提升是实施乡村振兴的"第一仗"。湖南自2019年起，连续三年将农村改厕列入"为民办实事"重点项目，着力改善农村卫生条件，让"将就"变为"讲究"，农村"厕所革命"全面铺开。以农村"厕所革命"为切入口，全省还大力开展"一拆二改三清四化"行动，将改厕"先建机制、后建工程"等做法推广到农村垃圾、污水治理等各方面。全省914个乡镇实现污水收集处理。破解"垃圾靠风刮、污水靠蒸发"，全省不少乡镇选用一体化污水处理设备，通过"大分散、小集中"模式，降低管网建设投资成本与运行成本。衡南县针对接户管网这个建设难点，开创性地推出实施方案、技术指南、标准图集等文件，作为全省标准推广实施。全省93.8%的行政村对生活垃圾进行了治理，农村生活垃圾收运处置体系实现县市区全覆盖，不少农村积压多年的垃圾堆也得到了彻底清理，探索了垃圾分类回收可换取日用品的"绿色存折""积分银行"，垃圾回收网与村庄保洁网"两网"融合等有效模式。全省建成1182座乡镇垃圾中转站，农村生活垃圾收运处置体系建立起来。同时，推行市场化机制，鼓励各地引入专业化公司承担农村生活垃圾治理的设施建设、运营维护、环卫作业等，确保农村生活垃圾有人收、有人管。农村人居环境得到全面改善。

三是共建共享。湖南将农村改厕过程中形成的农户自愿、自筹、自管机制，延伸至美丽乡村建设，让村里的事由村民商量着办，共建共治共享"美丽屋场""美丽庭院"，并在韶山至井冈山铁路沿线，以脱贫村、易地扶贫搬迁安置区为重点，打造一批乡村振兴示范村、示范点，建设湘赣边美丽走廊。将浏阳市、宁远县、汝城县、凤凰县纳入"美丽宜居共同缔造"试点示范县（市），省级加强资金引导，不断推动"资源下沉、权力下放、人力下移、资金下投"，鼓励群众劳力自投、资金自筹、纠纷自解、环境自清、费用自缴、设施自管，为全省美丽宜居村镇建设指引方向。全省累

美丽屋场：浏阳市永安镇永和村羊角屋场

计创建美丽乡村示范村6757个，所有村庄基本实现干净整洁。

四是公路通组。农村通组公路是公路运输的"毛细血管"，是畅通群众出行的"最后一公里"。湖南连续17年将农村公路建设列为省重点民生实事考核项目。2017年11月，在省委、省政府的统一部署下，省交通运输厅启动实施了25户/100人以上自然村通水泥（沥青）路（即"通组公路"）建设，3年来累计投入近190亿元。通组公路建设是一项普惠工程，既惠及贫困村群众，也让非贫困村群众受益。据统计，全省3.6万个实施通组公路建设的自然村中，贫困县所辖村及非贫困县贫困村共2万个，非贫困县非贫困村共1.6万个。在"十三五"收官之年，全省累计完成自然村通水泥（沥青）路建设4.64万公里，实现通组公路25户/100人以上自然村全覆盖，走在了全国前列，在全面脱贫与乡村振兴的有效衔接中当好了先行者。

千年梦想，百年奋斗，今朝圆梦。2021年7月1日，在庆祝中国共产党成立100周年大会上，习近平总书记代表党和人民庄严宣告，经过全党全国各族人民持续奋斗，我们实现了第一个百年奋斗目标，在中华大地上全面建成了小康社会，历史性地解决了绝对贫困问题，正在意气风发向着全面建成社会主义现代化强国的第二个百年奋斗目标迈进。一切伟大成就都是接续奋斗的结果，一切伟大事业都需要在继往开来中推进。回首来路，我们党团结带领人民创造了人类减贫史上的奇迹。三湘儿女紧密团结在以习近平同志为核心的党中央周围，牢记嘱托担使命，撸起袖子加油干，高质量打好打赢脱贫攻坚战，如期全面建成小康社会。放眼未来，全面实施乡村振兴战略的深度、广度、难度都不亚于脱贫攻坚。三湘儿女击鼓催征、接棒再战，用忠诚守初心、用生命担使命，带着脱贫攻坚铸就的光荣，赓续伟大的脱贫攻坚精神，循着习近平总书记为湖南擘画的宏伟蓝图，锚定建设现代化新湖南的星辰大海，重整行装再出发、再奋斗！

八、城乡区域多点支撑的发展新格局

消除贫困、改善民生、逐步实现共同富裕，是社会主义的本质要求。共同富裕是中国式现代化重要特征。绝对贫困的消除补齐了全面建成小康社会的最大短板，是迈向共同富裕的坚实一步。湖南在持续缩小城乡区域发展差距上，充分利用国家扩大内需、促进增长和改善民生的各项政策措施，以城镇发展带动农村发展，全省城乡一体化建设取得了显著的成效。

（一）城乡差距不断缩小

城乡居民收入差距缩小。改革开放以后，到党的十八大，从收入差距指数演变历史来看，湖南城乡居民相对收入差距经历了一个从缩小（1978—1985）到扩大（1985—1995）再缩小（1995—1997）继续扩大（1997—2012）的过程，总体上呈一个"W"形状。城乡居民差距指数从1978年的2.27开始回落到1985年的最低点1.92后，便震荡回升到最高点1995年的3.30，之后经过两年的缓冲回落到1997年的2.56，随后再次逐年上升。至2012年，全省城镇居民人均可支配收入21319元，农村居民人均纯收入7440元，湖南城乡居民人均收入绝对差距为13879元，差距比为2.87。此时，年均差距增长率远高于改革开放以来湖南地区生产总值年均增长速度。城乡收入差距已大大高于国际标准。

党的十八大为城乡统筹工作提出了明确要求，也为湖南进一步缩小城乡差距指明了方向。党的十八大指出："要加大统筹城乡发展力度，增强农村发展活力，逐步缩小城乡差距，促进城乡共同繁荣。"2012年12月6日，中国共产党湖南省第十届委员会第四次全体会议通过《中共湖南省委关于学习贯彻党的十八大精神进一步开创科学发展富民强省新局面的意见》，强调"大力推进农业现代化，加大统筹城乡发展力度，增强农业综合生产能力，提高农业产业化水平，深入推进新农村建设和扶贫开发，保持农民收入持续较快增长，构建集约化、专业化、组织化、社会化相结合的新型农业生产体系"。

2013年底，习近平总书记在湘西十八洞村首次提出精准扶贫思想之后，湖南率先探索出精准扶贫之路，为农村经济循环注入了新动能。2013年以后，城乡居民收入比值一直稳步下降。脱贫攻坚取得的显著成效，为乡村积累势能奠定了基础，城乡发展势差不断缩小。至2020年，城镇居民人均可支配收入41698元，农村居民人均可支配收入16585元，城乡居民可支配收入比值缩小为2.51。2021年，城镇居民人均可支配收入44866元，农村居民18295元，城乡居民收入差距继续缩小，人均可支配收入比为2.45，比上年缩小0.06，达到十八大以来的最低值。

城乡义务教育一体化改革的推进。改革开放以后，湖南省城乡教育获得了长足的进展。然而，随着财政体制与农村经济状况的变化，20世纪90年代中期之后农村教育却面临着严峻的形势和严重的困难，普及九年义务教育面临经费短缺的困难，继续提高教育水准更是举步维艰，城乡教育与知识差距明显加大。以国家统计局湖南调查总队对龙山县民安镇和坡脚乡的人口普查资料为例：1990年，民安镇居民中初中以上文化程度的人数所占比重为46.34%，坡脚乡为16.52%；到2000年，民安镇居民中初中以上文化程度的人数占60.2%，坡脚乡仅为26.49%。十年间，民安镇城市居民初中以上文化程度增长13.86个百分点，坡脚乡增长9.97个百分点。由此看来，这一时期，城乡居民受教育程度差距正在呈进一步加大的趋势。城乡之间、发达与贫困农村的教育发展不平衡问题使湖南全面建成小康社会受到掣肘。

2013年11月，习近平总书记在湖南考察时强调"要切实办好农村义务教育，让农村下一代掌握更多知识和技能"。湖南牢记习近平总书记殷殷嘱托，持续推进城乡义务教育一体化发展，不断缩小城乡教育资源差距。在基本普及城乡免费义务教育的基础上，湖南把贯彻落实党的十八大提出的"均衡发展九年义务教育"作为改革再次设定的攻坚目标。通过结对帮扶、教师交流、远程教育等多种形式，将优质教学资源输送到边远和农村地区。从"有学上"迈向"上好学"，从"学有所教"迈向"学有优教"，城镇大班额和农村学校薄弱等突出问题得到有效解决。

2017年6月，省政府出台《关于统筹推进县域内城乡义务教育一体化改革发展的实施意见》，坚持以新发展理念为引领，提出深化综合改革、推进依法治教、提高教育质量等统筹推进县域内义务教育一体化改革发展的目标和举措，为到2020年教育现代化取得重要进展和全面建成小康社会奠定坚实基础。

2017年10月18日，习近平总书记在中国共产党第十九次全国代表大会上指出："推动城乡义务教育一体化发展，高度重视农村义务教育，办好学前教育、特殊教育和网络教育，普及高中阶段教育，努力让每个孩子都能享有公平而有质量的教育。"

湖南把"努力让每个孩子都能享有公平而有质量的教育"作为教育事业优先发展的着力点，明确提出"城乡基本公共教育服务均等化基本实现""县域义务教育均衡发展基本实现"的目标。在省委、省政府大力推动下，湖南义务教育均衡发展，区域之间、城乡之间、校际之间的差距逐步缩小。十九大召开前，湖南已累计招收公费定向培养师范生5.1万人，向农村基层一线教学岗位输送了1.8万名毕业生，绝大部分成为所在学校的教学和管理骨干，他们是湖南农村教育的脊梁，也是乡村教育未来的希望。同时，湖南保障进城务工人员子女享受与城镇居民子女同等的受教育权，对符合政策的进城务工人员子女就学做到了"零拒绝"。

至2020年，湖南城乡二元结构壁垒基本消除，义务教育与城镇化发展基本协调；城乡学校布局更加合理，城乡师资配置基本均衡，乡村教师待遇稳步提高、岗位吸引力大幅增强，乡村教育质量明显提升，教育脱贫任务全面完成。

城乡医疗卫生服务差距缩小。改革开放以来，湖南在完善公共卫生服务体系、加强农村卫生服务体系建设、推进新型农村合作医疗试点等方面取得明显成效。然而城乡发展不平衡导致的医疗卫生差距呈不断增大的趋势。国家统计局资料显示，2000年第五次全国人口普查口径登记的湖南省常住人口为6440.07万人，其中农村人口占70.25%。然而，从医疗卫生资源来看，绝大多数分布在城市，农村资源配置十分有限。

"没有全民健康，就没有全面小康。"医疗是民生之需，攸关生命安全。"看病难、看病贵"这一百姓迫切期盼，习近平总书记时刻牵挂于心。在他看来，看不上病和看不起病问题是全面建成小康社会的突出短板之一，必须加快补齐，为百姓筑牢健康防线。

基本医疗有保障，奔向小康有力量。如何化解基层"医荒"，让"全民健康"托起"全面小康"？湖南贯彻习近平总书记指示精神，引导医疗卫生工作重心下移、资源下沉，把健康"守门人"制度建立起来，满足人民群众看病就医需求。

党的十八大以来，随着卫生资源总量持续增长，湖南医疗服务能力和服务效率得到了显著提高。至2016年底，全省卫生技术人员（含乡村医生）由2012年的35.80万人增加到43.96万人，增长22.79%。全省医疗机构实有床位数由2012年的29.44万张增加到42.81万张，增长45.41%。城市居民15分钟、农村居民30分钟可到达的就医圈基本形成。

永州市江华县云梯山村卫生室

　　湖南把贫困人口全部纳入家庭医生签约服务范围，并针对不同疾病，研究制定分类救治方案，确定139家集中救治定点医院，有组织地实施分类分批救治。同时，组织全省45家三级医院开展对口帮扶，实现了对所有贫困县75家县级医院帮扶全覆盖。派出54个专家团队赴贫困地区开展蹲点指导和巡回医疗。远程医疗协作网覆盖所有贫困县级医院。加强贫困地区卫生人才培养，在贫困地区倾斜实施全科医生特岗计划、农村订单定向学生免费培养、住院医师规范化培训、助理全科医生培训等项目，贫困地区医疗卫生服务能力明显提升。

　　湖南着力促进城乡居民享受公平待遇。根据国务院《关于整合城乡居民基本医疗保险制度的意见》，按照统一覆盖范围、统一筹资政策、统一保障待遇、统一医保目录、统一定点管理、统一基金管理"六统一"要求，整合城乡居民医保制度，筹资和保障水平大幅提升，人均政府补助标准由2012年的240元提高到2017年的450元，城乡居民大病保险制度全面建立，基本实现应保尽保。农村贫困人口通过基本医保、大病保险、医疗救助、商业保险赔付等综合补偿及定点医院减免后，剩余合规自付医药费用个人支付仍有困难的，实行政府兜底保障，减轻或免除个人负担。

　　为了实现贫困人口基本医疗有保障，湖南省通过一系列改革举措，缓解因病致贫和因病返贫，助力打好健康扶贫攻坚战。湖南省是全国脱贫攻坚的主战场之一，贫困地区因地处偏远，受经济发展、交通条件和卫生人员缺乏等影响，部分村级卫生服务网底不健全，2019年全省还有1153个村卫生室"空白村"（其中无房无合格村医的699个）。为解决贫困地区农村群众就近有地方有医生看病问题，湖南省将农村服务体系建设、提升基层医疗卫生服务能力连续两年作为重点督办的建议提案。2019年，湖南将"基本消除村卫生室'空白村'"列为省政府重点民生实事，向全省人民作出庄严承诺，加快配备乡村医生和村卫生室标准化建设步伐，确保年内全省行政村卫生机构和人员"零空白"。郴州在全省率先完成118个消除"空白村"工作任务，实现行政村卫生室全覆盖。

2020年9月，在湖南省郴州市汝城县文明瑶族乡沙洲瑶族村，习近平总书记走进村卫生室，了解基本医疗保障情况，叮嘱当地干部："要聚焦解决'看病难、看病贵'问题，深化公立医院改革，加强县级医院综合能力建设，加强标准化村卫生室和城市社区卫生机构建设，健全公共卫生和疾病预防控制体系。"此时，湖南城乡基本健康服务和健康水平的差异已经明显缩小，一个公平公正、全民健康覆盖的基本医疗卫生服务体系正在高效运转。

破解农村养老现实难题。老有所养，是许多家庭关切的"家事"。受传统观念的影响，湖南大多数农村老年人是依靠子女养老，建立有效的农村养老保险模式势在必行。

2009年9月，国务院发布《关于开展新型农村社会养老保险试点的指导意见》，决定从2009年起开展新型农村社会养老保险试点，2020年之前基本实现对农村适龄居民的全覆盖。湖南省是地处中部的农业人口大省，当时农业总人口5437万人，60周岁及以上农业人口868万人。湖南省人民政府于2009年11月19日正式出台了新农保具体的实施政策和纲要，并选择长沙县等14个县市区进行试点工作，试点涉及600多万农村居民。2011年7月，湖南省新农保试点县市区已达96个，占全省的78%。湖南省新农保已覆盖60周岁及以上农村老人占全省同口径老人的69%，超过全国平均水平9个百分点。2012年8月，湖南省实现城乡居民社会养老保险制度全覆盖。

然而，湖南省养老保险的运行状况与农民对养老保险的需求之间还存在着一定的差距。补贴标准较低、统筹管理层次低、保值增值难、政府宣传深度不够等较为明显的问题依然存在。

湖南农村人口老龄化较城镇地区程度更高、进程更快的现状，与农村地区经济发展水平、养老基础设施、社会治理能力和公共服务水平等方面还不同程度滞后形成较大反差。破解农村养老的现实难题，摆在各级党委、政府面前。湖南首先从健全农村社会保障体系着手，完善基本养老、医疗等领域的保险制度，保障农村居民能够共享经济社会发展成果。其次构建居家养老、社区养老、机构养老协同补充的多层级养老服务体系，针对不同的养老需求提供符合实际的养老服务。

2019年4月，国务院办公厅发布《关于推进养老服务发展的意见》，将补齐农村养老基础设施短板、提升特困人员供养服务设施（敬老院）建设标准纳入脱贫攻坚工作和乡村振兴战略。提出28条具体举措，直指为养老服务打通"堵点"消除"痛点"，让老年人及其子女获得感、幸福感、安全感显著提高。在系列举措保障下，农村贫困老年人的获得感、幸福感、安全感持续增强。2020年12月，湖南省人民政府办公厅出台《关于推进养老服务业高质量发展的实施意见》，进一步提出划清职责界限、优化规划布局、补齐设施短板、提升服务质量、加大资金支持和强化监督管理等6大块20条具体措施。在强化农村养老服务布局上，要求每个县选择2至4个基础条件好、辐射能力强、交通便利的乡镇，建设具备医疗护理、养老服务功能的区域性（中心）敬老院。按照"政府扶得起、老人用得上、服务可持续"原则，依托村级活动中心等公共服务平台，打造兼具集中居住和公共服务功能的农村养老服务设施，大力发展

新田县骥村镇敬老院，舞蹈爱好志愿者到院里给老人们表演广场舞

农村互助养老服务设施。支持区域性（中心）敬老院运营主体发挥辐射作用，连锁运营农村养老服务设施。

2021年底，湖南部署全力推进农村养老服务体系建设，将全省包含占城乡特困老年人总数97%的36.6万多农村特困老年人、4.7万计划生育失独家庭老年人在内的680多万农村老年人纳入养老服务体系。构建打造县（区）有"院"、镇（街）有"中心"、村（组）有"点"的县乡村三级养老服务设施网络，均衡农村养老设施布局，用实际行动回答如何让广大农村老年人老有所养，兜住农村特殊困难老年人服务底线这一历史性课题和时代命题。

妥善帮助农村剩余劳动力就业。随着改革开放和农业科技发展，农业劳动生产率的提高，农村积蓄了大量剩余劳动力，如何解决好农村剩余劳动力就业问题，是加快农村经济发展、协调城乡关系、确保农民增收的关键举措。

2009年末，据9745户农村住户抽样调查推算，湖南农村劳动力人数达3933.57万人，外出就业劳动力达976.06万人，占劳动力人数的24.8%。农村外出就业劳动力以整劳动力为主，男性居多。其中21岁至30岁年龄段的青壮年达506.93万人，占51.9%。国家扶持农业的新政策不断出台，粮食补贴、粮种补贴、大型农机具购置补贴等一系列政策措施的落实，使土地增收幅度较大，农民从农业中看到了希望，采取了"离土不离乡"的转移模式。回乡农民中，部分人运用在外打工期间积累的资金、技术和管理经验，在本地创办或领办乡镇企业，发展私营、个体经济，又进一步拓宽了本地农民的增收渠道。但是劳动力转移就业主观愿望不强、外出就业的盲目性依然存在、外出务工的权益得不到有效保障，使湖南农村劳动力外出就业面临新的难点。

湖南通过加强教育和职业技能培训，提高外出务工农民素质，加强思想引导，转变农村劳动力就业观念，提高农村劳动力转移就业的组织化程度，加强维权服务和就业援助体系建设等一系列措施，帮助农村劳动力转移就业。

一人就业，全家脱贫。湖南省数年来持续优化就业扶贫工作机制，深入推进就业扶贫，取得了积极成效。截至2020年11月底，全省建档立卡农村贫困劳动力转移就业212.6万人，占有就业意愿人员的99.9%。2019年，全省62.8万脱贫人口中，有22.6万人通过就业实现，带动14万贫困家庭中的49.8万人脱贫，直接贡献率为36%。

2020年，面对新冠肺炎疫情影响和贫困劳动力返乡回流带来的挑战，湖南出台《关于强化"点对点"服务促进贫困劳动力就业的意见》等政策措施，全力推动贫困劳动力稳定就业。通过线上线下两个平台联动发力，着力促进贫困劳动力和用人单位的精准对接。着力强化创业培训、技工院校免费技能培训和劳动力素质提升培训，激发内生动力，提升就业能力。全年累计为贫困劳动力提供一站式创业服务4.64万人次，累计免费培训贫困家庭"两后生"（初中、高中毕业后未继续升学的学生）5.5万人，完成贫困劳动力素质提升培训2.46万人。省内大力开展就业扶贫基地和就业扶贫车间建设，多元拓宽贫困劳动力就业渠道，省外则积极对接省政府驻外办事处，强化与长三角、珠三角的劳务对接。截至11月底，建成就业扶贫车间4942家，就业扶贫基地1162家，吸纳8.5万名贫困劳动力就业，通过公益性岗位兜底安置15.7万名贫困劳动力就业。全省共建立劳务协作对接机制891个。这一年，即使面对新冠肺炎疫情的不利影响，湖南仍实现农村劳动力转移就业形势好转。省内创业就业环境不断改善，吸引力越来越强，越来越多的农村劳动力既可以在"家门口"就业，也能够照顾好家庭，做到工作家庭两不误，他们的择业观念悄然转变。不断完善的湖南城乡就业服务体系，让共同富裕更加真实可感，湖湘百姓过上更高品质生活的美好愿望正在成为现实。

推进城乡客运一体化。城乡客运一体化是湖南推进交通强国建设试点工作的重要内容。湖南以试点工作为契机，持续推进城乡客运一体化示范县创建工作，着力破解城乡道路客运乘车难、乘车贵、乘车不安全等问题，探索农村客运"开得通、留得住、管得好"的长效机制，服务精准扶贫和乡村振兴战略，打破城乡二元结构，实现城乡交通运输公共产品均等化，让人民群众共享交通运输改革发展成果。

湖南将"推动城乡客运一体化"列入民生实事之一，从体制机制层面探索农村客运发展的长效机制，以实际行动和务实举措解难题、解民忧，不断提升群众幸福感与获得感。湖南确定了"集约经营、统筹规划、乡村全通、价格惠民"原则，引导示范县实行集约化、规模化经营，整合分散的农村客运经营主体，由经营公司统一购置车辆，统一调度车辆，统一外观标识，设立统一投诉举报电话。此外，为进一步保障农村老百姓的乘车体验，湖南鼓励各创建县编制科学合理的城乡客运一体化发展规划，结合当地实际进行线路布局、运力投放、站场建设等。要求创建县建制村通客车率达到100%，充分保障发班频次，每条农村客运线路每天至少往返各1趟，30公里以内与30公里以上的城乡公交线路每天分别确保6趟次与4趟次，票价下降幅度超过30%。不仅如此，湖南还积极探索城乡客运一体化发展的可持续模式，大力发展"城乡客运+邮政""城乡客运+物流"等模式，从便利百姓日常出行到"工业品下乡""农产品进城"，打通服务乡村振兴"最后一公里"。示范县创建工作进一步推动、解决了农村老百姓"乘车难、乘车贵、乘车不安全"的问题，提升了人民群众幸福感和获得感，对助力打破城乡二元结构、推动乡村振兴具有重要意义。

（二）新型城镇化加快推进

城乡之间的发展问题是中国全面建成小康社会所必须面临的重大问题。为了使城乡之间全面、有序发展，国家不断推动城镇化建设。但随着社会的发展，传统的城镇化模式带来了各种弊端，导致城镇的生态环境日益恶化，并最终阻碍了城镇的持续发展。

2001年，省第八次党代会提出"调整城乡结构，提高城镇化水平""加快城镇化步伐，实现城镇化与工业化的良性互动"。从2006年起，新型城镇化道路开始在部分地区日益兴起。"城镇化"前加上"新型"二字，意味着一场综合的、全面的、深刻的体制机制的变革。湖南从省情出发，将建设新型城镇化的理论与实践相结合，充分发挥科学技术和管理的作用，开始探寻多种路径，采取各种政策，以长株潭的发展带动周边城市及其他城镇的发展，建设资源节约、环境友好，人与自然、社会和谐相处的美丽湖南。

2010年的省委工作会议，明确将新型城镇化提升到战略性和全局性高度，作为"四化两型"战略的重要组成部分——城镇化一头连着工业化，一头连着农业现代化。没有新型城镇化的加速推进，就无法满足新型工业化的要求，甚至会影响新型工业化的发展。同时，推进新型城镇化是解决"三农"问题、推进农业现代化的根本出路。

1978—2013年，全省城镇人口从593.9万增加到3208.8万，城镇化率从11.50%提高到47.96%，年均提高1.04个百分点，其中2000—2013年年均提高1.40个百分点，超过全国平均速度，也高于全省20世纪90年代水平，城镇化进入快速发展阶段。

党的十八大以来，习近平总书记对深入推进新型城镇化建设多次作出重要指示，强调城镇化是现代化的必由之路。党中央就深入推进新型城镇化建设作出了一系列重大决策部署。"推进城镇化，核心是人的城镇化，关键是提高城镇化质量，目的是造福百姓和富裕农民。"在中央高规格召开的城镇化工作会议上，习近平总书记"让城市融入大自然，让居民望得见山、看得见水、记得住乡愁"的提法令人记忆犹新。

长株潭城市群一体化程度不断增强，洞庭湖、大湘西、湘南地区城镇化加快推进，优化了城镇布局和规模结构。1978—2013年，全省城市数量由10个发展到29个，建制镇由154个增加到1138个。截至2015年，全省有大城市3个、中等城市8个、小城市18个，规模等级相对完备、功能互补的城镇体系基本形成。

2014年3月，中共中央、国务院印发《国家新型城镇化规划（2014—2020年）》。党和国家以最高的规格作出中国城镇化的长远规划，中国新型城镇化发展有了纲领性文件。2015年9月，省委、省政府正式印发《湖南省新型城镇化规划（2015—2020年）》，把积极稳妥扎实推进城镇化，提升到全面建成小康社会，加快推进现代化、奋力谱写中国梦湖南篇章的战略高度。

湖南加快了全面融入国家区域战略推动省域协调发展，加快产业结构升级推动经济持续健康发展，破除城乡二元体制推动农业农村农民问题解决，维护社会和谐稳定推动社会全面进步的步伐。在城镇化取得明显进展，城市经济快速增长，人居环境持续改善，城镇面貌焕然一新的同时，户籍人口城镇化率偏低、城镇规模小、辐射能力弱，城镇建设方式粗放、特色不突出，城镇公共服务水平低等一些深层次矛盾和问题也逐步显现，对城镇化健康发展形成巨大挑战。

党的十八届三中全会作出了全面深化改革的部署，户籍制度、土地管理、财税金融、生态环境等重点领域的改革步伐全面加快，为新型城镇化提供了强大动力。国家深入推进丝绸之路经济带和21世纪海上丝绸之路建设，依托黄金水道打造长江经济带，建设长江中游城市群，特别是提出引导1亿人在中西部地区就近城镇化的战略部署，为湖南充分发挥"一带一部"区位优势，在更大范围内配置生产要素和经济资源，全面提高基础设施水平，更多更好地承接产业转移，扎实推进新型城镇化提供了重要条件。

为了贯彻落实党的十八大，十八届三中、四中全会和习近平总书记系列重要讲话精神，湖南紧紧围绕"四个全面"战略部署，以人的城镇化为核心，以城镇群为主体形态，以改革创新为动力，进一步增强产业和基础设施支撑能力，尊重自然生态格局与民族文化传统，构筑与资源环境承载力相适应的城镇化空间格局，全面提高城镇化质量，走出一条具有时代特征和湖南特点的新型城镇化道路。

——以人为本，公平共享。把有序推进农业转移人口市民化作为推进新型城镇化的首要任务，积极引导农业转移人口落户城镇，稳步推动城镇基本公共服务常住人口全覆盖，不断提高城乡居民生活水平，促进社会公平正义，使全体居民共享城镇化现代化发展成果。

——"四化"同步，城乡统筹。把工业化、信息化、城镇化、农业现代化协同发展作为推进新型城镇化的重要抓手，推动信息化和工业化深度融合，工业化和城镇化良性互动，城镇化和农业现代化相互协调，促进城乡要素平等交换和公共资源均衡配置，构建新型城乡关系。

——优化布局，集约高效。把城市群和区域性城市组团作为推进新型城镇化的重要载体，以长株潭城市群为核心，以环长株潭城市群为重点，以综合交通运输网络和信息网络为依托，以城市间分工协作为纽带，推进大中小城市和小城镇协调发展。合理控制城市开发边界，优化城市内部空间结构，促进城市紧凑发展，提高国

湘潭昭山示范区，快捷通达的综合立体交通体系已经形成

土空间利用效率。

　　——生态文明，环境优美。把促进城镇生态文明建设作为推进新型城镇化的重要内容，强化环境保护和生态修复，节约集约利用土地、水、能源等资源，切实保护耕地和基本农田，着力推进绿色发展、循环发展、低碳发展，减少对自然的干扰和损害，推动形成绿色低碳的生产生活方式和城市建设管理模式。

　　——文化传承，特色鲜明。把建设湖南特色人居环境作为推进新型城镇化的重要方向，注重挖掘湖湘文化底蕴和优势，加强对传统文化资源的挖掘、保护和利用，提倡区域差异性和形态多元性，着力建设有历史记忆、地域风貌、文化魅力、民族特点的特色城镇。

　　——市场主导，政府引导。正确处理市场和政府的关系，坚持使市场在资源配置中起决定性作用，切实履行政府制定规划政策、提供公共服务和营造制度环境的重要职责，使城镇化成为市场主导、自然发展的过程，成为政府引导、科学发展的过程。

湖南新型城镇化的目标越来越明确，路径越来越清晰。城镇化水平和质量稳步提升。党的十九大提出"以城市群为主体构建大中小城市和小城镇协调发展的城镇格局"，为新时代中国推进新型城镇化指明了方向和路径。湖南加快推进以人为核心的新型城镇化，有了更足的信心，城镇化进程持续加快，城镇化质量大幅提升，城乡面貌进一步改善，城乡融合发展取得重要进展。

城镇化水平稳步提升。"十三五"期间，全省城镇人口由3451.88万人增加到3904.62万人，城镇化率由50.89%提高到58.76%，超过全国平均增速。

城镇空间格局逐步优化。以长株潭都市圈为核心引领，以区域中心城市、城市群为主要载体，以县城和小城镇为重要补充的大中小城市协调发展的城镇化格局基本形成。长株潭一体化进程不断加快，一卡通应用不断拓展。洞庭湖、大湘西、湘南地区城镇化加快推进。宁乡市、邵东市等完成撤县设市，中等及以上城市城镇人口规模占比增加，城市等级规模不断优化。

城镇综合承载能力不断提高。交通出行日趋便捷。截至2021年8月，高速公路总里程达到6951公里，实现了县县通高速。环卫设施日趋完善，城镇生活垃圾无害化处理率达到99.6%，地级以上城市建成区黑臭水体消除比例达到98.4%。基础设施补短板取得重大成效，5G等新一代信息基础设施加快布局。

城镇品质不断升级。县以上城镇建成区人均公园绿地面积达到12.1平方米，全省已成功创建国家园林城市（县城）16个、省级园林城市（县城）40个。创建全国文明城市10个、国家级历史文化名城4个、中国历史文化名镇10个。推进公共服务均等化，超额完成消除义务教育大班额任务，实现了乡镇卫生院全科医生、县市二甲公立医院全覆盖。

农业转移人口市民化成效明显。实行宽松的户籍管理制度，进一步放宽大中城市落户条件，全省基本取消落户限制、长沙市基本取消重点人群落户限制。全面实施新型居住证制度，持证人在劳动就业、基本公共教育、基本医疗卫生服务、住房保障、社会福利、社会救助等权利上享有与当地户籍人口同等权益，促进有能力在城镇稳定就业和生活的常住人口有序实现市民化。

城镇发展体制机制不断完善。人口市民化成本分担机制、农村土地制度改革、省直管县、扩权强镇、城镇综合管理等方面改革取得明显成效。长沙市、株洲市、常德市等试点地区走在全国前列，新型城镇化试点和特色小镇的示范带动效应不断显现。

湖南城镇化迈向高质量发展阶段，发展速度、发展动力、承接载体、主体形态、空间格局、人口结构、群众需求呈现出新特征与新趋势。都市圈引领城市群发展成为城镇化空间主体形态。长株潭城市群区域集聚人口规模日趋明显，中心城市辐射带动效应不断显现，中心城市和都市圈成为增长引擎。迎来以国内大循环为主体、国内国际双循环相互促进的新发展格局，新型城镇化建设成为扩内需的重要内容和重要保障，城市群、都市圈承载的人口和经济比重不断提升，以中心城市为核心、带动周边中小城市和小城镇一体化发展的格局形态更加凸显。

随着社会经济发展和人民收入水平提升，人民对美好生活的向往更加强烈，需求趋于高端化、多元化。进入"十四五"，湖南围绕2035年基本实现社会主义现代化宏伟目标，全面实施以人为核心、高质量为导向、面向现代化的新型城镇化战略，大力推进形成协调互补的城镇化格局，推进广泛覆盖的农业转移人口市民化，建成宜居宜业的现代化城市，构建精细高效的城市治理体系，实现互促共进的城乡融合发展，以增强人民群众的获得感、幸福感、安全感，为奋力建设现代化新湖南提供强劲动力和坚实支撑。

（三）区域经济协调发展

区域协调发展，是习近平总书记亲自谋划、亲自部署、亲自推动的发展战略，是贯彻新发展理念、建设现代化经济体系的重要组成部分。"要着力增强发展的整体性协调性。下好'十三五'时期发展的全国一盘棋，协调发展是制胜要诀。""要根据各地区的条件，走合理分工、优化发展的路子，落实主体功能区战略，完善空间治理，形成优势互补、高质量发展的区域经济布局。"一句句彰显着大党大国领袖深谋远虑和历史担当的话语掷地有声。

2013年11月，习近平总书记视察湖南，寄语湖南发挥作为"东部沿海地区和中西部地区过渡带、长江开放经济带和沿海开放经济带结合部"的区位优势。"一带一部"的战略新定位，为湖南在中国区域经济布局中锚定了方位、指明了方向。

此后，湖南坚持"一带一部"战略定位，大力实施创新引领开放崛起战略，着力打造省外大通道、省内大循环的综合交通枢纽，高铁、高速公路通车里程位居全国前列，市市通高铁、县县通高速目标得以实现，初步构建了结构合理、方式优化、区域协调、城乡一体的发展新格局。

　　湖南深入贯彻习近平总书记对湖南工作的重要指示精神，不断深化市场化改革、扩大高水平开放，加快建设内陆创新开放高地，为促进国家区域协调发展贡献力量。同时，立足解决湖南发展不平衡不充分问题，把长株潭城市群打造成高质量发展引擎，把洞庭湖区建设成秀美富饶的生态经济区，把湘南地区打造成中西部地区承接东部和沿海地区产业转移地，把大湘西地区打造成令人神往的生态旅游区，促进临空、临港、临湖、沿江产业发展，为全国全面建成小康社会作出湖南贡献。

　　湖南立足对接国家重大区域发展战略，积极参与"一带一路"建设，加快成为粤港澳大湾区建设、长江三角洲区域一体化发展的经济腹地支撑和长江经济带的重要战略支撑，为优化国家改革开放空间布局贡献湖南力量。立足创新区域经济合作方式，与周边省区携手努力，促进基础设施互联互通，消除合作壁垒和市场障碍，推进基本公共服务均等化，提升区域合作实效，增进革命老区民生福祉，为全国建立更加有效的区域协调发展新机制贡献湖南策略。立足提升创新优势开展产业合作，与周边省份共享创新资源、共克技术难关、共促产业合作，共同探索先进发展模式，共同建设产业分工合作体系，为促进中部地区共同崛起贡献湖南智慧。

　　长株潭一体化打造成高质量发展引擎。在湖南各区域的发展中，长株潭城市群是一股不可忽视的力量。它是湖南创新引领开放崛起的引擎，也是湖南实现中部崛起的重要担当。早在20世纪50年代，湖南省就有把长株潭三市合并的设想。从1984年正式提出建设长株潭经济区方案，到1997年实施长株潭一体化发展战略，再到2007年获批长株潭城市群两型社会建设综合配套改革试验区，历届湖南省委、省政府始终在积极探索和开拓。

在相当长时间内，长株潭一体化工作取得一定成效，但由于行政分割，三市的发展思路、利益诉求不一致，造成一体化进展相对缓慢，距离社会各界期待还有较大差距，一些"融城瓶颈"长期无法破除。

党的十八大以来，习近平总书记几次视察湖南，为湖南擘画出宏伟蓝图，让长株潭一体化发展有了全方位实质性突破。湖南省委、省政府对长株潭一体化越来越重视，顶层设计越来越完善，统筹协调力度越来越大，各项政策举措越来越实，长株潭一体化取得明显进展和成效。

"十三五"期间，长株潭三市建立起一体化发展联席会议制度，其作为合作高层决策机制，由三市市委书记轮任会长，分书记层面、市长层面定期召开联席会议。省委、省政府再次提出，要将长株潭城市群打造成全省经济核心增长极的升级版、中部崛起的新高地、全国城市群一体化发展示范区，并要求长株潭三市以更强的使命担当、更高的工作标准，对长株潭城市群发展再谋划、再深化，合力推动长株潭城市群一体化发展不断取得新成效、新突破。

2018年10月20日，长株潭城市群一体化发展首届联席会议召开。这是自1997年正式实施长株潭一体化发展战略以来，召开的首届长株潭城市群一体化发展联席会议，成为长株潭一体化发展新的标志性事件。会议公布了《长株潭城市群一体化发展行动计划（2018—2019年）》，聚焦基础设施、公共服务、环境保护、民生保障等方面，共铺排了14大项、20分项合作实事。根据《计划》，三座城市将实现交通一体化，即"三干两轨四连线"，3条快速发展主干道，打通三座城市快速对接的交通网络，还有2条轨道和4条连接线建设，提高长株潭之间的路网密度，使长株潭融入半小时经济圈。同时，环保和公共设施也将走向一体化，三市协同推进蓝天保卫战和湘江流域治理，加强环境保护；博物馆、图书馆、旅游景点等公共设施，三城市民将实现共享共用。

2020年10月以来，湖南省相继编制《长株潭区域一体化发展规划纲要》《长株潭一体化发展五年行动计划（2021—2025年）》。2021年初，湖南省成立以省委书记为组长的长株潭一体化发展领导小组，此后三市也分别成立长株潭一体化发展领导小组，强化对一体化工作的集中领导、统筹调度、督察督办。紧扣"高质量"和"一体化"两大关键性任务，湖南省委、省政府明确了长株潭一体化规划同图、设施同网、三市同城、市场同治、产业同兴、创新同为、开放同步、平台同体、生态同建、服务同享的"十同"任务清单。

在湖南省委、省政府统筹下，长株潭三市近年来打破"一亩三分地"思维，携手实施一系列轨道交通项目。2019年夏天，连通长沙、湘潭两地的芙蓉大道、潭州大道快速化改造工程（湘潭段）在昭山示范区举行开工仪式。长株潭交通一体化的"三干两轨四连线"工程的启动加速了长株潭快速融城的步伐。打通曾经备受诟病的长株潭城市群"断头路"、实施城际干道快速化改造、推动城铁"公交化运营"，高效便捷的长株潭"半小时交通圈"加速形成，大大提升了人员、物资的流通效率。

在走过近40年发展历程后，长株潭一体化又处在新的历史起点上，迎来加快建设长株潭都市圈的战略机遇期。从经济规模来看，长株潭城市群实力已经不容小觑。2020年，长株潭三市GDP分别为12142.52亿元、3105.80亿元、2343.10亿元，合计约17591.42亿

长株潭城际列车开通

元，约占湖南省GDP的42.1%，稍高于武汉市2020年15616.1亿元的规模。

全面融入长江经济带。拥有163公里长江岸线的岳阳，2014年被湖南省委、省政府定位为湖南融入长江经济带的"桥头堡"，明确要求将岳阳打造成湖南通江达海的新增长极，这也给岳阳发展带来了新机遇、新动力。

岳阳南邻长沙，北与长三角对接，地理区位优势十分明显。在长江经济带格局中，岳阳的交通枢纽战略优势，对于加快发展以保税物流为重点的现代服务业，打造湖南开放型经济有得天独厚的条件。

自2012年起，岳阳就开始积极牵头开展"一区一港四口岸"的申报工作。3年内，岳阳综合保税区、汽车整车进口指定口岸、出口退税启运港等六大国家级口岸平台相继告竣，岳阳也迎来经济发展的高速时期。

为强力打通湖南出海通道，岳阳还不断开辟和优化精品航线，不仅开通城陵矶至上海洋山港直达航线，优化城陵矶至上海外高桥航线，城陵矶港至上海港及沿途主要港口也由每周5班增加到2016年的11班。

依托口岸经济优势，岳阳保持经济社会各项重要指标稳居湖南省前列：2016年前三季度，岳阳社会消费品零售总额增长11.9%，排全省第一位；规模工业增加值增长7.2%，排全省第二位；GDP增长7.9%，排全省第三位；固定资产投资增长14.6%，排全省第三位；公共财政预算收入增长10.6%，排全省第四位。

不仅仅是岳阳，整个湖南依托长江经济带的优势，实现跨越式发展。2015年开始，湖南相继印发《关于依托黄金水道推动长江经济带发展的实施意见》《贯彻落实国家〈长江中游城市群发展规划〉实施方案》等文件，推进区域性中心城市组团发展。即以洞庭湖生态经济区建设为重点，以产城融合为抓手，大力推进岳阳绿色化工产业带、常德千亿装备制造产业走廊、益阳船舶制造基地和城陵矶新港区、津澧新城、益阳东部新区建设，将岳阳市、常德市、益阳市建设成为长江中游地区重要的中心城市和产业基地，打造湖南融入长江经济带的战略支点和滨湖型城市组团。做大做强衡阳市、娄底市中心城区，加快推进衡阳西南云大经济圈协同发展，建设大衡山特色城镇带，加快建设娄底城镇带和娄双高附加值"两型"产业走廊、娄涟冷现代制造业走廊。

除此之外，依托长江中游城市群建设，湖南与湖北、江西相互签订战略合作协议，共同打造中部增长极，并积极推进省域边界地区的跨省合作，加快建设湘粤（港澳）、湘赣等开放合作试验区。

2015—2016年，湖南主动融入长江经济带，共争取国家六批次专项建设基金，支持包括122个重点推进项目在内的1184个项目，金额706亿元，带动社会投资约3000亿元。

2018年4月25日，习近平总书记从荆州港码头登上轮船，顺江而下，考察长江。在岳阳考察时，习近平总书记提出，建设长江经济带，要"共抓大保护、不搞大开发"。

为落实习近平总书记的指示，湖南在建设长江沿岸生态环境和发展中，坚持生态优先、绿色发展。2018年5月，《中共湖南省委关于坚持生态优先绿色发展，深入实施长江经济带发展战略，大力推动湖南高质量发展的决议》出台，完善顶层设计，传递"绿色强音"；加强长江岸线整治，关闭拆除全部42个泊位，退出岸线7302米；大力开展生态修复，加快沿线企业"并转"，打造163公里美丽长江岸线；加快洞庭湖生态区建设，启动洞庭湖生态环境整治三年计划，安排8000万元专项资金支持80个生态环境整治"五结合"工程。"绿水青山就是金山银山"，推动长江经济带绿色发展中，湖南省让"一湖四水"的清流汇入长江，在"共抓大保护、不搞大开发"的大战略中彰显湖南作为，贡献湖南力量，推动湖南从绿色大省向天蓝地绿水清土净的生态强省转变。

搭建产业转移高地。产业是区域经济的根基。区域协调发展，必须依靠产业作支撑。湖南虽不靠海不沿边，但联通东西、承接南北、通江达海的地理位置，决定了这里适合承接发达地区的产业转移。

2018年11月，一份由国务院授权、国家发改委印发的《湘南湘西承接产业转移示范区总体方案》正式获批，标志着湖南承接产业转移示范区建设迎来发展的春天。按省委、省政府工作安排，省发改委组织编制出台《湘南湘西承接产业转移示范区发展规划》，提出明确目标任务：到2020年，示范区建设取得重大进展。综合实力进一步提升，地区生产总值达到1.25万亿元；引进60家以上的世界500强企业，形成若干产值过百亿的龙头企业；城镇格局进一步优化，城镇化率达到52.8%。到2025年，示范区基本建成。地区生产总值达到1.8万亿元，引进80家以上的世界500强企业，常住人口城镇化率达到59.0%。到2035年，示范区全面建成。示范区主要经济社会发展指标在全国位于中上水平，产业分工协作格局和全面开放新格局不断巩固，承接发展形成一批规模和水平居中西部地区前列的产业集群，引进150家以上的世界500强企业，产业迈向全球价值链中高端，生态环境根本好转，人民生活更加宽裕，基本实现社会主义现代化。

构建产业结构优化、开放体系完善、区域协同联动、行政服务高效、示范效应明显的承接产业新格局，把示范区建设成为中西部地区承接产业转移高地的重担落在湖南衡阳、郴州、永州、湘西、怀化、邵阳6个市州、3234万人肩上。相比沿海，这块区域存在明显的发展"势差"；较之西部更广大地区，示范区又是西部腹地的"前沿"。在国家实现东中西部协调发展上，湘南湘西承接产业转移示范区成为重要的桥梁纽带。

为实现区域协调发展，湖南省第十二次党代会提出，要优化"一核两副三带四区"区域经济格局，形成四大板块协调联动、竞争发展的新格局。加强对接粤港澳大湾区建设、长三角一体化发展等国家战略，在推动中部地区崛起和长江经济带发展中彰显新担当。实施强省会战略。因地制宜推动革命老区、民族地区、欠发达地区等特殊类型地区振兴发展，加快湘赣边区域合作示范区建设。这一项项举措，必将解决区域发展不均衡的问题，实现高质量发展，为巩固湖南全面建成小康社会成果，建设现代化新湖南注入更强劲的动力。

（四）板块优势形成互补

党的十七届五中全会强调，要通过推进主体功能区建设，调整经济布局，带动全局发展。省委、省政府敏锐地抓住这一难得的战略机遇，在省第十次党代会上作出总体部署，明确要求：加快推进长株潭城市群全国两型社会建设综合配套改革试验区、大湘南国家级承接产业转移示范区、大湘西武陵山片区国家扶贫攻坚示范区、洞庭湖生态经济区等四大区域板块发展。这四大区域发展的优势和特色开始显现，形成优势互补齐头并进竞相发展的势头。

"四大板块"的形成与发展。改革开放以来，湖南先后提出了建设"五区一廊"（即沿京广线、湘江流域的岳阳、长沙、湘潭、株洲、衡阳五个市和一条高新技术的产业走廊），抓好"一点一线"（即以长株潭为一点，107国道、京珠高速、京广铁路沿线的岳阳、长株潭、衡阳、郴州为一线），"抓两头带中间"（即长株潭经济圈和大湘西开发圈两大经济板块互相呼应）等一系列重大区域发展战略，对推动全省经济社会又好又快发展起到了重要作用。但由于历史原因，全省区域发展不平衡的问题仍然比较突出。中央实施区域发展战略，为湖南解决这一问题提供了"金钥匙"，湖南加快四大区域板块发展，从而使各个区域都能"动"起来，带动全局"活"起来。

为了抓住发展的新机遇，省委、省政府明确提出：着力优化提升环长株潭城市群，加速崛起大湘南，扶持发展大湘西，加快建设洞庭湖生态经济区，努力形成主体功能定位清晰、经济优势互补、国土空间高效利用、基本公共服务均等、人与自然和谐相处的区域发展新格局。

——加快长株潭试验区改革建设，打造湖南快速发展的"黄金带"。积极推动长株潭两型社会试验区建设试点，并在试点取得经验的基础上，将两型社会建设在全省推进。湖南由局部试点向全省整体推进突破，在长株潭城市群两型社会试验区的带动下，全省各地两型社会建设全面展开。

——加快湘南国家级承接产业转移示范区建设，打造湖南跨越发展的"起跳板"。2011年，中央把湘南列为国家级承接产业转移示范区后，省委、省政府敏锐地意识到，这为湖南的跨越发展又带来了一个难得的"起跳"机遇，明确提出，要进一步加大开发开放力度，努力把湘南地区建设成为中部地区承接产业转移的新平台、跨区域合作的引领区、加工贸易的集聚区、转型发展的试验区。大湘南地区经济实现快速发展。

——加快武陵山片区区域发展与扶贫攻坚试点建设，打造湖南协调发展的"新动车"。由于历史和环境的原因，大湘西地区是湖南经济"列车"中包袱最重、困难最多的一个"车组"。中央启动武陵山片区区域发展与扶贫攻坚试点后，大湘西地区有32个县市区纳入了国家试点范围，为大湘西的发展注入了新的动力。按照中央部署，省委、省政府积极推进武陵山片区区域发展与扶贫攻坚试点工作，努力把武陵山片区建成扶贫攻坚先行区、民族特色文化保护示范区、国际知名生态文化旅游区、重要生态安全屏障和跨省协作创新区。大湘西地区的基础设施和生态建设不断加强，发展环境不断优化；特色优势产业不断发展，农村基本生产生活条件不断改善。大湘西地区迎来经济活力显著增强、城乡居民收入水平不断提高的黄金发展期。

——加快洞庭湖生态经济区建设，打造湖南均衡发展的"增长极"。建设洞庭湖生态经济区，对维护国家粮食生产安全、保障长江流域水资源生态安全、构筑长江黄金水道发展轴线、进一步完善湖南区域经济发展总体布局，具有重要的战略意义。继长株潭、大湘南和大湘西三大板块分别进入国家战略层面后，省委、省政府决定加快建设洞庭湖生态经济区，打造以粮食安全为重点的现代农业引领区、以水安全为重点的生态经济示范区、以水陆联运为重点的大宗农产品物流集散区、以两型发展为重点的"四化"协调先行区的湖南经济发展"第四大板块"。

"一核三极四带多点"构建新格局。立足"一带一部"新定位，对接"一带一路"、长江经济带建设等国家区域发展战略，这是历史赋予湖南的重大发展机遇。在这一大背景下，湖南需要在原有的长株潭、洞庭湖、湘南、大湘西四大板块基础上，对接国家区域发展战略，进一步优化和提升。2016年1月，湖南省第十二届人民代表大会第五次会议批准《湖南省国民经济和社会发展第十三个五年规划纲要》，明确提出推进四大板块协调发展，建设"一核三极四带多点"，构建平衡发展新格局。"一核三极四带多点"，是湖南在原有"四大板块"大划分的基础上，立足新的起点提出的新的区域发展战略布局。

"一核三极四带多点"的战略部署，在优化发展布局、拓展发展空间、促进区位优势加快向经济优势转化上起到明显作用，同时也统筹了省内区域发展，融入了国家区域格局，全面体现了协调发展的理念。

一核：依托长株潭两型社会试验区、国家自主创新示范区和湘江新区等国家级平台，加快发展高新技术、先进制造、现代服务业等优势产业，强化科技研发、金融服务、信息服务、文化创意等高端服务功能，引导高端产业集聚，促进产业链、创新链、服务链、资金链加速融合，建设全国先进制造业中心和现代服务业区域中心，打造长江中游城市群核心引领区。

三极：岳阳增长极，全面参与长江经济带建设，依托长江黄金水道和城陵矶港，加快推进航道畅通、枢纽互通、江海联通和关

岳阳城陵矶国际集装箱码头

检直通，推进长岳经济走廊建设，加快临港产业发展，建成全省能源基地、石化基地和长江中游区域性航运物流中心。郴州增长极，全面对接珠三角、东盟，依托湘南承接产业转移示范区和中国国际矿物宝石博览会等开放平台，推进湘粤（港澳）合作试验区建设，建成承接产业转移的新增长点。怀化增长极，全面对接成渝城市群，辐射大西南，依托区域性交通枢纽和生态优势，加快商贸物流、生态经济发展，建成五省边区生态中心城市。

四带：以京广沿线重要城市为节点，建设京广高铁经济带。以岳阳、常德、益阳为主体，以交通、水利等重大基础设施互联互通为载体，建设环洞庭湖经济带。以娄底、邵阳为重要支点，以湘中经济走廊为腹地，建设沪昆高铁经济带。以打造张家界国际旅游目的地为重点，建设张吉怀精品生态文化旅游经济带。

多点：依托国家级新区、国家级经济技术开发区、高新技术开发区、综合保税区和特色产业园区，配套完善园区基础设施和公共服务，建设一批规模大、集中度高、竞争力强的特色产业基地，推动工业向园区集聚，提高园区企业关联度，促进优势企业集聚集群发展，形成多个基础扎实、实力雄厚、特色明显、产城融合的新增长点。

从"四大板块"到"一核三极四带多点"，湖南区域发展思路更为清晰、形态更为高级。新的区域发展战略布局形成核心引领、板块联动、极带互动、多点支撑的竞相发展新格局。

互为依托、互相带动的新增长极。湖南建立"一核三极四带多点"建设联席会议机制，由省人民政府主要领导担任召集人，统筹推进"一核三极四带多点"建设，协调解决发展过程中的重大问题，形成齐抓共管、整体推进的工作格局。"四带"与"四大板块"和"一核三极"形成互为依托、互相带动的新增长极。

优势产业错位发展。落实全省供给侧结构性改革和产业转型升级的战略意图，明确区域产业定位、强化协调分工合作，引导长株潭和岳阳、郴州、怀化6市主导产业错位发展、创新发展、融合发展，推动"四带多点"产业特色发展、集聚发展、绿色发展，不断提升产业整体竞争力。到2020年，"一核三极"产业转型升级取得实质性成效，域内主导产业成为区域经济增长的核心引擎、全省现代产业体系的重要支撑。

基础设施互联互通。围绕全省基础设施建设规划，按照网格化布局、智能化管理、一体化服务、绿色化发展的要求，抓住关键通道、关键节点，补齐基础设施短板，提高承载能力。到2020年，"一核三极"区域率先建成经济便捷的立体交通网、安全高效的能源供应网、人水协调的现代水利网、全面覆盖的信息服务网。

新型城镇化整体推进。立足"一带一部"定位，对接国家区域发展战略，遵循城市发展规律，推进以人为核心的新型城镇化，提高城镇化发展质量，构建与"一核三级"建设相适应的城镇空间格局。到2020年，"一核三极"常住人口城镇化率超过65%，率先建成高效一体、协调发展、宜居宜业的中西部地区新型城镇化先行区。

发展平台提质增效。充分发挥产业园区和开放平台聚集产业、拉动增长、扩大开放的作用，打造特色鲜明、功能全面、高质高效的发展平台，形成新的经济增长点。到2020年，"一核三极"区域发展平台的载体、纽带和渠道效应明显提升，成为带动全省平台转型的重要力量。

生态环境保护治理。坚持绿色富省、绿色惠民，强化能源资源节约利用，推动污染防治、生态保护和低碳循环协同联动，促进经济社会发展与生态环境改善同步提升。到2020年，"一核三极"地区空气质量、地表水质量，以及主要污染物排放总量、单位地区生产总值能耗和二氧化碳排放下降幅度高于全省平均水平，建成天蓝、地绿、水净的美好家园，成为全省实现人与自然和谐共处的示范窗口。

"核、极、带"辐射联动。发挥"一核三极"辐射联动作用，加强衡阳市、邵阳市、常德市、张家界市、益阳市、永州市、娄底市、湘西自治州等沿线城市节点支撑作用，推动资源优势互补、产业分工协作、城市互动合作，提高要素配置效率，激发内生发展活力。到2020年，"四带"形成梯度发展、分工合理的多层次产业群和优势互补、互利共赢的经济发展格局，建成具有全国竞争力的城镇集聚带。

"四带"成为实现"四大板块"协同发展的重要纽带。以沪昆高铁经济带为例，这条东西走向的高铁连通了东中西部地区、发达地区与不发达地区，过去交通相对闭塞的溆浦、怀化、芷江等市县均首次实现了高铁直达。通过新增长极的示范带动，有力促进了湖南区域协调发展、平衡发展格局的形成。

九、湖湘儿女苦干实干谱写奋斗史诗

小康，是中华儿女千百年来的恒久守望和执着梦想。逐梦小康，见证一个大党的初心，见证人民创造历史，见证奋斗创造奇迹。湖湘儿女胸怀理想，脚踏实地，苦干实干，以"敢教日月换新天"的激情，以"会当水击三千里"的自信，把热血、汗水抛洒在湖湘大地，创造了全面建成小康社会的伟大奇迹，谱写了壮丽的奋斗史诗。

（一）"半条被子"映照湖南共产党人的人民情怀

幸福是靠奋斗得来的。在湖南小康建设的征途上，湖南共产党人坚持以人民为中心，全心全意为人民服务，前仆后继，接续奋斗，体现了深厚的人民情怀。

建党精神耀三湘。 2021年，习近平总书记在庆祝中国共产党成立100周年大会上的讲话中明确指出："一百年前，中国共产党的先驱们创建了中国共产党，形成了坚持真理、坚守理想，践行初心、担当使命，不怕牺牲、英勇斗争，对党忠诚、不负人民的伟大建党精神，这是中国共产党的精神之源。"湖南是中国共产党初心的重要萌发地和创建的重要策源地、中国共产党精神的重要锻造地。早在1918年，毛泽东、蔡和森等一批有志青年在俄国十月革命的影响下组建了新民学会，发出了建党先声。蔡和森第一个明确提出建立"中国共产党"，毛泽东组建了最早的中共省级组织——中共湖南支部；中国共产党第一位女中央委员向警予、第一位女党员缪伯英、第一位工人党员李中都是湖南人；中共安源支部是全国最早的工人党支部，岳北农工会是党领导的全国最早的工农联合组织……一百年来，一大批优秀湖湘儿女，坚持马克思主义真理、坚守共产主义理想，在生死斗争和艰苦奋斗中经受住各种风险考验、付出巨大牺牲，锤炼出鲜明政治品格，他们与全国共产党人一道，坚守初心使命，勇于自我革命，锻造了以伟大建党精神为源头的共产党人精神谱系。革命时期形成的井冈山精神、长征精神、延安精神、抗战精神、西柏坡精神等，无一不有湖南无产阶级革命家群体的参与和创造。新中国成立后形成的抗美援朝精神、雷锋精神、改革开放精神、抗洪精神、抗击"非典"精神、抗震救灾精神、载人航天精神、劳模精神、脱贫攻坚精神、抗疫精神等，也无一不有湖南人的贡献和牺牲为之做生动诠释。毛岸英、欧阳海、罗盛教、郑培民、谭千秋、高建成、张超、张辉、黄诗燕……一代又一代湖湘共产党人在革命与建设实践中为中国共产党精神谱系的形成和发展作出了重要贡献。

脱贫致富勇担当。在脱贫攻坚的战场，湖南共产党人坚定理想，践行初心，担当使命，不负人民。从省委书记、市委书记、县委书记、乡镇党委书记、村支部书记到普通党员，在脱贫攻坚的第一线处处都活跃着共产党人的身影。近年来，全省选派6900多名党政机关干部到贫困村担任第一书记，5.6万名干部驻村帮扶，60余万名党员干部与170万户贫困户开展结对帮扶。他们以行动践诺言，把心血和汗水洒遍千山万水、千家万户，153名党员干部牺牲在脱贫攻坚战场。他们用自己的生命履行了以身许党、一心为民的誓言，兑现了全面建成小康社会"一个也不能少"的承诺。

2019年11月29日，湖南省炎陵县脱贫攻坚的"一线总指挥"，株洲市政协副主席、炎陵县委书记黄诗燕，因多日劳累，突然倒下，年仅56岁。在他担任县委书记的8年时间里，炎陵县经济总量增长2.3倍，贫困发生率从19.5%下降到0.45%。炎陵成为全省第一批脱贫摘帽的国家级贫困县，黄诗燕却永远离去了。

溆浦县委原书记蒙汉像香樟树一样，扎根在溆浦脱贫攻坚和经济社会发展的主战场，直至燃尽生命的最后一点心灯。保靖县毛沟镇阳坪村原第一书记龙俊，2015年主动请缨，先后在3个贫困村驻村帮扶。2019年7月29日，龙俊在去村里扶贫途中，遭遇交通事故，生命永远定格在58岁，也定格在他帮扶的3个村村民心中。桂东县青山乡副乡长方璇在乘车前往青山乡宋家村扶贫时，因路面湿滑，车辆滑落山崖，因公殉职。

每一名共产党员都是一面旗帜、一名攻坚战士。他们是脱贫攻坚的主力军；他们披荆斩棘，克服重重困难，带领群众走向脱贫致富之路。

凤凰县廖家桥镇菖蒲塘村的共产党员王安全，在村民眼里，他不仅是村干部、合作社负责人，还是村里生态果业的科技总指导，几乎全村人的嫁接技术都传自于他。每引进一个新品种，王安全都会先在自己家的园子里实验，成功就向村民们推广，不成功就自己默默再换别的尝试。浙江宁海宫川蜜橘、米良1号猕猴桃、福

菖蒲塘村全貌

建平和琯溪蜜柚、四川广元苍溪红心猕猴桃……王安全引进的不仅仅是水果，还有种植技术。在他的带动下，菖蒲塘村家家户户都种起了水果。菖蒲塘村成了全国闻名的"水果之乡"，成功打造出果树育苗、果树嫁接、水果批发、电商销售、水果加工等五张名片。

麻阳苗族自治县谭家寨乡楠木桥村党支部书记谭泽勇，辞去县烟草公司的工作，回到村里，带领村民把一个穷村建成了怀化市小康示范村。他探索出的"连村联创，抱团攻坚"党建扶贫模式，吸纳了包括4个贫困村在内的另外8个村的党支部、276名党员"抱团攻坚"。到2019年底，9个"抱团攻坚"村的贫困户人均年纯收入在7000元以上。

"三星人是用脐橙钱，吃脐橙饭，靠脐橙起家。"这句话近年来在新宁县黄龙镇三星村广为流传，这与党支部书记陈忠禄不无关系。陈忠禄带领群众大力发展脐橙产业，建立"农户+企业+网络平台"销售模式，组织专业技术人员在村内开展脐橙种植技术培训，大大提升了村民的积极性及脐橙品质，增加了大家的收入。2017年、2018年，三星村连续两年协助县委、县政府及农业局在村内举办大型脐橙节，通过媒体、网络将三星脐橙、崀山脐橙推向世界各地。在陈忠禄的带领下，三星村接连获得"全国文明村镇""湖南省美丽乡村建设示范村""最美乡村"等荣誉称号，2020年还被评为"宜居村庄"。环境的升级、民风的转变和荣誉的纷至沓来，让三星村的村民们收获满满的成就感。

安化县南金村党支部书记夏建兴，2017年发动南金村办起柑橘采摘节，并从中嗅出旅游带动特色产业开发的商机。南金村趁热打铁，把水果采摘游做成"金字招牌"，带领全村老少吃上"旅游饭"。"旅游+特色种植产业"发展起来，村集体收入一年更比一年多，2018年村集体经济收入10万元，2020年突破80万元。

脱贫致富的伟大征途上，正是有了无数普普通通共产党人心系家国、无私奉献，才创造出占世界近1/5人口的大国彻底摆脱绝对贫困的人类减贫史上的伟大奇迹，实现了全面建成小康社会的宏图美景。湖南共产党人融入全国9500多万共产党员大家庭，坚定跟党走，一心为人民，他们的付出换得了人民的尊重与感念。

半条被子映初心。习近平总书记在纪念红军长征胜利80周年大会上的讲话中讲道："在湖南汝城县沙洲村，3名女红军借宿徐解秀老人家中，临走时，把自己仅有的一床被子剪下一半给老人留下了。老人说，什么是共产党？共产党就是自己有一条被子，也要剪下半条给老百姓的人。"

1934年11月，红军长征时进入沙洲村，由于受国民党反动派宣传的影响，许多村民害怕红军，都躲到山里去了，徐解秀因为裹了小脚，加上还有一个刚满一岁的小孩，她无法躲到山里去。她看

"半条被子"故事雕像

到这支队伍进村后，并不像国民党反动派宣称的那样，烧杀抢掠，而是主动帮老百姓挑水、劈柴，于是她让丈夫唤回了躲在山里的村民。徐解秀看到露宿在屋外的三名女红军战士冻得全身发抖，就热情地邀请她们进屋休息，并与她们同睡一张床，盖着女红军仅有的一床被子。看到徐解秀家穷得连一条被子都没有，女红军临走时决定把自己的被子留下，徐解秀死活都不肯要，女红军战士二话不说，拿出剪刀将被子剪为两半，自己留一半，另一半留给了徐解秀。三位女红军剪下的是半条被子，留下的是共产党人对人民的赤子深情，赢得的是老百姓对共产党的衷心拥护。时隔80多年，这段发生在偏远山村的故事，被习近平总书记重提，感动了全国人民。

沙洲村地处罗霄山脉连片特困地区，隶属于湖南省郴州市汝城县文明乡。全村142户542人中，曾有贫困户30户95人。村里原来

沙洲村全貌

的道路坑坑洼洼，古民居破烂陈旧，村集体收入极其微薄，许多村民不得不外出谋生。这个曾经贫困的小山村，在党和政府的大力支持下，发挥基层党组织的引领作用，以密切党群干群关系为着力点，不断夯实阵地、坚强队伍、优化服务，充分调动村民、乡贤、企业等社会力量和社会资本，大力探索"党支部+合作社+农户""党支部+村级集体经济+产业大户"等发展方式，推进产业兴旺"高效益"、生态宜居"高颜值"、乡风文明"高素质"、治理有效"高水准"、生活富裕"高水平"，走出了一条脱贫致富与乡村振兴相结合的路子。本村先后获得"全国民族团结进步模范集体""中国美丽休闲乡村""全国乡村旅游重点村""湖南省美丽少数民族特色村寨""湖南省改革开放40年40村"等荣誉。

2018年，沙洲村人均可支配收入由2014年的5240元增加到12740元，村集体经济收入由2014年的3600元增长到28.5万元，贫困发生率由18%降至0，实现了整村脱贫，交出了一份群众认可、经得起历史检验的答卷。2019年底，沙洲村实现村集体收入40万元，村民人均可支配收入13840元。2020年9月16日，习近平总书记来到沙洲村考察调研，看望乡亲们，给村庄带来了前所未有的发展机遇。

"半条被子"故事虽小，但内涵深刻，精神伟大。它反映的是深厚的军民鱼水情，是中国共产党践行初心和使命的生动诠释。三位女红军与徐解秀同吃、同住、同劳动，结下了深厚情谊。尽管过去了几十年，徐解秀仍然惦念着当年的红军姐妹，记着共产党的恩情。党的百年奋斗历程中，正是始终坚持了人民至上，与人民同甘共苦，不分你我，才让千千万万像徐解秀这样的老百姓懂得了什么是共产党，从而坚定了永远跟党走的决心。

为了弘扬"半条被子"精神，湖南全省党员干部牢记党的宗旨，把群众观点和群众路线根植于思想中、落实到行动上，认真践行以人民为中心的发展思想，着力保障和改善民生，让所有三湘父老都能致富奔小康、过上好日子，以实际行动告慰在这片红色土地上播撒革命火种的先烈。从创新基层社会管理，到补齐社会公共服务短板；从维护社会公平正义，到精准扶贫、精准脱贫全面建成小康社会……百姓关心期盼什么，省委、省政府就重视解决什么。一套套廉租房、一份份医疗保险可以见证，民生兜底中多少群众"最关心最直接最现实的利益"问题正在解决；一张张结对帮扶卡、一组组脱贫数据可以见证，精准扶贫中党员干部带领多少困难群众摆脱贫困奔向小康。一座座农家书屋，让基层群众畅享润物无声的文化之美；一处处湿地公园，让三湘人民尽览人与自然和谐共生的生态之美；一片片安置小区，让"改穷貌、换穷业、拔穷根"的易地扶贫搬迁移民感受到安居乐业的小康之美。湖南用"半条被子"的故事，激发广大党员的为民情怀，为全省人民实现小康提供强大精神力量。

（二）"大国小村"投射湖南人民的奋斗缩影

十八洞村作为精准扶贫首倡之地，在脱贫攻坚的伟大征程中，依靠党的坚强领导，充分发挥自我积极性，创造了苗寨发展史上的奇迹，成为我国精准脱贫的"村级样本"。十八洞村在短短8年时间里发生了翻天覆地的变化，实现了由深度贫困村到乡村振兴示范创建村的华丽蜕变。一个小村庄的变迁，展现了新时代大国新气象。十八洞村书写了时代传奇，精准扶贫则为贫困村庄迈入全面小康提供了有效路径。十八洞村人摆脱贫困、奔向小康的奋斗历程，投射出湖南人民为全面建成小康社会不懈奋斗的决心和信心。

用奋斗精神激发内生动力。一方水土养一方人。湖南人素有吃苦耐劳、勤俭朴实、奋发图强的优良传统和民风。湖南人常说吃得苦、霸得蛮、耐得烦。2016年3月8日，习近平总书记参加十二届全国人大四次会议湖南代表团审议，他勉励大家发扬湖南人"吃得苦、霸得蛮、扎硬寨、打硬仗"的优良传统，坚决打赢脱贫攻坚战。总书记的话语，激发出湖南人奋力实现小康目标的干劲与自信。

在全面建成小康社会的历程中，奋斗是永恒的主题。2013年11月3日，习近平总书记到十八洞村考察，首次提出"实事求是、因地制宜、分类指导、精准扶贫"的"十六字"方针，为新时期中国扶贫工作指明了方向。"脱贫攻坚是干出来的，首先靠的是贫困地区广大干部群众齐心干。用好外力、激发内力是必须把握好的一对重要关系。对贫困地区来说，外力帮扶非常重要，但如果自身不努力、不作为，即使外力帮扶再大，也难以有效发挥作用。只有用好外力、激发内力，才能形成合力。"十八洞村的干部群众牢记总书记的殷殷嘱托，发扬奋斗精神，胜利完成脱贫任务，华丽转身为幸福村庄。昔日闭塞萧条的山村，今天成为热闹的旅游目的地，老百姓收入显著提升。

2014年初，扶贫工作队进村。在做好脱贫攻坚宣传教育、群众的思想发动和情感沟通的基础上，扶贫工作队带领群众大力改善村基础设施，规划发展方向。利用自身苗族原生态文化完善、风景优美的资源优势，十八洞村大力发展旅游产业，同时在种植和养殖上做文章，精准定位，精准脱贫。党和政府为十八洞村脱贫致富创造条件、搭建平台，做到了扶贫对象精准、措施到户精准、项目安排精准、资金使用精准、因村派人精准、脱贫成效精准。得力的措施充分调动了老百姓发展生产的积极性，激发了脱贫致富的内在动力。

村民龙先兰幼年丧父，母亲改嫁，生活一度困顿。2014年，扶贫工作队驻村后，时任扶贫工作队队长龙秀林结对帮扶龙先兰。"咱俩都姓龙，我把你当亲弟弟。"龙秀林有空就去找龙先兰聊家常，鼓励他振作起来……

2015年，扶贫工作队鼓励龙先兰养土蜜蜂，帮助他学习养蜂技术，结果当年就收入3000多元。几年后，龙先兰的蜂蜜年销售额达50万元，他还组建了蜜蜂养殖专业合作社，带动本村村民养蜂致富。像龙先兰这样通过奋斗过上好日子的故事，在十八洞村还有很多。

脱贫致富贵在立志，只要有志气、有信心，就没有迈不过去的坎。加强扶贫同扶志、扶智相结合，激发贫困群众积极性和主动性，激励和引导他们靠自己的努力改变命运，使脱贫具有可持续的内生动力，是十八洞村走好精准扶贫之路的重要着力点。

十八洞村推行互助"五兴"农村基层治理模式。全村组建了41个互助"五兴"组，每个互助组由5户村民组成，由党员担任组长，从学习互助兴思想、生产互助兴产业等5个方面建立互帮互助关系。同时创新推行"村民思想道德星级化管理"：分为支持公益事业、遵纪守法、家庭美德等6个方面，让村民之间互评，按得分多少评出不同星级，公开星级评比的结果，以此激励大家向善、向好。

如今，十八洞村村民个个干劲十足，人人信心满满。十八洞，这个古老的苗寨正焕发出勃勃生机，获得了"脱贫攻坚示范村""第三批全国宜居镇村""湖南省文明单位""湖南省少数民族特色村寨""全国脱贫攻坚楷模荣誉称号"等殊荣。这一山村苗寨，成为中国共产党在新时代带领人民群众解决人类历史上最难解决的绝对贫困问题的最佳印证。

用奋斗实践促进社会发展。十八洞村只是湖南人民在全面建成小康社会奋斗中的缩影。从新中国成立之日起，在党和政府的领导下，湖南人民便意气风发地开始投入到新中国的伟大建设之中，三湘大地出现了"洞庭波涌连天雪，长岛人歌动地诗"的奋斗热潮。

从1952年起，3万多湖南民工奔赴荆江分洪工程，25万多民工参与南洞庭湖治理，85万多民工参加洞庭湖堤垸修复工程，解决了为祸数千年的洞庭湖水患，广袤肥沃的洞庭湖平原成为全国粮食和主要农产品的生产基地。湖南人民还大力改进耕作技术，改单季稻为双季稻，继1951年总结推广全国水稻丰产劳动模范、省特等劳模李呈桂的生产经验之后，"一五"计划期间，又先后推广南县田启发、醴陵县邓光晋等省劳动模范种双季稻高产的经验，改棉花撒播为条播、冬泡田为绿肥田、浅耕为深耕、稀植为合理密植，推广新式农具等，为人民对美好生活的向往奠定了一定的物质基础。

湖南人民还意气风发地投身于工业建设，努力改变湖南工业薄弱的现状。"一五"期间，国家安排在湖南的7个重大项目，湖南人民倾注了满腔热情，株洲硬质合金厂、三三一厂、株洲电厂、株洲洗煤厂、湘潭电机厂、桃林铅锌矿和瑶岗仙钨矿，相继建成投产，38个限额以上的大中型建设项目也如期完成，揭开了湖南社会主义工业现代化建设的序幕。湘潭电机厂和长沙机床厂的部分新产品分别多次参加莱比锡、大马士革、巴基斯坦等国际博览会，获得荣誉。轻工业改变新中国成立前连胶鞋、香皂、牙膏、搪瓷、自来水笔都不能制造的落后状态，1957年全国热水瓶行业质量评比中，长沙搪瓷热水瓶厂（后更名为长沙热水瓶厂）生产的莲蓬牌热水瓶获得第一名。咖啡因、葡萄糖、铋制剂等药品达到国际水平。株洲工业城拔地而起。湖南人民迅速走上了社会主义建设的大道。

湖南人民以"一万年太久，只争朝夕"的革命干劲，大修水利工程，相继建立了9座大型水库、69座中型水库，其中蓄水量在1亿立方米以上的有7座，建成了韶山灌区、欧阳海灌区等大型水利工程，改变了靠天吃饭的落后面貌，保证了农业生产的稳步增长。

在祖国的号召下，近200万湖湘儿女，打起背包，奔赴湘西、湘中、湘南的崇山峻岭，参加各项"三线会战"。投身"三线"

建设的湖南军工人员为中国第一颗原子弹爆炸提供了核心原料、为"两弹一星"伟业奉献了青春力量。诞生于株洲的中国第一台航空发动机终结了我国不能独立造飞机的历史，成功研制的第一根硬质合金棒材解决了我国没有"工业牙齿"的问题。

在改革开放大潮中，湖南乡镇企业异军突起，实现了"由农到工"的历史跨越；开放型经济蓬勃发展，实现了"由内到外"的重大转变；民营经济百花齐放，实现了"由小到大"的重要突破。尤其是全面建成小康社会的关键时期，湖南不断推动供给侧结构性改革、放管服改革，发展环境不断优化，新旧动能转换升级，开始迈向高质量发展轨道。湖南战胜了一次又一次复杂的风险挑战。自强不息的三湘儿女在挫折中坚强，在逆境中前行，在困顿中成长，战胜了1998年、2017年特大洪水，抗击了50年一遇的特大冰灾，取得2020年抗击新冠肺炎疫情重大战略成果，战胜了一个又一个险阻，踏平了一个又一个坎坷，在此过程中铸就了团结互助的品质，强化了不屈不挠的精神，磨砺了攻坚克难的意志。

习近平总书记强调，"幸福都是奋斗出来的""奋斗本身就是一种幸福""新时代是奋斗者的时代"。湖南人民以高度的责任感和使命感，全面落实中央决策部署，积极作为、勇于担当，在疫情防控常态化前提下，扎实做好"六稳"工作，全面落实"六保"任务，努力实现疫情防控和经济社会发展双胜利，确保了决战决胜脱贫攻坚目标任务如期完成，与全国同步进入小康社会。

用奋斗成就铸就不朽丰碑。在全面建设小康社会历程中，三湘大地诞生了一批世人瞩目的伟大成就和功勋人物，铸成一座座光芒闪耀的历史丰碑。为"两弹一星"作出突出贡献的周光召、陈能宽，"杂交水稻之父"袁隆平，"试管婴儿之母"卢光琇，"三万里回国路，二十年砺剑心"黄伯云等，用毕生的奋斗，换来各自领域的杰出成就。

作为美国耶鲁大学物理冶金博士，陈能宽在美国拥有很优渥的物质待遇，但他为了祖国的科技事业，冲破层层阻力，毅然选择回到国内。他连续三次主动递交入党申请书，希望像所有的共产党员那样，为了人民的利益而献出自己的一切。在中国第一颗原子弹研制任务中，他隐姓埋名25年，带领一支年轻的队伍，向世界尖端技术发起挑战。经过两年多几千次的试验，他终于掌握了"内爆法"的关键技术，在最短的时间内研制出原子弹所需的起爆元件，为我国第一颗原子弹爆炸成功作出了重大贡献。

1981 年 6 月 27 日，中国共产党十一届六中全会通过的《关于建国以来党的若干历史问题的决议》中，把籼型杂交水稻的育成和推广，与氢弹试验和人造卫星发射回收的成功，并列为我国科学技术取得的一批重大成就。1980年1月，杂交水稻作为我国出口的第一项农业科研成果转让给美国，打开了杂交水稻走向世界的大门。如此卓越成就的背后，是"杂交水稻之父"袁隆平的长时间付出。

1953年，袁隆平从西南农学院毕业分到了湖南安江农校，立志要攻克粮食增产的难题。1960年7月，袁隆平在安江农校的试验大田里发现了一蔸"鹤立鸡群"、形态特优的天然杂交稻。于是培育杂交水稻的念头始萌发在他的脑海之中。他带领自己的研究团队，反复试验，并远赴海南、云南各地，历经磨难，终于于1973年正式宣布籼型杂交水稻"三系"配套成功。1988年国内第一个"两系法"杂交水稻"安农S-1"及一系列高产优质杂交稻新组合研发成功。随后袁隆平又提出超级杂交稻分阶段实施战略目标。超级稻，就是超高产的优质水稻。农业部于1996年正式立项启动"中国超级稻育种计划"，超级稻百亩连片单产纪录不断突破：从2000年的亩产700公斤，到2004年的亩产800公斤，到2011年的亩产900公斤，到2014年的亩产1026.7公斤，到2017年的亩产1149.02公斤。最新育成的第三代杂交稻叁优一号，2020年实现了周年亩产稻谷1500公斤的攻关目标。在水稻产量不断刷新纪录的同时，袁隆平开始关注起一个特殊的领域——开发盐碱地、利用海水灌溉种植水稻。2018年5月底，"海水稻"团队在迪拜热带沙漠试验种植的水稻开展测产，最高亩产超过了500公斤。这是全球首次在热带沙漠试验种植水稻取得成功，为沙漠地区提升粮食自给能力、保障全球粮食安全和改善沙漠地区生态环境再添"中国贡献"。

陈能宽、袁隆平是湖南无数科学家、科技工作者的杰出代表，他们的不懈奋斗，为实现小康插上了科技的翅膀。1983年，国防科大自主研制的"银河-Ⅰ"亿次巨型计算机把我国推向了高性能计算机研制的国际前沿。2010年11月，国防科技大学的科学家团队研制的中国首台千万亿次超级计算机"天河一号"，以每秒4700万亿次的峰值运算速度和2566万亿次的持续运算速度，双双刷新国际超级计算机运行性能最高纪录，排名世界第一。国家超级计算长沙中心采用"天河一号"作为业务主机，标志着湖南成为国内拥有千万亿次以上超级计算能力的"超算大省"之一，超级计算服务支撑能力迈入全国前列。超级计算机、超高速列车轨道交通装备、超级杂交水稻成为湖南创新的标志性成果。2015年，湖南科技大学领衔研发的"海牛二号"刷新世界深海海底钻机钻探深度。2021年，湘潭籍航天员汤洪波进入"天和号"核心舱，由湖南人杨孟飞担任总指挥、总设计师的"嫦娥五号"实现月球取壤……这一切生动展现了湖南人"可上九天揽月、可下五洋捉鳖"的豪迈气概和探索精神。

2020年12月25日，神舟十号载人飞船返回舱交接仪式在湖南韶山举行。交接后，神舟十号载人飞船返回舱将长期展陈于韶山毛泽东同志纪念馆。从新中国成立之初的"两弹一星"到载人航天，从"嫦娥"奔月到"天问"探火，从"北斗"造福人类到空间站开门纳客，再到中国成为继美国、苏联之后，第三个成功采集月壤的国家……中国航天事业捷报频传的背后，离不开"湘力量""湘智慧"。

湖南桃源籍的郭学文是西昌卫星发射中心技术部首席气象专家，参与执行了130余次航天发射任务。他不仅带领气象保障团队为长征五号遥三运载火箭发射判定了点火窗口，还研发了天气分析和预报系统，使文昌发射场气象系统信息化水平实现新跨越。

在酒泉卫星发射中心工作的湖南宁乡籍航天人高敏忠，长期坚守加注供气岗位一线，先后参加30余次飞船、卫星和导弹发射任务，解决各类技术问题50多个，已成地面设备总体和加注专业的专家，为中国航天发射液体推进剂保障作出重要贡献。

从1994年北斗一号系统工程立项，到北斗三号组网卫星发射任务完成，中国北斗人用26年时间实现了55颗卫星的研制发射。北斗相关产品已出口120余个国家和地区。在这场向太空挺进的伟大征程中，留下了北斗卫星导航系统工程总设计师杨长风、北斗卫星导航系统工程副总设计师冉承其等湖南科学家的奋斗足迹。

湖南还诞生了新中国第一代航天专家张履谦，探月工程三期探测器系统总指挥、总设计师杨孟飞，中国载人航天工程总设计师周建平等湘籍航天领军人物。

奋进百年，在服务国家战略、服务经济社会发展大局的过程中，奋斗不息的湖南人创造了新中国工业和科技史上的多个"第一"。百年来，三湘儿女努力进取，开拓创新，取得了引以为傲的成就，铸起一座座永恒的丰碑。

（三）"矮寨不矮"展现改革开放的湖南伟力

湖南湘西矮寨，一桥飞架，拔地通天，成为中国脱贫攻坚时代史诗的见证者，刻录了一个时代的标高。

湘西的矮寨大桥，见证了8年脱贫攻坚的山乡巨变。距其约15公里路程的十八洞村，是精准扶贫的首倡地，也是人类减贫史上的村级标本。矮寨大桥周边的凤凰古城、芙蓉古镇等是驰名天下的旅游胜地，亦如一颗颗闪亮的明珠，串联起大美湘西。

矮寨大桥之下，是云遮雾罩的矮寨镇和蜿蜒盘桓的矮寨公路。公路建成于1936年，全面抗战时期，矮寨公路是衔接粤汉、湘桂黔通向西南大后方的唯一通道。险恶的环境，让这条公路成为世界公路建造史上最艰巨的工程奇迹之一。

2012年3月31日，矮寨大桥正式通车。刷新了中国和世界桥梁建设史上多项纪录。1000多名建设者昼夜苦战1800多天，征服了地形极其险要、地质极其复杂、气候极其多变、吊装极其困难、运输极其不便这五大世界级难题，创造了四个"世界第一"，尤其创造了"轨索滑移法"——世界上第五种桥梁架设工艺。矮寨大桥采用的塔梁分离式结构应用，减少了53%山体开挖，石漠化边坡植被覆盖率达到了85%，实现桥梁与自然、地域景观特色、人文环境协调发展。

矮寨大桥

　　矮寨大桥建成通车后，交通运输部门和地方政府共同探索推进"交通+旅游+扶贫"模式，以矮寨大桥为核心，打造"百年路桥奇观，千年苗寨风情，万年峡谷风光"旅游景区。"到湘西，游凤凰，看大桥"，成了去大湘西旅游的新思路。

　　改革开放后的湘西，美丽、灵动、梦幻，现代化气息日渐浓郁。湘西摆脱了千年绝对贫困，全州市场主体达到14.7万户，"十三五"期间旅游总收入超过520亿元。湘西的改革开放只是湖南的一个缩影。在40多年的改革开放历程中，湖南不断冲破思想的禁区，打破发展的僵局，将改革开放精神在实践中不断丰富和发展。湖南人民和全国人民一道，用双手和双肩战天斗地，用鲜血和汗水改天换地，用自己的辛劳和汗水一砖一瓦建造起现代化的高楼大厦。

　　进入新时代，在以习近平同志为核心的党中央的团结带领下，全国人民撸起袖子加油干，一张蓝图绘到底，攻克一个个难关，战胜一个个困难，创造了让世界刮目相看的奇迹。湖南在落实"一带一部"战略定位、打造"三个高地"、践行"四新"使命上，插上了腾飞的翅膀。"十三五"时期，湖南地区生产总值年均增长7%，五年跨越两个万亿台阶；装备制造、农产品加工、材料成为万亿产业，三湘大地崛起多个千亿级企业。在摸得着、看得见的时间刻度上，能亲眼见证习近平总书记对湖南的殷殷嘱托化作稳稳落地的果实。

时光为证，奋斗不止。矮寨大桥以其印刻的时代精神、民族精神连通时空，连接湖南更加美好的未来，在湖南迈向现代化的新征程上搭起一座更加宏伟的精神之桥。

（四）"白衣执甲"诠释从容应对各种风险挑战的湖南韧性

在全面建成小康社会的冲刺阶段，面对新冠肺炎疫情这一历史罕见公共卫生突发事件的严峻挑战，湖湘儿女众志成城、舍生忘死，有效控制了疫情传播。湖南广大劳动者发挥着彪炳史册的作用。政府工作人员、医务人员、企事业员工、志愿者、环卫工、出租车司机、快递小哥等各司其职、负重前行，湖南人"吃得苦、霸得蛮"的奋斗精神再一次激发出万众一心、决胜全面小康的不竭动力。

"湖南好人"铿锵逆行。2020年2月12日，由湖南省文明办主办的"湖南好人榜"发布了一份特别榜单——授予湖南支援湖北抗疫医疗队"湖南好人"群体荣誉称号。新冠肺炎疫情发生以来，湖南7批次、84家医疗单位、957名医务工作者义无反顾奔赴湖北抗疫第一线，践行救死扶伤、医者仁心的职业精神，展现了湖湘儿女良好的精神风貌和无畏的奉献精神。

"我们不上谁上，疫情不控制，我们不回来！""穿着厚重的防护服，戴着N95口罩，四个小时下来里面的工作服已经全身湿透。""我们要勇敢，一起熬过这一关，活着就会有更好的明天！"翻开一篇篇湖南支援湖北抗疫医疗队队员在战"疫"一线写下的日记，字里行间，是他们在抗疫战场上前行的印记。在这场惊心动魄的抗疫斗争中，广大医务工作者白衣为甲、逆行出征，奏响了一曲曲荡气回肠的英雄壮歌。

在党和人民最需要的时候，湖南全省5万多名医护人员临危受

双峰县人民医院感染二区，12名医务人员在请战书上按下手印

命、火速集结，不计报酬、无论生死，夜以继日奋战在抗疫最前线。口罩的勒痕、开裂的双手、坐着的睡姿、湿透的防护服，这些定格在抗疫前线的影像催人泪下。广大医务工作者以生命守护生命、以大爱砥砺仁心，被誉为世间最美的天使、新时代最可爱的人。

勇士铸就丰碑。罕见的新冠肺炎疫情给人民带来病痛与煎熬，扰乱了生活、生产的既定节奏。但是，没有什么能够阻挡人们对生命的敬畏与尊重、抗击疫情的斗志与决心！在关键时刻，一群湖南勇士用坚守与担当构筑起坚不可摧的防线，挽救了众多生命，自己却倒在了战"疫"一线。他们也许是平凡人，却用迎难而上诠释了坚毅，用默默奉献书写了担当精神。

2020年2月1日，湖南省卫生计生综合监督局原局长、党委书记张辉在组织抗击新冠肺炎疫情中因过度劳累，突发急性心肌梗死，不幸因公牺牲，享年56岁。疫情防控期间，张辉全力与时间赛跑，和疫情抗争，用生命呵护生命，谱写了一曲感天动地的英雄赞歌。"自己不搞清楚、不搞透，怎么去监管别人？！"这是张辉常说的一句话。从2020年1月16日至31日，张辉生命中最后的16天里，他挑起了全省疫情防控领导小组综合监督组副组长的重任。1月30日、31日，张辉率队到长沙、株洲等地，巡查高速公路出口防控人员的工作情况等。31日晚，他拖着疲惫的身子回家，20时30分许，他出现胸闷、呕吐，当儿子紧急取回硝酸甘油片时，他已经昏迷过去，再也没有醒来……

2020年2月21日8时，岳阳市公安局警令部民警、市公安局新冠肺炎防疫指挥部综合组成员董锐在疫情防控工作中突发心脏病，不幸因公殉职。当新冠肺炎疫情来势汹汹，岳阳全市8000多名公安民警、辅警参与抗疫，因心膜炎正在住院治疗的董锐也主动请缨："我是警察，不能当逃兵！"农历正月初二，董锐按时上岗。他与同事负责日常信息报送、信息检查与反馈、流调专报、经验材料整理等工作。日常信息报送，每天涉及57个卡口、定点宾馆、主要交通枢纽等基础数据；信息检查与反馈，上级部门随时有指令。疫情瞬息万变，需全天候在线。2月21日，是董锐连续抗疫第27天。一早，他就匆匆赶来单位，整理好材料发给主管领导。随后，他刚走出办公室，就突发心脏病倒地，再也没有醒来。在指挥部综合组的27天中，反复发作的病痛提醒他身体正接近临界点，而他很乐观："过了这次疫情，我就到北京去治病。"战"疫"期间，董锐主笔《新冠肺炎流行病学公安调查专报》，并提炼出"公安主导、疾控配合"的"流调"工作新机制。这个机制的建立，为快速精准控制传染源理清了思路，赢得了先机。

2020年2月3日，衡山县东湖镇马迹卫生院药剂组副组长宋英杰，在抗击新冠肺炎疫情工作中因多日连续超负荷工作，劳累过度，猝死在医院宿舍，终年28岁。正月初一（1月25日），在宋英杰的主动请缨下，原本被安排在二线做服务工作的他被调到一线，开始在许广高速东湖出入口参与体温检测排查工作。高速路口风很大很冷，穿防护服又很闷，一站就是8个小时。宋英杰从不叫苦，总是让年纪大一点的同事多休息。他不仅要在一线防控，还担任卫生院疫情防控后勤保障组组长，承担着全镇防疫设施设备及用品的储备与发放。2月3日凌晨，值完高速路口的夜班后，宋英杰开车载着3位同事回卫生院。宋英杰回到卫生院宿舍，脱下防护装备和白大褂，天亮后，他再也没有醒来。

鲁力、李志柱、龚少雄、向卫煌、朱建勋，每一个名字都属于与张辉他们一样平凡而普通的共产党员，他们同样因为抗击疫情连续奋战、劳累过度，倒下后再也没有醒来。正因为有这样一名名党员关键时刻冲得上去、危急关头豁得出来，湖南才有从容应对惊涛骇浪的足够底气。作为全国抗疫斗争的重要战场，在这场特殊战斗中，全省人民贯彻习近平总书记重要指示和党中央决策部署，按照"坚定信心、同舟共济、科学防治、精准施策"总要求，迅速打响疫情防控的人民战争、总体战、阻击战，交出了一份非同寻常的优异答卷。在这场严峻斗争中，7300万湖湘儿女以坚定信念、坚强意志、坚韧努力经受住了考验，生动诠释了伟大抗疫精神，展现了"吃得苦、霸得蛮、扎硬寨、打硬仗"的湖湘精气神。

百折不挠的湖南韧性。新冠肺炎疫情，只是湖南小康奋斗史上的一次大考而已，湖南人民再一次证明，自己是历史的创造者、是真正的英雄、化危为机的有力武器。对湖南而言，如何赢得这场大考，同样锤炼着湖南的应对能力与治理实践。

从人员与物资的调配集结，到交通运输的管理；从城市公共服务的提供，到社会秩序的维护，这样的高效率组织协调，体现在湖南战"疫"的方方面面。细微如毛细血管的社区与村落，甚至每一户家庭的防疫管理、生活所需，都在这一场宏大调度的考量之中。精准快速的综合协调能力，来源于当机立断、高瞻远瞩的决策能力。疫情防控与复工复产，关乎人民的生命与生计，如何平衡，考验的是一个地方的决策能力。湖南深知，复工复产就像疫情阻击战的后备"粮草"，只有经济流通了，才能为疫情的防控提供更多的援助。因此，哪怕复工复产带来的人潮流动与聚集，会加大疫情防控的风险，但为了更多普通人能早日恢复正常生活，为了向疫情阻击战提供更多帮助，湖南仍然在"全国一盘棋"的大局之中，开始了复工复产的种种准备。

科学决策、精准调度，在这场三湘大地的疫情阻击战中，湖南应对突发事件的能力正在得到锤炼、获得提升；湖南的决策能力正在一次次为人民的考量中得以完善。

"疫情的冲击只是短期的，不要被问题和困难吓倒。"习近平总书记2020年2月10日在北京调研指导新型冠状病毒肺炎疫情防控工作，对进一步做好疫情防控工作作出重要部署，为我们打赢疫情防控阻击战注入了强大信心和力量。

这样的信心与力量，在湖南碰撞出了打赢疫情阻击战的耀眼火花；这样的信心与力量，正让湖南努力办好自己的事情，为全国大局作出自己的贡献。

一场惊心动魄的抗疫斗争，让全省人民再一次见证舍生忘我、冲锋在前的共产党人的政治本色。这次抗疫斗争伊始，全省18万多个基层党组织、400多万名党员踊跃投身抗疫一线，以守护者的辛劳换取群众的健康安宁。从重症病房争分夺秒的救治、无微不至的护理到主动请缨驰援湖北和非洲国家，从守好湘鄂边界卡口到城乡社区挨家挨户排查，从驻企帮扶到深入疫情最严重地区采访报道，哪里任务重、哪里就有党组织坚强有力的工作；哪里有困难，哪里就有共产党员的身影。"我是党员我先上"的铿锵话语响彻三湘大地，鲜红的党旗始终在抗疫一线高高飘扬。没有生来英勇，只因选择无畏。在疫情阻击战中，全省累计有7366个临时党组织在医院、隔离点、社区卡口等"战斗前线"相继成立，1159名同志成为火线入党的预备党员，2.4万余名机关干部下沉到3.1万多家企业担任防疫联络员。

艰难困苦，玉汝于成。爬坡过坎、攻坚克难。湖南在全面建成小康社会的历程中，战胜了一个又一个艰难险阻，迎接了一个又一个风险挑战。"我们现在所处的，是一个船到中流浪更急、人到半山路更陡的时候，是一个愈进愈难、愈进愈险而又不进则退、非进不可的时候。"习近平总书记的高瞻远瞩，为"湖南号"这艘经济巨轮指明了航向。

"世界百年未有之大变局"是以习近平同志为核心的党中央作出的重要论断，是认清中国发展历史方位、把握世界局势演进规律的基本遵循。增强忧患意识，坚持底线思维，才能打好防范化解重大风险的有准备之战。发扬斗争精神、增强斗争本领、掌握斗争艺术，才能提高应对大变局、引领大变局的能力和水平。察势者智，驭势者赢。"湖南号"经济巨轮在广阔海域中经风浪、过险滩，迎接挑战，化危为机，离不开全体湖南人的奋斗。全省人民风雨同舟、守望相助，心往一处想、劲往一处使、汗往一处流，凝结成万众一心攻坚克难的团结伟力，使湖南在各种重大斗争考验和风险挑战面前始终做到"乱云飞渡仍从容"。

十、全面建成小康社会的湖南经验与启示

全面建成小康社会，是我们党确定的"两个一百年"奋斗目标的第一个百年奋斗目标，是实现中华民族伟大复兴中国梦的关键一步。全面建成小康社会，充分体现了我们党的性质宗旨、价值追求和治国理政能力，为我们奋进全面建设社会主义现代化国家新征程带来了深刻启示、提供了宝贵精神资源。认真总结湖南全面建成小康社会的历史经验，对于全面落实"三高四新"战略定位和使命任务，全面建设富强民主文明和谐美丽的社会主义现代化新湖南有着十分重要的意义。

（一）始终确保以习近平同志为核心的党中央决策部署落到实处

党的十八大以来，习近平总书记对湖南工作高度重视，十分关心，多次来湘考察指导，对做好湖南工作发表一系列重要讲话、作出一系列重要指示。这些重要讲话指示精神，内容丰富、内涵深刻、逻辑严密，是一个有机统一的整体，既深刻体现了习近平新时

代中国特色社会主义思想的内在要求，又深刻反映了新时代湖南建设和发展的迫切需要，蕴含着强大的真理力量、人格力量和实践力量，是做好新时代湖南各项工作的根本遵循和行动指南。

2013年11月3日至5日，习近平总书记先后来到湘西、长沙等地，深入农村、企业、高校，考察经济社会发展情况，希望湖南发挥"一带一部"区位优势，抓住机遇，提高经济整体素质和竞争力，加快形成结构合理、方式优化、区域协调、城乡一体的发展新格局。在湘西花垣县十八洞村考察指导时，总书记首次提出了精准扶贫。

2016年3月8日，习近平总书记参加十二届全国人大四次会议湖南代表团审议时指出，要创造性开展工作，着力推进供给侧结构性改革，着力加强保障和改善民生工作，着力推进农业现代化，让广大人民群众有更多获得感。

2018年4月25日，习近平总书记亲赴湖南岳阳，考察了位于长江沿岸的君山华龙码头、城陵矶水文站，察看非法砂石码头取缔及整治复绿、湿地修复情况。在听取有关工作情况汇报后，勉励湖南再接再厉，继续做好长江保护和修复工作，守护好一江碧水，因地制宜推动经济高质量发展。

2020年9月16日至18日，习近平总书记先后来到郴州、长沙等地，深入农村、企业、产业园、学校等，就统筹推进常态化疫情防控和经济社会发展工作、谋划"十四五"时期经济社会发展进行调研。指示湖南要落实党中央决策部署，坚持稳中求进工作总基调，贯彻新发展理念，坚持以供给侧结构性改革为主线，决胜全面建成小康社会、决战脱贫攻坚，扎实做好"六稳"工作，全面落实"六保"任务，着力打造国家重要先进制造业、具有核心竞争力的科技创新、内陆地区改革开放的高地，在推动高质量发展上闯出新路子，在构建新发展格局中展现新作为，在推动中部地区崛起和长江经济带发展中彰显新担当，奋力谱写新时代坚持和发展中国特色社会主义的湖南新篇章。

习近平总书记对湖南工作的一系列重要指示，饱含着对三湘儿女的关怀厚爱和对湖南发展的殷切期望。尤其是在决战脱贫攻坚、决胜全面小康，进而乘势开启全面建设社会主义现代化国家新征程的关键历史节点，习近平总书记考察湖南，对全省人民是巨大的鼓舞、有力的鞭策。湖南抓住这一战略领航机遇开启了实施"三高四新"战略、建设现代化新湖南的新征程。

习近平总书记的系列重要讲话和调研途中的一言一行，让湖南人民深刻感受到他坚如磐石的理想信念、人民至上的赤子情怀、我将无我的历史担当、实事求是的务实作风、平易近人的人格力量，深刻感受到了他对湖南这片红色热土的深情厚爱。

习近平总书记每次对湖南工作作出重要指示后，湖南都及时召开省委常委会会议、领导干部会议、专题研讨班等深入学习传达贯彻，引导各级树牢新发展理念和正确政绩观，自觉把总书记指示要求落到实处。全省上下形成高度共识，认为习近平总书记考察湖南系列重要讲话立意高远、内涵丰富，包含经济建设、政治建设、文化建设、社会建设、生态文明建设和党的建设各个方面，是习近平新时代中国特色社会主义思想的重要组成部分。

在精准扶贫上，湖南牢记习近平总书记的嘱托，自觉扛起脱贫攻坚重大政治责任，始终扭住精准扶贫方略不动摇，始终把提高脱贫质量摆在首位，因地制宜因人施策，闯出了脱贫攻坚的"湖南经验"。

在发挥"一带一部"区位优势上，湖南抓住产业梯度转移和国家支持中西部地区发展的重大机遇，提高经济整体素质和竞争力，推动形成结构合理、方式优化、区域协调、城乡一体的发展新格局。

在落实"三个着力"上，湖南坚持把着力推进供给侧结构性改革作为推动高质量发展的根本举措，打响了一场硬仗；把着力加强保障和改善民生作为全部工作的出发点和落脚点，聚焦解决群众"急难愁盼"问题，不断增强人民群众的获得感、幸福感、安全感；着力推进农业现代化，努力探索产出高效、产品安全、资源节约、环境友好的农业现代化道路。

在"守护好一江碧水"上，湖南坚决贯彻落实习近平总书记重要指示精神，以"一湖四水"为主战场，扎实推进湘江保护和治理"一号重点工程"、洞庭湖生态环境专项治理及小微水体整治，全省水环境质量持续改善。

在打造"三个高地"上，湖南大力发展先进制造业；提升关键核心技术自主创新能力，强化企业技术创新主体地位；主动服务国家开放战略，建立对非经贸合作交流长效机制，深度融入共建"一带一路"，推动对外贸易创新发展，抓好湖南自由贸易试验区总体方案落实。

在践行"四新"使命上，湖南更加重视激活高质量发展的动力活力，更加重视催生高质量发展的新动能新优势，走出一条创新引领开放崛起，生态优先、绿色发展，区域协调、共建共享的路子；着眼构建新发展格局，在坚持扩大内需战略基点上添活力，在以新基建为引领扩投资上拓空间，在繁荣城乡市场、促进居民消费上挖潜力，在以国内大循环为主体、国内国际双循环相互促进上开新局;切实担当中部地区崛起的重要增长极、长江经济带发展的重要支撑、"一带一路"的战略腹地,为推动形成优势互补、高质量发展的区域经济布局贡献力量;在建设富饶美丽幸福新湖南的征程上不断取得新成就,以湖南一地一域的繁荣发展,为新时代坚持和发展中国特色社会主义、实现中华民族伟大复兴中国梦添砖加瓦。

从统筹推进"五位一体"总体布局的高度驱动湖南全面发展。进入新时代,以习近平同志为核心的党中央总揽全局,科学决策,坚持统筹推进中国特色社会主义经济建设、政治建设、文化建设、社会建设、生态文明建设"五位一体"总体布局,推动中国特色社会主义事业全面发展、全面进步。"一分部署,九分落实。"在进入全面建成小康社会的关键阶段和各项事业爬坡过坎的关键时期,湖南狠抓责任落实和强化执行力,勠力同心、主动担当、务实作为,推动经济科教文化生态开放等各方面发展,共同把蓝图变为现实、愿景变为实景。

经济建设的启示——必须深刻领悟习近平新时代中国特色社会主义经济思想对新时代经济工作的明确要求,始终坚持发展是第一要务,坚持社会主义市场经济改革方向,突出深化改革这个根本动力,争当改革的促进派和实干家,让改革为经济社会高质量发展提供澎湃动能。

党的十八大闭幕不久后的2012年11月30日,中共中央在中南海召开党外人士座谈会时,习近平总书记谈到"稳中求进的工作总基调",指出2013年"要以提高经济增长质量和效益为中心,稳中求进,开拓创新,扎实开局"。不久之后的12月9日,在广州主持召开经济工作座谈会时,他又强调,"既要坚定必胜信心,又要增强忧患意识,按照稳中求进的工作总基调,扎实推动我国经济持续健康发展"。此后，党中央不断完善党领导经济工作的体制机制，形成定期分析研究经济形势和重大经济问题等制度，加强对发展大局大势的分析和把握，及时制定重大方针、重大战略，作出重大决策，部署重大工作，确保党对经济工作的领导落到实处，为推动各方面共同做好经济工作提供了重要保证。

2013年8月，国务院正式批准设立中国（上海）自由贸易试验区。此后，自贸试验区试点逐步扩大，形成一批可复制、可推广的政策，拓展了改革开放空间，提高了开放型经济水平。2020年9月21日，三湘大地传来喜讯，中国（湖南）自由贸易试验区（简称"湖南自贸试验区"）正式获批。湖南秉承"为国家试制度，为地方谋发展"的战略使命，全力建立与国际接轨的市场规则体系，打造制度创新高地，形成营商环境更优化、金融配套更完备、办事流程更简便、税收政策更灵活、产业格局更清晰的开放新格局，为打造内陆地区改革开放高地，激发出新的活力。

2013年11月，党的十八届三中全会对全面深化改革作出全面规划和部署，强调经济体制改革的核心问题是处理好政府和市场的关系，使市场在资源配置中起决定性作用和更好发挥政府作用，实现了理论上的重大突破和实践上的重大创新，为深化经济体制改革指明了方向。湖南深入贯彻落实党的十八大和十八届三中全会精神，出台《中共湖南省委贯彻落实〈中共中央关于全面深化改革若干重大问题的决定〉的实施意见》，紧紧围绕推进全面建成小康社会的总目标，充分发挥"一带一部"区位优势，抢抓国家扩大内陆开放，建设丝绸之路经济带、21世纪海上丝绸之路和长江经济带等机遇，推动全面深化开放型经济体制改革，为全省开放发展注入新的动力和活力。

2013年12月，中央城镇化工作会议召开，明确了推进新型城镇化的指导思想、主要目标、基本原则、重点任务。2014年3月，中共中央、国务院印发实施《国家新型城镇化规划（2014—2020年）》。2014年底，审议通过《关于农村土地征收、集体经营性建设用地入市、宅基地制度改革试点工作的意见》。2015年9月，湖南省委、省政府印发《湖南省新型城镇化规划（2015—2020年）》，建立农业转移人口市民化激励机制，探索农业转移人口"三权"有效实现与进城落户的联动机制。按照中央统一部署，湖南全面实施不动产统一登记，加快完成集体建设用地、宅基地使用权等各类不动产确权登记颁证工作，将农村土地所有权承包权经营权"三权分置"这一继家庭联产承包责任制后农村改革的又一重大制度创新落到实处。

针对国家经济发展处于增长速度换挡期、结构调整阵痛期、前期刺激政策消化期"三期叠加"阶段的基本特征和工作要求，习近平总书记作出我国经济发展进入新常态这一重大论断。湖南深刻认识到，新常态下经济增长速度从高速转向中高速，发展方式从规模速度型转向质量效率型，经济结构调整从增量扩能为主转向调整存量、做优增量并举，发展动力从主要依靠资源和低成本劳动力等要素投入转向创新驱动这些主要特点，首先从思路上开拓创新，主动适应新常态。依托湖湘文化的厚重、湖南交通的便利、湖南人民的智慧，积极对接"一带一部"战略区域发展，形成新的增长极，全面涌动湖湘干事创业的激流。

2015年10月，党的十八届五中全会审议通过"十三五"规划建议，明确提出了以人民为中心的发展思想，提出了创新、协调、绿色、开放、共享的发展理念。2015年11月，习近平总书记在中央财经领导小组第十一次会议上首次提出推进"供给侧结构性改革"。以供给侧结构性改革适应并引领经济新常态，是党中央的一项重大战略部署。湖南以新发展理念统揽改革发展全局，以"三去一降一补"为抓手，大力推进供给侧结构性改革。在落实好去产能、去库存、去杠杆、降成本、补短板五大任务上，走出一条适应把握引领新常态的正确路子。在新发展理念的引领下，湖南经济社会发展保持稳中有进、稳中向好的态势。

党中央的决策部署和湖南的贯彻实践充分证明，只有坚持和完善社会主义基本经济制度，使市场在资源配置中起决定性作用，更好地发挥政府作用，把握新发展阶段，贯彻创新、协调、绿色、开放、共享的新发展理念，加快构建以国内大循环为主体、国内国际双循环相互促进的新发展格局，才能做到高质量发展。

民主政治建设的启示——必须始终坚持党的领导、人民当家作主、依法治省有机统一，积极稳妥推进社会主义民主政治建设。一个尊重民主权利的政党才能赢得人民的支持，一种民心所向的制度才能拥有前行的力量。党的十八大以后，党中央以增加和扩大我国社会主义民主政治的优势和特点为关键，坚持发挥党总揽全局、协调各方的领导核心作用，坚持国家一切权力属于人民；坚持和完善中国共产党领导的多党合作和政治协商制度；坚持和完善民族区域自治制度；坚持和完善基层群众自治制度；坚持和完善民主集中制制度和原则；持续推进社会主义民主政治制度化、规范化、程序化，更好发挥中国特色社会主义政治制度的优越性，不断为党和国家兴旺发达、长治久安提供更加完善的制度保障。

2015年3月，十二届全国人大三次会议对《中华人民共和国立法法》作出重要修改，依法赋予设区的市地方立法权，明确地方立法权限和范围，进一步完善了我国立法体制。为落实修改后的《中华人民共和国立法法》，2015年12月4日，湖南省第十二届人大常委会第十九次会议表决通过了《湖南省人民代表大会常务委员会关于确定衡阳、株洲、湘潭、岳阳、常德、益阳、郴州市人民代表大会及其常务委员会开始制定地方性法规的决定》。至此，湖南已有8市拥有地方立法权。2018年5月31日，湖南省人民代表大会常务委员会作出关于修改《湖南省地方立法条例》的决定。为克服地方性法规草案由部门起草可能导致的部门利益法制化倾向，决定要求省人大及其常务委员会应当加强对立法工作的组织协调，发挥在立法工作中的主导作用。

2015年初，中共中央印发《关于加强社会主义协商民主建设的意见》，对扎实推进政府协商提出具体要求。湖南按照中央要求和部署，扎实有效地推进政府协商，在完善顶层设计、开展双周协商、定期通报情况和设立协商机构等方面开展积极探索。采取公布实施省政府工作部门责任清单、权力清单、外资准入负面清单和政府核准的投资项目目录（"三清单一目录"）等措施，进一步明确了政府的权力和责任，努力打造政府协商的"湖南样本"。

2015年5月，中共中央颁布《中国共产党统一战线工作条例（试行）》，首次将"参加中国共产党领导的政治协商"作为民主党派基本职能之一，将民主党派基本职能拓展为"参政议政、民主监督，参加中国共产党领导的政治协商"。这是关于统战工作的第一部党内法规，为统一战线事业发展提供了政治保障、组织保障、法治保障。当年，由省委书记担任组长的省委统战工作领导小组成立，并率先在全国召开领导小组会议，带动各市州、县市区和绝大部分高校、国企党委成立了统战工作领导小组。《省委统战工作领导小组工作规则》《湖南省贯彻〈中国共产党统一战线工作条例（试行）〉的实施意见》《关于做好新形势下民族工作的实施意见》《关于加强政党协商的实施意见》等一系列文件出台，在"党委统一领导、统战部牵头协调、有关方面各负其责"的大统战工作格局下，湖南统一战线的整合力、凝聚力、创新活力不断提升。

党的十八大以后，党中央高度重视民族地区经济社会发展，实施促进民族地区和人口较少民族发展、兴边富民行动等规划，确保少数民族和民族地区同全国一道实现全面小康和现代化。湖南认真执行党的民族宗教政策，深入开展民族团结进步宣传教育。省人大常委会通过开展民族区域自治"一法两规定"执法检查，推动全省贯彻实施《民族区域自治法》《国务院实施〈民族区域自治法〉若干规定》《湖南省实施〈民族区域自治法〉若干规定》，有力地推进了民族事务治理体系和治理能力现代化。

湖南深刻领会中央精神，在党的领导下，全力迈开人大、政协"两条腿"，下活基层民主这盘棋；不断深化行政体制改革，有力提高了行政机构服务效率；法治春风吹遍湖湘，擦亮"法治湖南"新名片，推进全面依法治省；强化对权力运行的制约和监督，让权力在阳光下运行，加速形成不敢腐的惩戒机制、不能腐的防范机制、不易腐的保障机制。中国特色社会主义民主政治在三湘大地焕发出蓬勃生机，民主政治建设之路越走越宽广。

思想文化建设的启示——必须始终坚持社会主义先进文化前进方向，坚持中国特色社会主义文化发展道路，培育和践行社会主义核心价值观，坚持以人民为中心的工作导向，坚持把社会效益放在首位、社会效益和经济效益相统一，紧扣党和国家文化发展方针政策及湖南省委、省政府中心工作，深入推进文化体制改革。

文化是一个国家、一个民族的灵魂，文化兴国运兴，文化强民族强。坚定中国特色社会主义道路自信、理论自信、制度自信，说到底是要坚定文化自信。2016年5月17日，习近平总书记在哲学社会科学工作座谈会上指出："文化自信是更基本、更深沉、更持久的力量。"

为加强和改进宣传思想工作，党的十八大以来，党中央先后召开了全国宣传思想工作会议、文艺工作座谈会、党的新闻舆论工作座谈会、网络安全和信息化工作座谈会、哲学社会科学工作座谈会、全国党校工作会议和全国高校思想政治工作会议，习近平总书记发表了一系列重要讲话，深刻回答了新的历史条件下宣传思想文化工作的重大理论和现实问题。党中央作出了一系列重大工作部署，出台了《关于推动传统媒体和新兴媒体融合发展的指导意见》《关于实施网络内容建设工程的意见》《党委（党组）意识形态工作责任制实施办法》等文件。湖南文源深、文脉广、文气足，拥有璀璨夺目的湖湘文化、得天独厚的红色文化和蓬勃发展的当代文化。省委、省政府历来高度重视文化建设工作，将其作为建设富饶美丽幸福新湖南的战略性工程，召开文化强省建设推进大会，推动各项工作取得新突破、新进展。贯彻落实党的十九届五中全会精神，湖南紧紧围绕建成文化强省这一重要目标，立足坚持马克思主义在意识形态领域的指导地位，坚定文化自信，增强湖南文化的软实力，不断打造文艺创作精品，做强做优做大文化产业，加大文化惠民利民力度，开创湖湘文化繁荣发展新局面。

党的十八大提出，倡导富强、民主、文明、和谐，倡导自由、平等、公正、法治，倡导爱国、敬业、诚信、友善，积极培育和践行社会主义核心价值观。2013年12月，中共中央办公厅印发

《关于培育和践行社会主义核心价值观的意见》，要求把培育和践行社会主义核心价值观融入国民教育全过程、落实到经济发展实践和社会治理中。湖南广泛开展爱国主义教育活动和群众性精神文明创建活动，推动社会主义核心价值观进教材、进课堂、进学生头脑。湖南韶山的"我为韶山添光彩"、长沙的"雷锋家乡学雷锋"、常德的"常德故事百姓讲"等活动，从点滴细微处入手，在贯穿融合上下功夫，潜移默化的核心价值观教育，使社会主义核心价值观成为百姓的行为准则。

"惟楚有材，于斯为盛"的湖湘文化在中华大地享誉千年。新时代湖南人民牢固树立文化自信，大力实施文化强省战略，"文化湘军"实力久负盛名，湖南故事、湖南声音名扬海外，属于湖南人的"文化自信"熠熠生辉。

社会民生建设的启示——必须始终把增强人民群众的获得感摆在突出位置，既把有利于稳增长、调结构的发展选项往前排，也把民心所向、群众所盼的民生选项往前排，稳步推进社会事业改革创新。

进入新时代，随着经济社会发展水平的提高，人民对美好生活的向往更加强烈，民生领域需求日益复杂多元，保障和改善民生的任务十分繁重。党中央坚持以人民为中心，把增进人民福祉作为发展的根本目的，着眼在发展中补齐民生短板，在幼有所育、学有所教、劳有所得、病有所医、老有所养、住有所居、弱有所扶上取得一系列开创性成果，改革发展成果更多更公平惠及全体人民。

湖南把老百姓的痛点、堵点，作为党委和政府工作的重点和着力点，把补齐民生短板摆在突出位置，既为中心城市的车水马龙、百业兴旺而自豪，也为棚户区和城中村如何共享城市文明、进城打拼的创业者如何甩掉"外来人口"的标签而心焦；既为乡村振兴美好前景而激动，也为乡村空心化、农村"三留守"、不少山区孩子还得跋山涉水上学而心忧；既为老百姓生活水平的持续改善而高兴，也为部分群众特别是贫困户时不时为生计发愁、生不起病、买不起房、上不好学而牵挂；既为铁腕治污的成绩而喝彩，也为雾霾、土壤污染、黑臭水体而揪心。省第十一次党代会提出了建设富饶美丽幸福新湖南的发展愿景，明确"幸福"的目标要求就是，坚持民生为本，让全省人民生活更舒心、工作更称心、办事更顺心、全社会更有爱心。

湖南坚持以习近平新时代中国特色社会主义思想为根本遵循，把增进民生福祉作为发展的根本目的，在推动经济高质量发展的基础上，各项民生事业不断实现新突破。湖南努力强机制，健全完善为民办实事的体制机制，至2021年，已连续18年集中力量办成200件群众最期盼的重点民生实事；着力固基础，狠抓扩大就业这个民生之本，提供了民生改善的源头活水；狠抓社会稳定这个民生之基，大力建设法治湖南、平安湖南，着力推进安全生产、防汛抗旱、信访维稳，创造了安全稳定的社会环境；狠抓"一件事一次办"政务服务品牌，着力解决群众操心事、揪心事；狠抓生态环境这件民生大事，全省地表水水质总体为优，地级及以上城市平均优良天数比例同比上升8.0个百分点，达91.7%，提高了全面小康的成色质量。

湖南"敢为人先"，积极探索教育改革，推进了教育发展。在全国率先出台《中小学校幼儿园规划建设条例》，推动教育规划布局更加合理，教育用地供给得到有效保障；在全国率先实施乡村教师公费定向培养计划，建立覆盖中小学幼儿园教师所有类型、学

291

段、学科的公费定向师范生培养体系，年招生规模上万人，为全国各省份之最；在全国率先实施原贫困地区乡村教师人才津贴政策并覆盖全体乡村教师，让更多农村教师"下得去，留得住，教得好"。

湖南不断深化社保制度改革，形成了比较完备的社会保障体系框架，社保制度实现普惠共享，在全国率先实现企业养老保险省级统筹，人民群众的获得感幸福感更加触手可及。大力实施全民参保计划，社保制度覆盖范围持续扩大。2010年至2020年，基本养老保险参保从1937.66万人增加到5195.9万人，失业保险参保从399.5万人增加到640.9万人，工伤保险参保从515.1万人增加到820.5万人。

2016年10月，中共中央、国务院印发的《"健康中国2030"规划纲要》，对健康中国建设作出全面部署。根据这个方针和部署，湖南医药卫生体制改革聚焦解决"看病难、看病贵"问题，以加快分级诊疗体系建设为主线，强化"医疗、医保、医药"联动改革，加快公共卫生体系建设，深化公立医院综合改革，建立优质高效整合型医疗卫生服务体系，促进医药卫生事业高质量发展，坚持防治结合、联防联控、群防群控，不断推进疾病治疗向健康管理转变。

湖南以体制创新为关键，不断加强和创新社会治理。基本建成党委领导、政府负责、社会协同、公众参与、法治保障的社会治理体制，初步形成共建共治共享的社会治理格局。党的十九届四中全会明确提出：健全党组织领导的自治、法治、德治相结合的城乡基层治理体系，健全社区管理和服务机制，实现政府治理和社会调节、居民自治良性互动，夯实基层社会治理基础。湖南将社会治理重心向基层下移，更多资源、服务、管理下放到基层，强化网格化管理服务，发挥社会组织、社会工作者、志愿者作用，发挥工会、共青团、妇联、红十字会等人民团体作用，实现政府治理和社会调节、居民自治良性互动。

贯彻党中央"多谋民生之利，多解民生之忧"的要求，湖南致力于解决好人民最关心、最直接、最现实的利益问题，不断创新社会治理体制，提高社会治理水平，努力让全省老百姓过上幸福平安的好日子，三湘人民实实在在的获得感和幸福感与日俱增。

生态文明建设的启示——必须正确处理好生态环境保护和发展的关系，也就是绿水青山和金山银山的关系，准确把握实现可持续发展的内在要求。2013年11月，党的十八届三中全会将"生态文明体制改革"纳入全面深化改革的目标体系。提出紧紧围绕建设美丽中国深化生态文明体制改革，加快建立生态文明制度，健全国土空间开发、资源节约利用、生态环境保护的体制机制，推动形成人与自然和谐发展现代化建设新格局。2015年，中共中央、国务院先后印发《关于加快推进生态文明建设的意见》和《生态文明体制改革总体方案》，从总体目标、基本理念、主要原则、重点任务、制度保障等方面对生态文明建设进行全面系统部署安排。

党的十八届三中全会后，湖南省委成立生态文明体制改革专项小组，明确以长株潭两型社会试验区为龙头，以生态文明体制改革统筹两型社会建设综合配套改革和绿色湖南建设。2014年5月起，专项小组着手起草《湖南省生态文明体制改革实施方案（2014—2020年）》，按照"源头严防、过程严管、后果严惩"的整体思路，突出改革创新和制度建设，突出系统性和可操作性，明确深入推进两型社会建设综合配套改革，加快健全自然资源资产产权和用途管制、划定生态红线、生态补偿、节能减排治污市场化、生态环境保护责任体系、法治保障等方面的制度，并分别明确了任务书、时间表和责任单位，确定了全省生态文明体制改革的"施工图"。

在党的十八大和十八届三中、四中全会对生态文明建设作出顶层设计和总体部署的基础上，2015年3月24日召开的中共中央政治局会议，审议通过《关于加快推进生态文明建设的意见》。这一关于生态文明建设任务、目标和具体措施的决策部署，为湖南生态文明建设提供了根本遵循。为深入贯彻党的十九大精神和习近平生态文明思想，认真落实《中共中央国务院关于全面加强生态环境保护坚决打好污染防治攻坚战的意见》《全国人民代表大会常务委员会关于全面加强生态环境保护依法推动打好污染防治攻坚战的决议》《中共湖南省委关于坚持生态优先绿色发展，深入实施长江经济带发展战略，大力推动湖南高质量发展的决议》，2018年7月19日，湖南省第十三届人民代表大会常务委员会第五次会议通过《关于加快推进生态强省建设的决定》，湖南生态文明建设取得一系列重大突破。

湖南按照国家关于生态文明建设的系列重大决策部署，围绕建设两型社会、绿色湖南的战略目标，以改善环境质量、保障民生为落脚点，积极推进生态文明建设各项工作，在创新环境保护体制机制方面取得重要进展。生态文明制度体系趋于系统化，助力美丽湖南、生态强省建设，打响了绿色湖南品牌。

在协调推进"四个全面"战略布局中突出全面建成小康社会的引领地位。党的十八大以来，习近平总书记洞察世界风云和国内新的变化提出的"四个全面"战略布局，指引了新的历史时期党和国家事业发展的前进方向。湖南省作为一个中部省份，经济社会发展相对滞后，落实"四个全面"战略布局的任务十分艰巨。但湖南依托独特的交通区位优势、厚实的经济发展基础、勤劳智慧的7300万人民、心忧天下敢为人先的精神品格，实现后发赶超，聚焦全面建成小康社会这一战略目标，落实全面深化改革、全面依法治国、全面从严治党三大战略举措，开创了各项事业发展新局面。

2013年11月，党的十八届三中全会对全面深化改革进行了系统部署，作出关于全面深化改革若干重大问题的决定；2014年10月，党的十八届四中全会专题研究法治建设问题，通过《中共中央关于全面推进依法治国若干重大问题的决定》，对法治中国建设进行了战略部署。党的十八届三中、四中全会作出的两个决定形成姊妹篇，使改革和法治如鸟之两翼、车之两轮，有力推动全面建成小康社会事业向前发展。随着实践的发展，党对治国理政规律性认识也在不断深化。12月，党的十八届四中全会闭幕后不久，习近平总书记在江苏调研时首次提出协调推进全面建成小康社会、全面深化改革、全面依法治国、全面从严治党。2015年2月，习近平总书记在省部级主要领导干部学习贯彻十八届四中全会精神全面推进依法治国专题研讨班开班式上的讲话，明确将"四个全面"定位为"战略布局"。

继党的十八届三中、四中全会专题研究全面深化改革、全面推进依法治国后，党中央又相继召开党的十八届五中、六中全会，就全面建成小康社会、全面从严治党进行专题研究，作出重要部署。2015年10月召开的党的十八届五中全会，在深刻认识和把握经济发展新常态的基础上，明确提出创新、协调、绿色、开放、共享的新发展理念。全会审议通过的《中共中央关于制定国民经济和社会发展第十三个五年规划的建议》，以新发展理念为统领，明确了"十三五"时期我国的发展思路、发展方向、发展着力点。2016年10月，党的十八届六中全会专题研究全面从严治党重大问题，为新形势下严肃党内政治生活、净化党内政治生态、完善党内监督体系提供了基本遵循，为全面从严治党提供了重要制度保障。

"四个全面"战略布局，是党在新时代把握我国发展新特征确定的治国理政新方略，抓住了党和国家事业发展中根本性、全局性、紧迫性的重大问题，擘画了推进改革开放和现代化建设的顶层设计，集中体现了党和国家事业长远发展的战略目标和举措。

坚决而创造性地推动"四个全面"战略布局在湖南的贯彻落实和具体实践，湖南不仅做到了主动而为，而且做到了奋发有为。

2014年1月，省委十届九次全体（扩大）会议审议通过《中共湖南省委贯彻落实〈中共中央关于全面深化改革若干重大问题的决定〉的实施意见》，提出全面深化经济、政治、文化、社会、生态文明和党的建设各领域改革，为湖南加快全面建成小康社会提供强大动力和制度保障。

十八届四中全会闭幕后，湖南第一时间组织传达学习，层层统一思想。2014年12月，省委十届十一次全体（扩大）会议审议通过《中共湖南省委贯彻落实〈中共中央关于全面推进依法治国若干重大问题的决定〉的实施方案》，这是继在全国率先出台《法治湖南建设纲要》后，法治湖南建设的又一重大举措。共提出100项重点任务，明确了法治湖南建设的路线图、任务书、时间表、责任人。

"十三五"时期是全面建成小康社会的决胜阶段。湖南认为，学习贯彻好习近平总书记系列重要讲话精神，全面落实好党的十八届五中全会精神，制定和实施好湖南"十三五"规划建议，明确发展的指导思想、总体要求、目标任务、重大举措，描绘好未来5年全省发展蓝图，事关中央一系列战略部署在湖南的贯彻实施，事关湖南经济社会持续健康发展，事关全面建成小康社会大局。省委、省政府对"十三五"规划编制工作高度重视。2014年底，省委经济工作会、省政府常务会议对此进行了专门研究。2015年2月，结合贯彻中央下发的《关于对党的十八届五中全会研究"十三五"规划建议征求意见的通知》，省委召开常委扩大会议，就编制"十三五"规划做了专题研究，并提出一系列重大课题，安排由省级领导牵头，组织相关部门深入调研，形成了系列研究成果。2015年11月，省委十届十五次全体（扩大）会议审议通过《中共湖南省委关于制定湖南省国民经济和社会发展第十三个五年规划的建议（草案）》。全会提出了湖南全面建成小康社会新的目标要求。

全面建成小康社会，在"四个全面"战略布局中居于引领地位。党中央带领全党全国各族人民朝着党的十八大确定的到2020年全面建成小康社会宏伟目标不断迈进。全面建成小康社会，强调的不仅是"小康"，更重要、更难做到的是"全面"。没有全民小康，就没有全面小康。

小康不小康，关键看老乡。农村特别是贫困地区，是全面小康最大的短板。党的十八大后，党中央加大扶贫投入，创新扶贫方式，扶贫开发工作呈现新局面。2013年11月，习近平总书记在湖南考察时，首次创造性地提出"精准扶贫"的重要理念，强调要"实事求是、因地制宜、分类指导、精准扶贫"，标志着我国扶贫方式的重大转变。湖南省委、省政府把脱贫攻坚作为重大政治任务、头等大事和第一民生，先后60余次研究推进扶贫工作，34位省级领导率先垂范、联县扶贫，形成了高位推进、持续发力的良好态势。省市县乡村五级层层立下军令状、挂起作战图，构建了五级书记抓扶贫的生动局面。湖南把农村贫困人口脱贫作为全面建成小康社会的基本标志，实现了2020年现行标准下农村贫困人口全部脱贫、贫困县全部摘帽，区域性整体贫困得到解决。

2015年11月，中共中央、国务院发布《关于打赢脱贫攻坚战的决定》。省委、省政府随即出台《关于深入贯彻〈中共中央国务院关于打赢脱贫攻坚战的决定〉的实施意见》，围绕到2020年稳定实现"两不愁三保障""六个精准""扶持谁""谁来扶""怎么扶""如何退""五个一批"等关键性问题，提出具体解决方案，吹响了脱贫攻坚啃硬骨头、攻坚拔寨的冲锋号。湖南通过加强产业扶贫，发展贫困地区特色优势产业和旅游扶贫、光伏扶贫、电商扶贫等，增强了贫困地区内生发展活力和动力。通过生态扶贫、易地扶贫搬迁、退耕还林还草等，贫困地区生态环境明显改善，实现了生态保护和扶贫脱贫一个战场、两场战役的双赢。

扩大中等收入群体，关系全面建成小康社会目标的实现。党的十六大提出全面建设小康社会目标的同时，就首次明确了"扩大中等收入者比重"的目标。党的十七大提出"中等收入者占多数"，党的十八大提出"中等收入群体持续扩大"的任务。党的十八届三中全会研究全面深化改革、十八届五中全会研究"十三五"规划时再次强调了这一任务。湖南围绕稳定扩大中等收入群体，研究制定扩大中等收入群体实施方案，实施居民收入十年倍增计划和扩大中等收入群体行动计划，推动居民收入增长与经济发展同步，着力提高低收入群体收入，扩大中等收入群体，走共同富裕之路。

全面从严治党是"四个全面"战略布局的根本保证，是党的十八大以来党中央抓党的建设的鲜明主题。2016年10月，党的十八届六中全会明确了习近平总书记在党中央和全党的核心地位，号召全党紧密团结在以习近平同志为核心的党中央周围，牢固树立政治意识、大局意识、核心意识、看齐意识，坚定不移维护党中央权威和集中统一领导。11月，省委十届二十次全体（扩大）会议通过《中共湖南省委关于贯彻落实党的十八届六中全会精神 推进全面从严治党向纵深发展的意见》。在十八届六中全会精神指引下，全省进一步增强了"四个意识"，在思想上政治上行动上同以习近平同志为核心的党中央保持高度一致，以刀刃向内的勇气向顽瘴痼疾开刀，以永远在路上的坚韧和执着深入推进全面从严治党，更加扎实地把党中央的各项决策部署落到实处，为决胜全面小康、决战脱贫攻坚提供了坚强保障。

（二）始终把人民放在心中最高的位置

中国共产党是为人民奋斗的政党，始终把人民放在第一位。湖南各级党组织坚持尊重社会发展规律和尊重人民历史主体地位的一致性，坚持为崇高理想奋斗和为最广大人民谋利益的一致性，坚持完成党的各项工作和实现人民利益的一致性，不断把为人民造福事业推向前进。

权为民所用。党的十八大以来，中国共产党坚持依法治国与制度治党、依规治党统筹推进，一体建设，坚持用制度治党、管权、治吏，先后组织制定修订200多部中央党内法规，注重党内法规同国家法律的衔接和协调，初步形成以党章为根本，以民主集中制为核心，以准则、条例等党内法规为主干的党内法规制度体系，做到了前后衔接、左右联动、上下配套、系统集成。

2014年12月，中共湖南省委发布《关于落实党风廉政建设党委主体责任和纪委监督责任的意见》，全面构建责权明晰的责任分解体系、执行有力的责任落实机制、有责必究的责任追究链条，促进各级党委（党组）和纪委（纪检机构）认真履行职责，做到守土有责、守土尽责。推动党风廉政建设和反腐败斗争深入开展，坚决遏制腐败蔓延势头，为湖南加快推进"四化两型"、全面建成小康社会创造良好环境。

此外，湖南把依法规范和制约公共权力、保障公民权利，作为法治建设的本质要求，从依法治权、依法治官着手，防止权力的缺失和滥用。出台《法治湖南建设纲要》，着力建立健全公共权力行使的程序规则，把权力关进笼子，使权力的授予有据、行使有规、运行有序，防止公共权力的恣意和滥用；着力推进党务、政务和司法公开，把权力晒在阳光下，使权力公开透明运行；着力加强监督问责，完善监督体系，创新监督机制，全面推行问责制，使权力运行处于全方位的监督之下，确保人民赋予的权力真正用来为人民谋福利。

情为民所系。从"为人民服务"，到"把人民拥护不拥护、赞成不赞成、高兴不高兴、答应不答应作为制定方针政策和作出决断的出发点和归宿""代表最广大人民的根本利益""实现好、维护好、发展好最广大人民的根本利益"，再到"人民对美好生活的向往，就是我们的奋斗目标"，党的所有工作，不论是开展革命斗争、建立武装力量、构建政治制度、进行经济建设，还是推进改革开放、推动文化发展、创新社会治理等，都以人民利益为根本考量。"人民"二字深深融入党的血脉，成为中国共产党人薪火相传、永不磨灭的精神基因。

湖南历届省委和省委常委会牢固树立以人民为中心的发展思想，深入贯彻落实"全民共享、全面共享、共建共享、渐进共享"要求，团结带领全省人民共同迈入全面小康社会，共同享有改革发展成果，共同享有人生出彩的机会。坚持一切为了人民、一切依靠人民，及时准确了解群众所思、所盼、所忧、所急，抓住人民最关心最直接最现实的利益问题，突出最需要关心的社会群体，竭心尽力为群众解难事、做好事、办实事，不断提升人民群众的获得感、幸福感和安全感。把脱贫攻坚作为第一民生工程，突出重点领域、重点困难，对症施策、精准帮扶，确保了全面小康道路上不落下一个贫困地区，不落下一个贫困群众。

历届省委和省委常委会，坚持"不忘初心"，不忘老一辈无产阶级革命家的奋斗和牺牲，不忘百姓的辛劳和奉献，在党中央坚强领导下，恪尽职守、夙夜在公，团结带领全省人民开拓创新、攻坚克难，为湖南改革开放和现代化建设事业写下了浓墨重彩的一笔，为全面建成小康社会打下了坚实基础。在他们身后，是7300万三湘父老的期待目光；在他们肩上，是建设富饶美丽幸福新湖南的千钧重担。不负全省人民的期待，不辱时代赋予的使命，毫无保留地把全部精力、全部才干、全部力量奉献给党和人民，奉献给生机勃发的三湘大地，这是湖南书写好全面建成小康社会、开启全面建设社会主义现代化国家新征程宏伟篇章最强有力的保证。

利为民所谋。中国共产党从诞生之日起就有着广泛的代表性，不仅代表中国工人阶级，同时代表中国人民和中华民族。党没有任何自己特殊的利益，从来不代表任何利益集团、任何权势团体、任何特权阶层的利益，而是为人民谋幸福、为民族谋复兴。党的奋斗目标和人民的希望诉求相一致，党与人民一体同心、休戚与共、生死相依。湖湘共产党人，在日常生产、工作、学习和社会生活中时刻发挥先锋模范作用，面对困难和危险能够为保护国家和人民利益挺身而出、英勇斗争、不怕牺牲。

在事关党和国家前途命运的重大历史关头，党都是从人民利益出发，对人民有利的就坚持去做，对人民不利的就坚决反对。为了不断满足人民过上美好生活的新期待，党的十八大以来，湖南坚持以人民为中心的发展思想，在促进共同富裕、实现公平正义上紧跟党中央步伐，从全面建成小康社会一个都不能少到抗击新冠肺炎疫情救治病患不惜一切代价，从打赢脱贫攻坚战、实施乡村振兴战略到推进以人为核心的新型城镇化，不论国内国际形势如何变化，不管顺境还是逆境，湖南各级党组织和广大党员，始终把人民放在心中最高位置，从来没有改变过、动摇过、迟疑过。

（三）始终传承红色基因弘扬优良传统

湖南是伟人故里、将帅之乡、红色圣地，是中国共产党初心的重要萌发地和创建的重要策源地，是中国革命的重要战略转折地，是中国共产党精神的重要锻造地，是党的实事求是思想路线的策源地，也是精准扶贫的首倡地。百年来，湖南以其砥柱之坚、开创之功、牺牲之众、贡献之大奠定了在百年党史特别是在中国共产党革命史上的历史地位。习近平总书记每次考察湖南，都对湖南的红色资源和党史资源给予高度肯定和评价。2020年9月，他再次踏上这片热土时赞誉湖南"十步之内，必有芳草""寸土千滴红军血，一步一尊英雄躯"。

湖南认真贯彻落实习近平总书记"把红色资源利用好，把红色传统发扬好，把红色基因传承好"的重要指示，依托丰富的红色资源，弘扬革命精神、传承红色基因、发展红色旅游，在建设富饶美丽幸福新湖南的生动实践中注入红色力量，在实现中华民族伟大复兴中国梦的伟大征程中展现湖南风采。

2016年10月21日，习近平总书记在纪念红军长征胜利80周年大会上的讲话中讲述了发生在长征途中的"半条被子"的感人故事。2020年9月，习近平总书记湖南考察的第一站，是位于湘南的汝城县文明瑶族乡沙洲瑶族村。他走进"半条被子的温暖"专题陈列馆，了解当地加强基层党组织建设、开展红色旅游和红色教育情况。他指出，"半条被子"的故事充分体现了中国共产党的人民情怀和为民本质。长征途中，毛泽东同志指出，中国工人、农民、兵士以及一切劳苦民众的出路在共产党主张的苏维埃红军，我们一定会胜利。今天，我们更要坚定道路自信，兑现党的誓言和诺言，同人民群众风雨同舟、血肉相连、命运与共，继续走好新时代的长征路。

半条被子，承载着中国革命的红色基因，包裹着共产党人的赤子深情，凝聚着人民群众的殷殷期盼，温暖你我，感动中国。2017年，当地以"半条被子"故事为主题建成沙洲红色旅游景区，并于2019年底升级为国家4A级旅游景区，累计接待游客突破210万人次，成为党性教育、廉政教育、爱国主义教育基地。

目前，湖南有多少红色旅游景点、爱国主义教育基地，与江西联动，与全国联动的情况……

中国共产党百年奋斗历史上，留下无数与湖南关联的感人至深、可歌可泣的红色故事，穿越时空，震撼心灵。这是理想信念的火种，也是革命精神的承载。湖南利用得天独厚的红色资源传承红色基因，弘扬优良传统。

传承红色基因，弘扬优良传统，让湖湘儿女更加深刻体会到什么是革命理想高于天，更加深切懂得红色政权来之不易、新中国来之不易、中国特色社会主义来之不易，进一步增强了历史主动和历史自觉。

传承红色基因，弘扬优良传统，让湖湘儿女把老一辈革命家的崇高风范和光荣传统发扬开来，把他们开创并为之奋斗的事业接力下去，赓续共产党人的精神血脉，保持革命到底的精气神，成为建功新时代、奋进新征程的实践者、奋进者、搏击者。

传承红色基因，弘扬优良传统，让湖湘儿女把实施"三高四新"战略、建设现代化新湖南的磅礴力量凝聚起来、时代重任担负起来。汲取"为有牺牲多壮志，敢教日月换新天"的雄心壮志，汲取"不管风吹浪打，胜似闲庭信步"的战略自信，汲取"一万年太久，只争朝夕"的历史主动，汲取"可上九天揽月，可下五洋捉鳖"的探索意识，汲取"神女应无恙，当惊世界殊"的创新勇气，汲取"喜看稻菽千重浪，遍地英雄下夕烟"的实干品质，汲取"到中流击水，浪遏飞舟"的拼搏精神，让建设现代化新湖南的美好愿景照进现实。

（四）始终牢记初心使命勇于自我革命

"守初心，就是要牢记全心全意为人民服务的根本宗旨，以坚定的理想信念坚守初心，牢记人民对美好生活的向往就是我们的奋斗目标。""在百年奋斗历程中，党领导人民取得一个又一个伟大成就、战胜一个又一个艰难险阻，历经千锤百炼仍朝气蓬勃，得到人民群众支持和拥护，原因就在于党敢于直面自身存在的问题，勇于自我革命，始终保持先进性和纯洁性，不断增强创造力、凝聚力、战斗力，永葆马克思主义政党本色。"习近平总书记这些掷地有声的话语，时刻激励着湖南各级党组织和广大党员干部在全面从严治党上始终保持统一的思想、坚定的意志、协调的行动、强大的战斗力。

把党的政治建设摆在首位。湖南以政治建设为统领全面加强党的建设，落实新时代党的建设总要求，增强"四个意识"，坚定"四个自信"，坚决维护习近平总书记党中央的核心、全党的核心地位，坚决维护党中央权威和集中统一领导，把准政治方向，坚持党的政治领导，夯实政治根基，涵养政治生态，防范政治风险，永葆政治本色，提高政治能力，确保党始终成为中国特色社会主义事业的坚强领导核心。

在加强党的政治建设上，湖南把政治标准和政治要求贯穿党的思想建设、组织建设、作风建设、纪律建设以及制度建设、反腐败斗争始终，以政治上的加强推动全面从严治党向纵深发展，引领带动党的建设质量全面提高。把党的政治建设融入严格对标对表、不折不扣贯彻落实党和国家重大决策部署中去，做到党的政治建设与各项业务工作特别是中心工作紧密结合、相互促进。

湖南各级纪检监察机关自觉担负起"两个维护"的特殊历史使命和政治责任，通过强化监督执纪问责，确保中央政令畅通、令行禁止，推动了党中央重大决策部署和习近平总书记对湖南工作重要指示精神的有效贯彻落实，全省党员干部"四个意识"明显提高，"两个维护"的自觉性明显增强。

通过聚焦政治监督，集中整治形式主义、官僚主义，强化监督执纪问责，着力纠正在学习习近平新时代中国特色社会主义思想和党的十八大、十九大精神上喊口号、装样子的问题，着力纠正在贯彻落实党中央决策部署和省委工作部署上打折扣、搞变通的问题，着力纠正执行政治纪律和政治规矩不敬畏、不在乎的问题，着力纠正党内政治生活不严肃、不认真的问题，着力纠正落实全面从严治党"两个责任"不作为、不担当的问题，"有权必有责、有责要担当、失责必追究"的制度刚性在全省立了起来并产生重要影响。

持续深化政治巡视巡察。在省委巡视工作领导小组的坚强领导下，全省巡视巡察机构坚决落实中央和省委巡视工作规划要求，有效发挥利剑作用，推动全面从严治党向纵深发展。

在省委示范带动下，市县党委自觉担起主体责任，党委常委会研究巡察工作，书记专题会听取巡察情况报备制度得到有效落实。在巡视巡察中，各级加强对贯彻新发展理念、三大攻坚战和以人民为中心的发展思想等的监督检查，查找"温差""落差"和"偏差"，进行全面"政治体检"。

巡视巡察上下联动不断强化，并接力中央巡视，对巡视反馈问题大起底、大查摆，推动全面整改。同时，探索省市巡视巡察"1+1"联动模式，省委巡视组对市州巡视期间，要求组建巡察组，配合对高职高专院校、国家级园区开展延伸巡视。

全省各级突出边巡边改，着力推动解决群众反映强烈的突出问题，及时移交处置问题线索，形成有力震慑，并更加重视集中整改，强化日常监督。

湖南坚持不懈用好巡视巡察这把利剑，持续深化政治巡视巡察，坚持发现问题和整改落实并重，实现有形覆盖和有效覆盖相统一，推动巡视巡察工作高质量发展，着力巩固扩大反腐败斗争压倒性胜利，有力保障了全省决胜全面建成小康社会、建设富饶美丽幸福新湖南的成色和质量。

驰而不息纠正"四风"。作风问题具有反复性和顽固性，必须经常抓、长期抓。湖南对违反中央八项规定精神的问题露头就打，促进党风政风持续向好，带动社风民风向善向上。

2018年4月20日，省委、省政府印发《关于开展违反中央八项规定精神突出问题专项治理的工作方案》，对全省党员干部"违规公款吃喝""违规配备使用办公用房""违规收送红包礼金"进行"约法三章"，并要求对每一张公务接待票据、每一间办公用房、每一笔红包礼金进行逐一清查和纠正处理。

与此同时，《方案》规定进一步细化：在干部交流、提拔、调整中，严禁用公款安排迎来送往性质的聚餐，严禁用公款送礼；严禁同城公务宴请；党员干部、公职人员不得违规收受红包礼金，不得纵容、默许配偶、子女及其配偶等亲属和其他特定关系人违规收受红包礼金……明确具体的规定，在党员干部心中画下一条条带电的纪律红线——凡违反者，一律先免职后处理。

全省上下掀起重点治理突出问题的热潮，中央巡视组反馈的有的领导新旧交接时公款聚餐、有的领导干部违反公务接待规定等问题得到全部整改。省委落实中央八项规定的决心和力度震慑了全省党员干部。

霹雳手段惩治腐败。 党的十八大以来，湖南坚定不移贯彻党中央推进全面从严治党的决策部署，坚持用霹雳手段重拳惩腐，一刻不松、寸步不让，持续强化"不敢腐"震慑，推动反腐败斗争取得压倒性胜利。

对标中央要求，重点查处十八大以来不收敛不收手，问题线索集中、群众反映强烈，现在重要岗位且可能还要提拔使用的领导干部。紧盯"三重一大"重点领域和关键环节，加大对腐败问题查处力度，严肃查处一批严重违纪违法案件，彰显了湖南反腐败态度不变、决心不减、尺度不松的坚定决心。

"人民群众反对什么、痛恨什么，我们就要坚决防范和纠正什么。"带着这样的决心，在重拳"打虎"的同时，全省纪检监察机关坚持挺纪在前，聚焦扶贫领域开展监督执纪问责，加强基层党风廉政建设，手握戒尺、狠拍"苍蝇"，坚决查处侵害群众利益的不正之风和腐败问题，不断增强人民群众的获得感。

湖南督促发案单位召开警示教育大会，强化查处一案、警示一片、规范一方的治本作用，广泛开展监察法、纪律处分条例学习教育，强化党员干部纪律规矩意识。各地还进一步突出防逃工作，创新方式方法，围绕人、证、钱三个方面，不断完善规章制度，堵塞管理漏洞，防范薄弱环节，筑牢防逃网络。坚持一手抓追逃、一手抓防逃，一手抓遣返、一手抓劝返，坚定追逃必胜信心。腐败分子即使逃到天涯海角，也要把他追回来绳之以法。

湖南高举反腐利剑，将重拳惩腐这一武器牢牢抓在手中，坚持"打虎""拍蝇""猎狐"不停步，坚持受贿行贿一起查，持续保持惩治腐败的高压态势，坚决清除一切侵蚀党的健康肌体的病毒，持续传导全面从严治党压力，持续强化"不敢腐"震慑的同时，不断推动各方面扎牢"不能腐"的制度笼子，巩固"不想腐"的思想自觉，一体推进"不敢腐、不能腐、不想腐"机制，不断巩固发展反腐败斗争压倒性胜利。

扫清扶贫领域腐败障碍。为了深入贯彻落实党的十九大精神和习近平总书记关于开展扶贫领域腐败和作风问题专项治理的重要批示精神，省纪委印发《湖南省2018年至2020年开展扶贫领域腐败和作风问题专项治理工作方案》，持续开展扶贫领域腐败和作风问题专项治理。对贯彻党中央脱贫攻坚决策部署不坚决不到位的问题，对主体责任、监督责任和职能部门监管职责不落实的问题，严肃问责。

2018年，省委对脱贫攻坚不力的隆回县、汝城县进行了严肃问责，在贫困县领导干部队伍中产生强烈反响。当年，围绕脱贫攻坚工作，各市县纪委监委共约谈市、县、乡领导干部6251人次，倒逼干部工作上心、责任上肩。

湖南紧紧围绕全省脱贫攻坚工作，坚持问题导向、精准监督、抓常抓长、标本兼治，狠抓作风建设，改进调查研究，持续深入开展治理整顿，严肃查处扶贫领域腐败和作风问题，全省各级党委、政府以及相关职能部门认真履行脱贫攻坚的重大政治责任，为全省脱贫攻坚工作提供坚强有力的纪律保障，人民群众在正风反腐中的获得感不断增强。

（五）始终用中华民族伟大复兴中国梦激励湖湘儿女砥砺奋进

2012年11月29日，习近平总书记在参观《复兴之路》展览时首次提出并阐述实现中华民族伟大复兴的中国梦，指出："实现中华民族伟大复兴，就是中华民族近代以来最伟大的梦想。这个梦想，凝聚了几代中国人的夙愿，体现了中华民族和中国人民的整体利益，是每一个中华儿女的共同期盼。"此后，习近平总书记在十二届全国人大一次会议等重要场合，进一步阐述和丰富了中国梦的基本内涵、实践途径和依靠力量。

习近平总书记指出，中国梦核心内涵是中华民族伟大复兴，本质是国家富强、民族振兴、人民幸福。实现中国梦必须走中国道路，这就是中国特色社会主义道路；必须弘扬中国精神，这就是以爱国主义为核心的民族精神和以改革创新为核心的时代精神；必须凝聚中国力量，这就是中国各族人民大团结的力量。中国梦是国家的梦、民族的梦，也是每一个中华儿女的梦。中国梦归根到底是人民的梦，必须紧紧依靠人民来实现，必须不断为人民造福。中国梦是和平、发展、合作、共赢的梦，不仅造福中国人民，而且造福世界人民。中国梦把国家的追求、民族的向往、人民的期盼融为一体，体现了中华民族和中国人民的整体利益，表达了每一个中华儿女的共同愿景，成为激荡在中国人民心中的高昂旋律，成为中华民族团结奋斗的最大公约数和最大同心圆，成为激励中华儿女团结奋进、开辟未来的一面精神旗帜。

习近平总书记指出："一百年来，中国共产党团结带领中国人民进行的一切奋斗、一切牺牲、一切创造，归结起来就是一个主题：实现中华民族伟大复兴。"为了实现中华民族伟大复兴，中国共产党团结带领中国人民，自信自强、守正创新，统揽伟大斗争、伟大工程、伟大事业、伟大梦想，创造了中国特色社会主义的伟大成就。2021年7月1日，习近平总书记代表党和人民庄严宣告，经过全党全国各族人民持续奋斗，我们实现了第一个百年奋斗目标，在中华大地上全面建成了小康社会，历史性地解决了绝对贫困问题，正在意气风发向着全面建成社会主义现代化强国的第二个百年奋斗目标迈进。这是中华民族的伟大光荣！这是中国人民的伟大光荣！这是中国共产党的伟大光荣！

随着中国日益走近世界舞台中央，中华民族比历史上任何时期都更接近伟大复兴的目标，比历史上任何时期都更有信心、有能力实现这个目标。在中华民族伟大复兴中国梦的激励下，湖南向历史交出了一份优异的答卷，实现了从贫困落后到全面小康、从百废待兴到百业兴旺、从内陆封闭到创新开放、从温饱不足到人民幸福的历史性跨越。在全面建成小康社会的奋斗历程中，湖南广大人民群众不仅见证着、分享了国家发展的巨大成就，更参与着、推动了国家民族的浩荡前行。

全面建成小康社会，是迈向中华民族伟大复兴的关键一步。"小康梦"是中国梦的阶段性目标，没有全面小康的实现，民族复兴就无从谈起。如期全面建成小康社会，标志着第一个百年奋斗目标圆满完成，为实现第二个百年奋斗目标奠定了坚实的基础。

中华民族迎来了从站起来、富起来到强起来的伟大飞跃，实现中华民族伟大复兴进入了不可逆转的历史进程！这是初心使命的再宣示，这是接续奋斗的再出发。从这一刻起，在中国共产党的团结带领下，湖南人民和全国人民一道，又踏上了实现第二个百年奋斗目标新的赶考之路。

2021年1月，站在"两个一百年"奋斗目标历史交汇点上，省十三届人大四次会议、省政协十二届四次会议圆满完成了各项议程，胜利闭幕。这是一次高举旗帜、凝聚人心、团结鼓劲的大会，是一次发扬民主、求真务实、催人奋进的大会，激励和鼓舞全省人民以更加昂扬的斗志，朝着建设现代化新湖南的新征程阔步前行。省委、省政府率领三湘人民，牢记习近平总书记对湖南工作的殷殷嘱托，以十九届五中全会擘画的宏伟蓝图为指引，逐梦航程、御风而行，翻开了新时代坚持和发展中国特色社会主义的湖南新篇章。

在建设现代化新湖南的征途上，湖南将从党的光辉历史中不断汲取不忘初心、砥砺奋进的精神力量，抓住为人民谋幸福、为民族谋复兴的"根"与"魂"，用中国梦广泛凝聚斗志，坚决执行党中央决策部署，始终保持清醒头脑，发扬迎难而上、不畏艰险、逢山开路、遇水架桥的斗争勇气，把新发展理念贯穿建设现代化新湖南的全过程和各方面，团结带领全省人民奋进新征程，建功新时代，为实现乡村全面振兴，经济社会高质量发展而不懈奋斗。

民之所望，政之所向。湖南的现代化，是全省人民共同富裕的现代化。展望未来，到2035年，湖南将基本建成经济强省、科教强省、文化强省、生态强省、开放强省、健康湖南，基本实现富饶美丽幸福新湖南美好愿景，基本实现社会主义现代化。经济、科技实力大幅跃升，经济总量和城乡居民人均收入再迈上新的大台阶，人均地区生产总值达到中等发达国家水平，基本建成"三个高地"，基本实现新型工业化、信息化、城镇化、农业现代化，建成现代化经济体系，形成对外开放新格局，进入创新型省份前列。人民平等参与、平等发展权利得到充分保障，基本建成法治湖南、法治政府、法治社会，基本实现治理体系和治理能力现代化。国民素质和社会文明程度达到新高度，文化软实力、影响力显著增强。生态环境根本好转，绿色生产生活方式广泛形成，人与自然和谐共生。中等收入群体显著扩大，基本公共服务实现均等化，城乡区域发展差距和居民生活水平差距显著缩小，平安湖南建设达到更高水平，人民生活更加美好，人的全面发展、全体人民共同富裕取得更为明显的实质性进展。

胸怀千秋伟业，恰是百年风华。迈向新的征程，7300万湖南人民紧密团结在以习近平同志为核心的党中央周围，全面贯彻党的基本理论、基本路线、基本方略，迎难而上，开拓进取，增强"四个意识"、坚定"四个自信"、做到"两个维护"，把初心落在行动上，把使命担在肩膀上，敢于"闯"、勇于"创"、善于"干"，为实现第二个百年奋斗目标、实现中华民族伟大复兴的中国梦而接续奋斗。习近平总书记为湖南擘画的宏伟蓝图，一定会变为富强民主文明和谐美丽的社会主义现代化新湖南实景图。

后　记

　　2021年7月1日，在庆祝中国共产党成立100周年大会上，习近平总书记庄严宣告，经过全党全国各族人民持续奋斗，我们实现了第一个百年奋斗目标，在中华大地上全面建成了小康社会，历史性地解决了绝对贫困问题，正在意气风发向着全面建成社会主义现代化强国的第二个百年奋斗目标迈进。

　　全面建成小康社会，是我们党向人民、向历史作出的庄严承诺，是实现中华民族伟大复兴中国梦的关键一步。湖南在习近平新时代中国特色社会主义思想指导下，扛起政治责任，全省上下勠力同心、锐意进取，真抓实干、开拓创新，绘就了"彩云长在有新天""芙蓉国里尽朝晖"的幸福画卷。

　　本书力求全景呈现湖南坚决贯彻落实党中央战略决策部署、全力推进本地区全面建成小康社会的奋斗历程和重大成就，重点展现湖南人民在以习近平同志为核心的党中央带领下决胜全面小康、决战脱贫攻坚的伟大实践，同时简要总结湖南在全面建成小康社会上的经验与做法，记录湖南广大干部群众在全面建成小康社会道路上的接续奋斗。

　　本书在中共湖南省委宣传部统筹指导下，由中共湖南省委党史研究院负责编写，院长胡振荣、副院长谢承新负总责，中共湖南省委党校党史教研室教授戴安林、许顺富执笔了部分章节。各章执笔人分别是：第一、二章，戴安林；第三、八、十章，李志铭；第四、五章，邹艳；第六、七章，杨晴；第九章，许顺富、李志铭。文中图片由湖南日报社提供。

本书涉及党史的提法和内容，借鉴了学界前辈和同行的研究成果，参考了中共湖南省委党史研究院副院长王文珍、二级巡视员桂新秋、二级巡视员赵云、第二研究部主任朱柏林等此前编写出版的《中国共产党湖南历史》《湖南改革开放史（1978—2018）》等党史著作。本书出版前得到湖南省发改委、湖南省教育厅、湖南省工信厅、湖南省民政厅、湖南省生态环境厅、湖南省交通运输厅、湖南省农业农村厅、湖南省商务厅、湖南省乡村振兴局、湖南省社科院、《新湘评论》杂志社等单位细致而专业的审读指导，在此一并表示感谢！

由于编写时间紧、任务重，编写人员水平有限，难免存在疏漏和不足，恳请读者批评指正。

本书编写组

2022年6月

责任编辑：周　熠　贺正举　刘丽梅　黄梦帆　古湘渝
封面设计：石笑梦
版式设计：周方亚　谢俊平

图书在版编目（CIP）数据

全面建成小康社会湖南全景录／本书编写组编著．— 长沙：湖南人民出版社，
2022.10
（"纪录小康工程"地方丛书）
ISBN 978 - 7 - 5561 - 2923 - 2

I.①全… II.①本… III.①小康建设 - 成就 - 湖南 IV.① F127. 64

中国版本图书馆 CIP 数据核字（2022）第 088002 号

全面建成小康社会湖南全景录

QUANMIAN JIANCHENG XIAOKANG SHEHUI HUNAN QUANJINGLU

本书编写组

湖南人民出版社 出版发行
（410005　长沙市开福区营盘东路 3 号）

湖南天闻新华印务有限公司印刷　新华书店经销

2022 年 10 月第 1 版　2022 年 10 月长沙第 1 次印刷
开本：710 毫米 ×1000 毫米 1/16　印张：20.5
字数：250 千字

ISBN 978 - 7 - 5561 - 2923 - 2　定价：72.00 元

邮购地址 410005　长沙市开福区营盘东路 3 号
湖南人民出版社销售中心　电话：（0731）82221529　82683301